Anne Waak

Wir nennen es Familie

Anne Waak

Wir nennen es Familie

Neue Ideen für ein Leben mit Kindern

Edition Körber

Bibliografische Information der Deutschen Nationalbibliothek

Die Deutsche Nationalbibliothek verzeichnet diese Publikation in der Deutschen Nationalbibliografie; detaillierte bibliografische Daten sind im Internet unter http://dnb.d-nb.de abrufbar.

Umschlag: Groothuis. www.groothuis.de
Herstellung: Das Herstellungsbüro, Hamburg |
www.buch-herstellungsbuero.de
Druck und Bindung: CPI – Clausen & Bosse, Leck
Printed in Germany

ISBN 978-3-89684-283-1

www.edition-koerber.de

»Eine Ära kann dann als beendet gelten, wenn sich ihre grundlegenden Erzählungen erschöpft haben.«
ARTHUR MILLER

»Mein Interesse gilt der Zukunft, weil ich dort den Rest meines Lebens verbringen werde.«
CHARLES F. KETTERING

To Whom It May Concern

Inhalt

Familie anders denken

Warum Freiheit im Kopf beginnt

Für eine gerade noch als jung geltende Frau Mitte, Ende dreißig mit beruflichen Ambitionen und hochfliegenden Plänen ist es heute nicht eben einfach, sich aus vollem Herzen für die Gründung einer Familie zu entscheiden. Da ist zum Beispiel die Trennungs- und Scheidungsstatistik, die einem keinen rechten Mut macht. Wer gründet schon gern eine Familie mit der Aussicht, sie nach einem, drei oder zehn Jahren wieder aufzulösen? Meine Freundinnen und Freunde[1], egal ob alleinerziehend, als Patchwork- oder sogenannte intakte Familie lebend, kämpfen permanent um Zeit oder Geld, meist um beides. Alle kämpfen um Anerkennung – besonders, aber nicht nur die Frauen. Was die bezahlte Arbeit angeht, brachte eine hochschwangere Freundin das Dilemma kürzlich ebenso gut wie trocken auf den Punkt, als sie auf die Frage, was *es* denn werde, antwortete: »Ein Karriereknick für mich, drei Teilzeitjobs oder Altersarmut.« Denn für Mütter stehen bekanntlich nur die Labels Hausfrau, Teilzeit-Versorgerin oder Rabenmutter zur Wahl.

Egal, wofür sie sich entscheiden, (implizite) Vorwürfe und das permanent schlechte Gewissen gibt es ungefragt mit dazu, da hilft auch der feministischste Partner nicht viel. Eine Trennung wegen verloren gegangener Liebe oder anderer unüberbrückbarer Differenzen der Eltern bedeutet zwar meist nicht das Ende der Welt, oft aber den sozialen und finanziellen Abstieg – meist für beide Ex-Partner. Zur empfundenen Schmach über das Scheitern der Beziehung kommt die Sorge, die gemeinsamen Kinder im Zuge der Trennung bis an ihr Lebensende zu traumatisieren. Im grellen Licht der Realität betrachtet, wirken alle Optionen gleichermaßen ausweglos, beängstigend und trist, sodass ich stellvertretend für den Rest der Menschheit froh bin, dass sich überhaupt noch irgendwer darauf einlässt, eine Familie zu gründen. Dann wiederum herrscht ja zum Glück das Prinzip Hoffnung.

Zugleich droht den Kinderlosen vom Ende des Lebens her gesehen die Einsamkeit und die Reue über die verpasste Chance, einen kleinen Menschen auf eine bis dahin unbekannte Art zu lieben, das, was man gelernt hat und woran man glaubt, weiterzugeben und auf diese Weise vielleicht etwas in der Welt zu hinterlassen. Kinder werden von denen, die es wissen müssen, als eine Art Weltverstärker beschrieben, die höhere Höhen und tiefere Tiefen mit sich bringen. Für jemanden wie mich, die in allen Lebenslagen an Intensität interessiert ist, klingt das wie eine Verheißung.

Nun gibt es in der Frage »Ein Kind oder kein Kind?« keine Kompromisse, kein Mittelding und kein Rückgaberecht, sollte man feststellen, dass man seine Kinder zwar sehr liebt, das Leben, das sie mit sich bringen, aber leider hasst.

Bei Frauen kommt noch die Zeitkomponente hinzu: Während sich ein Mann theoretisch noch mit siebzig oder achtzig für leiblichen Nachwuchs entscheiden kann, ist für Frauen der Zug irgendwann schlichtweg abgefahren – auch wenn diese Grenze mit Hilfe der Reproduktionsmedizin beständig nach hinten verschoben wird.

Was also tun? Ist die Kleinfamilie aus zwei Erwachsenen und ein bis drei im selben Haushalt lebenden leiblichen Kindern[2] der einzige Weg? Wie soll das überhaupt gehen: ein Job, der Erfüllung und Anerkennung verschafft, eine Beziehung, die über Jahre und Jahrzehnte hinweg sowohl Leidenschaft als auch Geborgenheit bietet, und »als Krönung der Liebe« Kinder, die mit ihrem gemächlichen Rhythmus sowohl der immer unerbittlicher werdenden Taktung der Arbeitswelt als auch mit ihrem Bedürfnis nach Zuwendung einer Paarbeziehung entgegenstehen? Muss man sich für einen oder zwei Träume entscheiden: die große Liebe oder die erfolgreiche Karriere oder Kinder? Hieß es nicht eben noch, wir könnten alles haben?

Lebten im Jahr 1999 hierzulande noch 9,3 Millionen Familien, also Eltern-Kind-Gemeinschaften im gemeinsamen Haushalt, waren es 2019 schon 1,1 Millionen weniger.[3] Es scheint, als hätte die *nuclear family*, wie sie im Englischen heißt, ihre beste Zeit tatsächlich im nuklearen Zeitalter gehabt. Stirbt die Familie wirklich aus und existiert bald nur noch als anheimelnde Metapher in der Sprache der Werbung und der Wirtschaft oder als Sehnsuchtsbild im Mainstreamfilm? Immerhin lautet selbst der Claim einer klebrigen Süßigkeit der Storck-*Markenfamilie*: »Familie ist alles – und alles kann Familie sein«.

Babys kommen jedenfalls nach wie vor auf die Welt, davon zeugen die freudetrunkenen Mails, Postkarten und Status-Updates mit den Aufnahmen der frisch Geschlüpften. Trifft man deren Mütter und Väter dann Monate und Jahre später wieder, sind sie nicht selten hohläugig, abgekämpft und frisch getrennt. Das Familienleben, heißt es dann, habe sich irgendwie ganz anders gestaltet als erträumt. Was zur Frage führt, was das für Träume waren.

Als Heranwachsende schrieb ich regelmäßig kleine Flaschenpostnachrichten an mein zukünftiges Ich. Auf Papierschnipsel kritzelte ich Fragen, die meine Zukunft betrafen: In was für einer Wohnung werde ich mal leben? Wie viele Kinder werde ich haben? Mit wem? Die Zettelchen legte ich in einen Umschlag und vergaß sie bis zum nächsten Umzug in der Schrankschublade. Wenn ich sie heute lese, freue ich mich über diese junge, arglose, neugierige Version meiner selbst, weiß aber auch, dass sie seitdem ein paar Updates mitgemacht hat.

Ob Menschen nun eine Familie gründen oder sich, so wie ich bislang, dagegen entscheiden: Wie können wir wissen, welchen unbewussten Mustern wir da jeweils folgen und woher diese stammen? Sind wirklich wir es – ich meine vor allem Frauen und Männer in ihren Zwanzigern, Dreißigern und Vierzigern –, die sich Kinder wünschen, oder sitzen wir ein Stück weit einer Ideologie auf, die uns zwar alle möglichen sexuellen Praktiken und Beziehungskonstellationen akzeptieren lässt, die aber nach wie vor nur eine Vorstellung von einem gelungenen Familienleben kennt: das durch romantische Liebe verbundene Paar mit Kind(ern). Woher sollen wir wissen, ob wir nicht nur gelernte, mehr oder weniger erfolgreiche, häufig von außen an uns herangetragene Erwartungen, Vorstellungen und damit Lebensmodelle reproduzieren?

Mein Zögern und Zaudern in diesen Fragen bedeutet nicht, dass ich nicht mit Kindern zusammenleben will. Es bestand für mich lange überhaupt kein Zweifel daran, dass ich mal welche haben würde. Nur wie, das hatte ich mir nie so genau überlegt, war aber sicher, das würde sich schon fügen. Die traditionelle Konstellation kam mir allerdings schon immer etwas zu klaustrophobisch und stickig vor. So erschien mir die Vorstellung von einem Haus mit einem Mann und zwei Kindern darin nie besonders erstrebenswert. Auch das Konzept der Ehe leuchtet mir bis heute nicht so recht ein, und ich finde es grundfalsch, dass der Staat sie anderen Lebensformen gegenüber vorzieht und subventioniert. Den einzigen Ring, den ich je zu tragen plane, bekam ich zu meinem zwölften Geburtstag von meiner Mutter überreicht: ein billiges Ding aus Rotgold, das unter den Frauen unserer Familie weitervererbt wird. Er war einmal der Verlobungsring meiner Ururgroßmutter Anna, deren Ehe letztendlich nicht zustande kam. Meine Oma, die Einzige, die sich zu der Angelegenheit noch befragen lässt, kann sich beim besten Willen nicht an den Namen des Mannes erinnern, von dem der Ring stammt. Wenn er symbolisch für etwas steht, dann eher für die Idee der Selbstbestimmung als dafür, dass mit der richtigen Person das ewige Glück auf einen warte.

Allerdings stand ich auch noch nie vor der konkreten Entscheidung, ob ich wirklich ein Kind bekommen möchte. Es kam schlicht nie dazu. Und so begann ich mich, kurz vor meinem 30. Geburtstag, immer häufiger zu fragen, was genau eigentlich eine Familie ist, was sie sein kann und welche Alternativen es zum herkömmlichen Modell Kleinfamilie geben könnte.

Diese Fragen führten mich zurück in meine eigene Kindheit. Meine Mutter war 22 und steckte mitten im Psychologiestudium, mein ebenso junger Vater etablierte sich gerade als Künstler, als sie mich Anfang der 1980er-Jahre in der DDR zur Welt brachten. Weil meine Eltern zwar zusammenlebten, aber nicht verheiratet waren, galt meine Mutter offiziell als alleinerziehend. Das Geld, das sie als Unterstützung vom Staat erhielt, war zusammen mit dem, was mein Vater mit seinem Nebenjob verdiente, eine ziemlich gute Lebensgrundlage. Unsere erst winzige und nach einem Wanddurchbruch geräumige Wohnung kostete 50 Ostmark Miete. Viel zu konsumieren gab es nicht. In den Urlaub fuhren wir mit dem Zug an die Ostsee. Unsere Welt war kleiner und um ein Vielfaches einfacher als die, in der wir heute leben.

Meine Altersgenossen – die zukünftigen sozialistischen Arbeiter – wurden mit ein paar Monaten standardmäßig für bis zu zehn Stunden am Tag in Kinderkrippen gegeben, damit ihre werktätigen Mütter dem Sozialismus dienen konnten. Meine Mutter hielt die staatliche Krippe mit ihren Wickel- und Töpfchenroutinen für zu rigide und mich für zu klein, um mich dort hinzugeben. Während sie ihr Studium abschloss, verbrachte ich die Hälfte meiner Tage in einem Laufstall im anheimelnd nach Ölfarbe riechenden Atelier meines Vaters. Als meine Mutter dann in ihrem ersten Job arbeitete, baute mein Vater einen Handkarren mit einer kleinen Bank und warmen Decke zur Kinderkutsche um und zog meinen jüngeren Bruder und mich jeden Morgen durch unser Wohnviertel zum freundlichsten Kindergarten, den es dort gab. Als sich unsere Eltern dann nach 20 respektive 25 Jahren Beziehung trennten[4], entschieden sie, dass es im Trennungsjahr das Beste für uns Teenager wäre, wir würden in der Familienwohnung bleiben, während sie, die Erwachsenen, im Wochentakt abwechselnd bei uns und in ihren Solo-Wochen woanders wohnten. Ende der Neunziger war das neu und erklärungsbedürftig (und bei den günstigen

Mieten in Dresden waren drei Wohnungen finanzierbar), heute bevorzugen Familienpsychologinnen dieses sogenannte Nest- vor dem Wechsel- oder Doppelresidenzmodell, das so heißt, weil die Kinder ein- bis mehrmals wöchentlich zwischen den Haushalten ihrer Eltern hin- und herpendeln.

Die Familiensituation, in der ich aufgewachsen bin, hat mir also die vermeintliche, so aber auch nur in einem Teil Deutschlands herrschende, Normalität aus arbeitendem Vater, Hausfrau-und-Mutter und Kind noch nie besonders zwingend oder selbstverständlich erscheinen lassen.

Was ich dann im Wachsen und Erwachsenwerden lernte, nämlich die Perspektive zu wechseln und die Dinge von einem anderen Standpunkt aus zu betrachten, entlarvte schließlich nicht wenige vermeintliche Sicherheiten oder scheinbar unumstößliche Naturgesetze als Ideologien. Entscheidend war die Entdeckung, dass es sich lohnen kann, in scheinbar fest zementierten Situationen nach Freiräumen und Schlupfwinkeln zu suchen – dass Freiheit im Kopf beginnt und ich, vielleicht, weil ich die ersten sieben Jahre meines Lebens eingemauert in einer Diktatur verbracht habe, relativ viel davon brauche, um das Gefühl zu haben, das für mich richtige Leben zu führen. All das führte schließlich zu diesem Buch. In ihm möchte ich untersuchen, was genau der Kleinfamilie heute solche Probleme bereitet, und aufzeigen, welche Formen des familiären Zusammenlebens es lange vor dem 21. Jahrhundert gab, wie sich die Situation in anderen Teilen der Welt darstellt und welche neuen Modelle derzeit entwickelt und schon gelebt werden. Es geht mir darum, Familie anders zu denken.

Denn obwohl die Kleinfamilie nach wie vor viele Menschen glücklich macht und für sie zur großen Erzählung des eigenen Lebens gehört, ist sie für viele andere nicht die geeignete Form. Sei es, weil diese Leute nicht heterosexuell sind oder sie aus anderen Gründen nicht auf »natürlichem« Weg Kinder bekommen können, weil sie keinen oder mehr als einen Partner oder eine Partnerin haben (möchten) – oder weil sie zwar als Eltern, aber nicht als Paar zusammenleben.

Dabei geht es bei der Frage, wie wir leben wollen, um weit mehr als individuelle Glücksvorstellungen. Die Entscheidungen, mit wem wir zusammenleben, ob wir heiraten, Kinder bekommen oder auch nicht, sind nicht allein maßgeblich für unser privates Leben. Denn ist die Familie tatsächlich die »Keimzelle der Gesellschaft«, steckt in jedem Lebensentwurf auch eine politische Erklärung.

Im Zusammensein mit unseren Eltern, Geschwistern, Liebhaberinnen, Ehegatten und Freundinnen entwickeln wir unsere Vorstellungen von Freiheit, Zusammenhalt und Solidarität. Unsere erste und eindrücklichste Erfahrung mit sozialen Gruppen und Autoritäten ist die Familie. Die Art und Weise, wie wir aufwachsen, bestimmt unser Weltbild, unsere Identität und einen Großteil unseres Lebens. Wie wir erzogen wurden, wie wir Partnerschaft verstehen, ob wir Strenge oder Fürsorglichkeit bevorzugen, Belohnung oder Bestrafung, spiegelt sich darin, wie wir über Politik denken, und schließlich darin, ob wir dazu neigen, einander zu bekämpfen oder miteinander zu kooperieren. Weil in anderen Familien andere Kinder – und also Bürger – heranwachsen, geht es um nicht weniger als die Frage, in welcher Gesellschaft wir leben wollen.

Wenn das Modell »Vater, Mutter und ein bis drei Kinder« nicht mehr als ein ab Werk voreingestellter Modus der menschlichen Existenz begriffen wird – als der er, wie ich zeigen werde, historisch ohnehin nur einen Augenblick lang währte –, wird auf einmal vieles denkbar und einiges möglich. Davon handelt dieses Buch. Es versteht sich nicht als Ratgeber und präsentiert keine allgemeingültigen Lösungen. Es möchte nicht propagieren, dass man nur das richtige Familienmodell für sich finden muss, damit sich das langfristige Glück einstellt. Im Gegenteil, gute Beziehungen wollen erarbeitet werden, immer. Und auch politisch liegt noch viel Arbeit vor uns. Dieses Buch ist auch kein Schiedsgericht über die Formen des Zusammenlebens, die die Menschen aus meinen Beispielgeschichten für sich gefunden haben. Aber es möchte zeigen, dass die Kleinfamiliennorm weder naturgegeben ist, noch ein Schicksal sein muss. Es ist jedoch sicher kein Zufall, dass diese Vorreiterinnen und Vorreiter für neue Formen des Zusammenlebens über ein entsprechendes Maß an finanzieller Absicherung und Bildung verfügen, das es ihnen erst ermöglicht, an der Kleinfamiliennorm zu rütteln.

Um herauszufinden, wie eine bessere Zukunft für das Leben mit Kindern aussehen könnte, braucht es den Blick zurück in die abendländische Kulturgeschichte der Familie und auch in andere Weltgegenden, wo Familie ganz anders gelebt wird. Denn ich bin davon überzeugt, dass vielen von uns schon geholfen wäre, wenn wir die Ideale, die wir von Familie, Verwandtschaft und einem gelungenen Zusammenleben mit uns herumtragen, hinterfragen würden.

Zum Beispiel: Ist die Mutterliebe mit dem Stillen als einer ihrer Ausdrücke ein Instinkt, also etwas Angeborenes und Unveränderliches? Die jahrtausendealte Institution der Amme weist auf etwas anderes hin. Versteht es sich von selbst, dass Kinder am besten bei ihren leiblichen Eltern aufwachsen? Die Angehörigen einer westafrikanischen Ethnie würden dem widersprechen. Ist es selbstverständlich, dass Eltern und ihre Kinder jede freie Minute miteinander verbringen? Die Bewohner von Kollektivsiedlungen im Nahen Osten dachten durchaus nicht so. Und wie gestalten sich familiäre Beziehungen, wenn eine Gesellschaft noch nie Wert auf die Ehe gelegt hat und stattdessen die romantische Liebe vom Kinderkriegen trennt, wie es im chinesischen Bergland seit Jahrhunderten praktiziert wird? Der Blick zurück und über die Grenzen der eigenen Kultur hinaus kann relativieren, befreien und ermutigen, Familie neu zu denken. Oder in den Worten der Kinderrechtsaktivistin Marian Wright Edelman: »You can only be what you can see.«

WTF? – Wie es wurde, was es ist

Im Rückblick ist es immer schwer zu sagen, wann genau etwas begonnen hat oder endete. Retrospektiv betrachtet, erscheint die Gegenwart manchmal wie zwangsläufig, wo sie sich doch aus vielen einzelnen Entscheidungen, Umständen und Zufällen zusammensetzt.

Ich war gerade auf einer Dienstreise, als ich im Hitzesommer 2018 eine Mail von meiner engsten Freundin erhielt. Ava war zehn Monate zuvor Mutter geworden und mit dem Vater ihres Kindes in eine Wohnung ganz in der Nähe zusammengezogen. Ich hatte schon beim Lesen der Betreffzeile (»News«) ein komisches Gefühl. Als ich die Mail öffnete, war mir, als sackte mir all mein Blut aus dem Kopf in die Füße. Ava schrieb: »Annelein, nur damit du nicht aus den sprichwörtlichen Schuhen kippst, wenn du zurückkommst: Ich wohne jetzt wieder bei dir, Baby August ist den Großteil der Nächte auch da. Ich bin immerhin nicht mehr nur verzweifelt, sondern schon sauer. Wahrscheinlich hilft es, dass ich seit Wochen Johanniskraut gegen meine Stilldepression nehme.«

Ich rief laut »What the fuck?!« und schrieb genau das zurück, gefolgt von der Versicherung, dass sie mich als ihren persönlichen Kriseninterventionsdienst jederzeit anrufen könne.

Ein paar Tage später kehrte ich, immer noch leicht unter Schock, in die Wohnung zurück, die seit vielen Jahren unsere Studentinnen- und Post-Studiums-WG war. Ava hatte ihr Zimmer als Rückzugsraum behalten, für die Zeit, in der das Baby unabhängiger von ihr werden und sie mal eine Nacht durchschlafen wollen würde. Ich war hier in den vergangenen Monaten häufig allein gewesen und äußerst zufrieden über so viel neue Ruhe und Raum.

Ava und das Baby waren nicht da. Dafür stand die Küche voller Breigläser, auf der Spüle lag ein Potpourri an Saugern, Schnullern und Nuckelflaschen – überhaupt war alles voller neuem *Zeug*. Meine kleine Sammlung von obskuren, in Secondhandläden zusammengekauften fragilen Stricktieren lag angenagt und mit Babyspucke benetzt auf dem Boden. Der wiederum klebte an den Schuhsohlen.

In meinem Arbeitszimmer, das eigentlich unser gemeinsames Wohn-, Ess- und Gästezimmer war, setzte ich mich an den Tisch, an dem jetzt auch ein aus einem Sessel, einem Gürtel und einem Kissen improvisierter Babyhochstuhl stand, und begann, meinen leisen Unmut über die überraschend gekaperte Wohnung und die zu erwartenden kurzen Nächte in Arbeit zu kanalisieren. Ich versuchte zu entscheiden, welchen Teil des Berges an abzutippenden Interviews, zu formulierenden Texten, unbeantworteten Mails und zu stellenden sowie zu bezahlenden Rechnungen ich zuerst abtragen sollte. Als Ava nach Hause kam, die Tür öffnete, das Arbeitszimmer betrat, das weinende Baby in den Hochstuhl neben mich setzte und ihm seinen Brei fütterte, verließ ich wortlos den Raum, um nicht selbst loszuweinen.

Ava ihrerseits, das war offensichtlich, war verwirrt und überwältigt von der Erschütterung der Trennung. Sie hatte seit Monaten das erste Mal wieder Abende, an denen kein Kind an ihr klebte, sie schlief manchmal sogar wieder durch, flüchtete sich in die Arbeit und fühlte sich ansonsten recht alleingelassen.

Nur war uns beiden dies in dem Moment alles nicht klar. Während ich mir überfordert und überfahren vorkam, fühlte sie sich wie ein Eindringling in ihrer eigenen Wohnung. Sie versuchte, sich und das Baby nahezu unsichtbar zu machen. Sie räumte und rannte hinter dem krabbelnden August her, verhinderte, dass er meine herumliegenden Textmarker aß und die Bücher im Regal zerpflückte. Und das inmitten einer schweren Lebenskrise.

Trennungen von Paaren mit Kind sind schon eher die Regel als eine Ausnahme. In meinem direkten Umfeld[5] existieren sämtliche Trennungsvarianten: das Paar, das zehn Jahre lang zusammen gewesen war und implodierte, bevor das gemeinsame Wunschkind seinen ersten Geburtstag feierte. Das Paar, das ein paar Monate sehr stürmisch zusammen gewesen war und dann ungeplant schwanger wurde. Er versicherte ihr, sie in ihrer wie auch immer gearteten Entscheidung zu unterstützen, und trennte sich dann, noch bevor das Kind gehen konnte. Das Paar, das früher als alle anderen schwanger geworden war. Das Kind ging schon zur Schule, als seine Mutter eines Abends bei Ava und mir am Esstisch saß und erzählte, sie verspüre eine solche Lust, etwas kaputt zu machen. Wenig später verließ sie den Vater ihres Kindes für einen anderen Mann, der ebenfalls schon ein Kind hatte.

Nicht selten ist es das zweite Kind, welches das Gefüge vollends aus dem mühsam gezimmerten Rahmen kippen lässt. Da ist die Bekannte, die sich Jahre nach der Trennung vom Vater ihrer zwei Kinder am Ende ihrer Kräfte wähnt. Die ständigen Kämpfe um die geteilte Verantwortung, die Sorge um das Wohlergehen ihrer Söhne und der drohende Verlust ihrer Wohnung im Zusammenspiel mit ihrer geliebten, aber sehr fordernden Arbeit haben sie an den Rand eines Burnouts gebracht. Und dann sind da noch die beiden, die sich seit Jahren vor Gericht bis aufs Blut um die gemeinsamen Kinder streiten und dabei die teuersten Familienanwälte der Stadt noch ein bisschen reicher machen. Ich war also vorbereitet gewesen und hatte sicher keine Illusionen, aber vielleicht doch die Hoffnung, dass es in meinem unmittelbaren Nahbereich hätte anders laufen könnte.

Das tat es aber nicht. Ich war ein echter Fan, wenn nicht ein Cheerleader von Ava und ihrem Freund gewesen und sicher, dass sie das alles gut hinkriegen würden. Sie hatten sich gemeinsam für das Baby entschieden, waren zusammengezogen, hatten die Geburt und die ersten Monate durchgestanden – und waren jetzt Geschichte.

Sofort war da wieder diese Skepsis, die ich in den vergangenen Jahren der ganzen Kindersache gegenüber entwickelt hatte. Das kam so: In der Zeit um meinen 30. Geburtstag herum verließ ich meinen damaligen Freund, den ich sehr liebte, der jedoch keine Kinder wollte. Das hatte ich gewusst, als wir zusammengekommen waren. Und mir war auch klar, dass ich ihn in dieser Frage weder umstimmen wollte noch konnte. Nur war mir das mit 25 Jahren egal gewesen. Ich hatte mich in ihn verliebt und nicht in die Idee, mit ihm eine Familie zu gründen.

Irgendwann aber änderte sich das. Ich dachte immer öfter darüber nach, wie ich Kinder haben könnte, ohne mich von ihm trennen zu müssen, aber es blieb lange Zeit beim Nachdenken. Dann las ich irgendwo, dass das Durchschnittsalter von Frauen, die sich in sogenannten Kinderwunschkliniken wegen Unfruchtbarkeit behandeln lassen, bei 32 Jahren liege. Auf einmal war da das Gefühl, dass mir die Zeit davonrannte. Kurz darauf erzählte ich einer Bekannten von meinem Dilemma. Sie war zehn Jahre zuvor in einer ähnlichen Situation gewesen und nun, trotz ihres Kinderwunsches, nach wie vor mit ihrem kinderwunschlosen Freund zusammen. Aber ihre Entscheidung gegen ein eigenes Kind bereute sie bitter. Ihre Warnung, »Du musst deinen Freund verlassen!«, fiel auf fruchtbaren, weil schon monatelang von mir selbst bearbeiteten Boden. Also verließ ich meinen Freund, was mich auf Jahre in den entsetzlichsten Liebeskummer und eine ausgewachsene Sinnkrise stürzte. Ich war zu einer Frau geworden, die ich nie sein wollte: eine, die eine große Liebe für eine Idee aufgegeben hatte. Eine Idee, von der ich bald nicht mehr wusste, ob sie überhaupt meine gewesen war oder nicht doch nur etwas, was ich glaubte, tun zu müssen. Weil es scheinbar zu meiner Vorstellung von mir selbst dazugehörte, irgendwann Kinder zu haben.

So war ich also einige Jahre durch die Welt gegangen. Ich hatte Kinder – ganz grundsätzlich und alle, beziehungsweise den Umstand, dass sie eine solche Macht ausübten – für mein Unglück verantwortlich gemacht. Dabei war mir schon klar, dass ich diese Entscheidungen selbst und für mich getroffen hatte und nicht irgendein hinterlistiger Säugling. Der Effekt war der gleiche: Die Sache mit den Kindern und mir war vorbei. Ich wollte lieber nichts mehr mit ihnen zu tun haben, geschweige denn selbst welche in die Welt setzen. Denn Kinder, der Beweis war ja nun erbracht, wirken sich katastrophal auf Liebesbeziehungen aus, dazu müssen sie noch nicht einmal geboren worden sein.

Nun war es also wieder passiert, und hier ging es immerhin um meine beste Freundin. Ava und ich kannten uns seit 15 Jahren, zehn davon hatten wir als Zweier-WG in dieser kompakten Dreizimmerwohnung gelebt, mal mehr, mal weniger eng – je nachdem, wo wir gerade studierten, woran wir arbeiteten und mit wem wir sonst noch Zeit verbrachten. Als wir uns auf die Wohnung bewarben, hatte der so progressive wie gewiefte Mitarbeiter der Hausverwaltung angeregt, dass wir statt als WG als lesbisches Paar auftreten sollten, das erhöhe unsere Chancen. Er sollte recht behalten. Wir waren eingezogen und hatten – halb zur Tarnung, halb als Witz – über unserer Türklingel ein gemeinsames Foto in einem kitschigen goldenen Bilderrahmen in Herzform angebracht. Wir fingen an, gegenüber anderen von uns beiden als Paar zu sprechen, von einer Ehe, die allerdings weder auf einem Standesamt geschlossen noch jemals »vollzogen« wurde. Jedes Jahr im Dezember verschickten wir ein aktuelles Foto von uns beiden in vorweihnachtlicher Eintracht mit Festtagswünschen an unsere Familien, Freundinnen und Bekannten. Irgendwann ließen wir uns sogar die gleiche Tätowierung stechen. Wir tragen je einen stecknadelkopfgroßen dunklen Punkt am linken Handgelenk, irgendetwas zwischen Freundschaftstattoo und Ehering. Dabei mögen wir beide weder Tätowierungen noch die Institution Ehe besonders. Aber selbst ein halb ironisches Zeichen der Verbundenheit ist immer noch mindestens halb ernst gemeint.

So wurde die Sache mit der Lesben-WG im Laufe der Zeit vom Running Gag zu so etwas wie der Gründungserzählung unserer Freundschaft. Über die Jahre hatten wir uns Tausende E-Mails und Nachrichten aus wechselnden Städten überall auf der Welt geschrieben, von ihrem Zimmer in meins und eben seit einem Jahr von Avas Familienwohnung in die, die zwischenzeitlich zu meiner Single-Wohnung geworden war. Ava war der Mensch, mit dem ich die überwiegende Zeit meines bisherigen Erwachsenenlebens verbracht hatte – deutlich mehr als mit jedem Mann. Diese Trennung ging auch mich etwas an.

Und die Frage, die sich auf einmal noch drängender stellte als bei den vielen Trennungen von Paaren mit Kindern zuvor: Ist es unsere Schuld, dass unsere Beziehungen und damit immer öfter unsere Familien auseinanderbrechen? Geben wir zu früh auf, sind wir beziehungsunfähig – handelt es sich also um ein Problem, das unsere angeblich so leichtherzige und wenig leidensfähige Generation mehr betrifft als andere zuvor? Ist das Internet schuld? Ist das alles überhaupt ein *Problem*, oder handelt es sich, da es so viele Menschen betrifft, um etwas anderes? Zum Beispiel ganz einfach um eine neue Normalität?

Je länger ich darüber nachdenke, desto wahrscheinlicher scheint es sich mit der Kleinfamilie so zu verhalten wie mit dem Trinkbrunnen in unserem Viertel, der auf halbem Weg zwischen Einkaufszentrum und U-Bahn-Station steht und an dem ich jeden Tag vorbeigehe. Im Sommer (und wenn nicht gerade eine Pandemie um sich greift) wird er von Passanten zum Wassertrinken genutzt. Im Winter aber, wenn kein Wasser sprudelt, halten ihn die meisten für einen Aschenbecher und drücken ihre Kippen in ihm aus. Ein zutiefst trauriger Anblick. Ist das nun die Schuld der Menschen, sind sie zu dumm oder fehlerhaft, um den Brunnen seiner Bestimmung nach richtig zu benutzen, oder ist eher das Design des Brunnens dafür verantwortlich, dass sie ihn missverstehen? Sollte nicht der Brunnen in seiner Gestaltung den Leuten helfen, sich zurechtzufinden?

Übertragen auf die Familie, frage ich mich: Sind wir, und nur wir allein, für das (wenn man es denn so nennen will) Scheitern unserer Beziehungen verantwortlich, oder spielt die Art und Weise, wie die Welt da draußen beschaffen ist, auch eine Rolle? Es ist erstaunlich, wie viele individuell-psychologische Ursachen wir für unser vermeintliches Versagen finden können, während wir die möglichen kulturellen, soziologischen und politischen Gründe meist ausblenden – und somit kein Stück weiterkommen.

Zunächst einmal muss, wer »wir« sagt, genauer werden: Ich meine damit vor allem die Bewohner einer westeuropäischen Mittelstandsgegenwart im ungefähren Alter zwischen 25 und 45 Jahren. Hier gilt ein Baby häufig als die Vollendung des romantischen Glücks, während gleichzeitig viele Beziehungen leiden und zerbrechen, sobald Kinder ins Spiel kommen. Was passiert heute überhaupt mit Paaren, wenn sie zur Familie werden? Es stellt sich die Frage, was diese Männer und Frauen anders machen als diejenigen, die vor 20, 50 oder 100 Jahren Kinder bekamen. Was stimmt nicht mehr mit der Familie?

Vererbte Ideale

Woran die Familie heute leidet

Die Antwort auf die Frage, warum Familien es so schwer haben, hat direkt damit zu tun, was wir heute meist unter einer Familie verstehen: ein Paar und seine ein bis drei leiblichen Kinder, die klassische Kleinfamilie.

Viele gehen davon aus, dass diese Konstellation eine Art naturgegebene Konstante des Menschseins darstellt. Nichts könnte weniger der Wahrheit entsprechen. Die Idee, dass unsere Vorfahren in der Familienkonstellation von Fred Feuerstein, Wilma und Pebbles ums Feuer herum saßen, ist reine Fiktion.

Über rund 200 000 Jahre hinweg, also 95 Prozent ihrer gesamten Zeit auf der Erde, lebten die Menschen in nomadisch umherziehenden Verbänden verschiedener Generationen und Verwandtschaftsgrade zusammen. Lange ging man davon aus, dass es sich dabei vor allem um enge Angehörige handelte. Eine neue Studie an 32 modernen Jäger-und-Sammler-Gesellschaften mit im Durchschnitt 28 Mitgliedern zeigt jedoch, dass nur ein kleiner Teil dieser Menschen, die sich auf diese Weise Nahrung und Kinderbetreuung teilten, eng miteinander verwandt war. Nur zehn Prozent der Mitglieder waren Eltern, deren Kinder und wiederum deren Onkel und Tanten. Bei den restlichen 90 Prozent handelte es sich um entfernte oder gar nicht mit ihnen Verwandte. Diese im Tierreich nicht vorkommende Eigenart des Menschen, in engen Verbänden mit Nicht-Verwandten zusammenzuleben, ermöglicht es, dass neue Ideen einfacher von außen in eine Gruppe eingeführt werden können. Die untersuchenden Forscher machen diesen Umstand für die beispiellose kulturelle Evolution des Menschen verantwortlich.[6]

Dabei war es, anders als es das Klischee besagt, durchaus nicht so, dass allein die Männer die Nahrung erlegten, während die Frauen und Mütter in den Höhlen hocken blieben. Auch sie schwärmten aus, und während sich andere aus dem Verband um die zurückgelassenen Kinder kümmerten, erlegten diese Frauen Beutetiere wie Schlangen und Jungvögel, um deren Fleisch schließlich in der Gemeinschaft zu teilen – andernfalls wäre es einfach vergammelt. »Wildbeuter«, so die Psychologen Christopher Ryan und Cacilda Jethá, »teilen untereinander Fleisch, stillen die Säuglinge der anderen, haben wenig oder gar keine Privatsphäre, und ihr Überleben hängt stark von den Mitgliedern der Gruppe ab.« So sehr sich unsere soziale Welt um Vorstellungen von Privateigentum und individueller Verantwortlichkeit drehe, so sehr gehe es Jäger-und-Sammler-Gesellschaften um das Wohlergehen und die Identität der Gruppe, tiefe wechselseitige Beziehungen und gegenseitige Abhängigkeit.[7]

Erst vor 12 000 bis 10 000 Jahren ereignete sich im heutigen Nahen Osten die sogenannte Neolithische Revolution, im Zuge derer der Mensch sesshaft wurde und fortan Ackerbau und Viehzucht betrieb – der Beginn des Privateigentums. Auf einmal war es entscheidend, zu wissen, wo das eigene Feld anfing und wo es endete, welches das eigene Vieh war, welche Kinder leiblich waren und welche der Nachbar gezeugt hatte – und mit welcher Frau.

Vom Mittelalter bis in die Moderne war die bäuerliche Familie die am weitesten verbreitete Form des Zusammenlebens. Je mehr Kinder geboren wurden und je mehr von ihnen das Kleinkindalter überlebten, desto mehr Hilfe konnten sie spätestens ab einem Alter von vier Jahren auf den Feldern leisten. Dazu kamen unverheiratete oder verwitwete Onkel und Tanten, Cousins und Cousinen, Mägde und Burschen. Die Familie war eine wirtschaftliche Einheit, die Tiere hielt, einen Großteil der benötigten Lebensmittel und Kleidung selbst produzierte; eine Einheit, in der die Kinder lernten und die Alten versorgt wurden. Die bäuerliche Großfamilie war außerdem in der Lage, unvorhergesehene Vorfälle, wie die Geburt eines ungeplanten Kindes oder den Tod eines Elternteils, aufzufangen. Und Tode kamen häufig vor, eher um das 30. oder 40. Lebensjahr herum als um das 80. Jede Geburt, jede Krankheit, jeder rostige Nagel, in den man trat, konnte einen das Leben kosten. Noch im 18. Jahrhundert war ein Drittel aller Familien von Zweit- und Drittehen geprägt. Folgerichtig gab es für das, was wir heute Kleinfamilie nennen, bis zur Französischen Revolution gar keinen Begriff. Das, was er hätte bezeichnen können, existierte nicht.[8]

Der Wandel setzte mit der Industrialisierung im 18. und beginnenden 19. Jahrhundert ein. Besonders junge Männer und Frauen verließen ihre Familienverbände und strebten mehr als je zuvor in die Städte, um dort zu arbeiten. Das bedeutete eine Befreiung aus dem festen Gefüge der mehrgenerationalen Großfamilie, ihrer Enge und starken sozialen Kontrolle. Aus der Abnahme landwirtschaftlicher Lebens- und Arbeitsweisen und dem Anstieg von Berufen in Industrie und Wirtschaft entwickelte sich die bürgerliche Rollenverteilung zwischen Frau und Mann – die Trennung der Sphären Heim und Welt, Familienarbeit und Erwerbsarbeit, drinnen und draußen. Kurz: die Kleinfamilie, wie wir sie kennen. Bis dahin hatte der Vater ganz selbstverständlich eine aktive, empathische Rolle in der Kindererziehung. Wie die Untersuchungen der Ethnografin Heidi Rosenbaum zeigen, war das in Arbeiterfamilien sogar bis Anfang des 20. Jahrhunderts der Fall.[9]

»Der Niedergang der zusammenlebenden Mehrgenerationen-Familie spiegelt sich aufs Genaueste im Niedergang der Arbeit auf den Bauernhöfen«, so der US-amerikanische Journalist David Brooks in seinem Artikel »The Nuclear Family Was a Mistake«.[10]

Brooks grenzt den Zeitraum, in dem die heute nur etwa 100 Jahre alte Kleinfamilie funktionierte, auf den Zeitraum zwischen 1950 und 1965 ein. Mann und Frau heirateten, bekamen ein paar Kinder, der Vater brachte ausreichend Geld mit nach Hause, während die Mutter vor allem Heim und Kinder hütete. »Für uns ist das heute die Norm, obwohl die meisten Menschen in den Zehntausenden Jahren vor 1950 so nicht lebten und auch die meisten Menschen in den 55 Jahren seit 1965 so nicht gelebt haben«, schreibt Brooks.[11] Unser Idealbild der Familie beruht also auf einer Situation, wie sie für einen menschheitsgeschichtlich winzigen Augenblick gültig war – einem absoluten historischen Ausnahmefall. Damit ist auch klar: Die Bedingungen, unter denen die unterdessen zur Norm gewordene Kleinfamilie relativ stabil existieren konnte, werden sich nicht wieder einstellen.

Denn seit den 1970er-Jahren stagnieren die Löhne überall

in der industrialisierten Welt, insbesondere einfacher qualifizierte Jobs haben massiv an Wert verloren und ermöglichen kaum mehr eine berufliche Karriere. Ein Gehalt reicht fast nirgendwo noch aus, um eine Familie zu ernähren, manchmal sind auch zwei nicht genug. Die bindende Kraft von Institutionen wie der Kirche ist mit dem Bedeutungsverlust derselben geschwunden. Die absolut notwendige Emanzipation der Frau wurde ermöglicht und befeuert durch die Erfindung der Anti-Baby-Pille und in geringerem Maß auch durch die modernen Reproduktionstechnologien.

Dazu kommt, dass die Berufsausbildung heute sehr viel länger dauert als früher und junge Menschen das Kinderkriegen daher häufig so lange verschieben, bis sie gar nicht mehr so jung sind. Da die Fertilität von Frauen aber besonders in ihren Dreißigern massiv abnimmt, ist es oft das Jahrzehnt zwischen dem 30. und 40. Lebensjahr, in dem alles gleichzeitig passieren muss: Karriere, Kinder, Küche (die mit der Kochinsel und dem Induktionsherd). Daher heißt dieser recht kurze biografische Abschnitt unter Soziologinnen auch die »Rush-Hour des Lebens«. Kommt noch ein viertes »K« dazu – die Krankenpflege oder die Pflege alter Angehöriger –, findet sich eine ganze Generation (von meist Frauen) eingeklemmt zwischen der Sorge für das eigene Leben und der für andere. In einer 2015 vom Institut für Demoskopie Allensbach durchgeführten repräsentativen Studie geben 82 Prozent der Frauen in Deutschland zwischen 40 und 59 Jahren an, das Gefühl der totalen Überforderung zu kennen. »95 Prozent unterstützen ihre Eltern oder Schwiegereltern. 88 Prozent sind als Ansprechpartner immer für die Kinder da. 66 Prozent erledigen die Familienarbeit mehr oder weniger allein. 85 Prozent leiten ein prima funktionierendes

›Hotel Mama‹ mit Koch-, Wasch- und Putzservice. 25 Prozent betreuen schon Enkel. In all diesen Punkten übertreffen Frauen die gleichaltrigen Männer bei weitem.«[12] Die neue Möglichkeit – oder Pflicht – für Eltern, einem Beruf nachzugehen, hat, gepaart mit der erhöhten Mobilität in einer globalisierten (Arbeits-)Welt, frappierende Auswirkungen auf das familiäre Zusammenleben. Mütter und zunehmend auch Väter sind heute einer Mehr- und Überbelastung ausgesetzt, die weder die Verwandtschaft noch die Gemeinschaft oder die Gesellschaft auffangen kann.

»Einen solchen massiven Umbruch der familiären Strukturen hat es wohl noch nie gegeben«, konstatiert der Kinderarzt und Autor Remo H. Largo. »Es erstaunt daher nicht, dass sich nicht nur die Eltern im Alltag damit schwertun, sondern auch die Gesellschaft.«[13]

Dazu kommt, dass nur den wenigsten werdenden Eltern klar ist, auf welche Weise das erste Kind ihr jeweiliges Selbstverständnis, ihr bisheriges Leben und damit auch ihre Beziehung verändern kann. Vor der Geburt oder Adoption war vieles spielerisch, leicht und selbstverständlich, hinterher ist es kaum noch etwas. »In Wahrheit lässt sich das Ausmaß der Veränderung, wenn aus Mann und Frau Vater und Mutter werden, nicht in Worte fassen«, formuliert es die britische Schriftstellerin Rachel Cusk.[14]

Das hat, wie so gut wie alles auf der Welt, auch mit Sex zu tun. Wie der Soziologe Richard Sennett und der Philosoph Michel Foucault in ihrer gemeinsamen Vorlesung »Sexuality and Solitude«[15] herausarbeiten, entwickelte sich in vom Christentum geprägten Ländern mit Beginn des 17. Jahrhunderts eine bestimmte Vorstellung von Kernfamilie, von Monogamie und Treue zwischen Ehegatten sowie von gewissen Nöten im Hinblick auf sexuelle Akte. Diese Sexualmoral mit ihrer Verbindung von Sexualität, Subjektivität und Verpflichtung zur Wahrheit prägt uns bis heute. Sexualität wurde ein Barometer zur Vermessung des menschlichen Charakters und der Seismograph des Selbst: Wer also keinen Sex hat, ist eigentlich kein Mensch.

Mit dem ersten Kind ist der Alltag der Partner jedoch auf einmal geprägt von kräfteraubenden Routinen und engen Absprachen. »Man kennt sich bis dahin nicht unter solchen extremen Stressbedingungen«, so schildert es mein Freund Gabriel, der sich die Verantwortung für die Erziehung seiner beiden Kinder mit seiner Freundin teilt. »Es geht auf einmal nur noch um das nackte Überleben – das des Babys und das eigene. Man befindet sich zwar in der gleichen Wohnung, verbringt aber keine Zeit mehr miteinander.« Denn auch das starke Aufeinanderbezogensein zweier Menschen endet in dem Moment, in dem ein Kind in ihr Leben tritt und verlangt, dass sich ihm jemand rund um die Uhr widmet. Meist ist das die Frau, die das Kind geboren hat. Das überfordert und schneidet sie, einen bis dahin in der Welt stehenden Erwachsenen, von der Restwelt ab. »Ich hatte das Gefühl, unsichtbar geworden zu sein. Wie gestrichen. Arbeitslos und behindert«, so bringt Antonia Baum das Grundgefühl in der ersten Zeit ihrer eigenen Mutterschaft auf den Punkt: »Ich übertrat die Grenze nicht mehr, hinter der das Geld und die Freiheit lagen.«

Das Geld und die Freiheit kommen auch in einem anderen Punkt ganz neu zum Tragen: Die klinische Psychologin Darcy Lockman hat versucht, der Frage auf den Grund zu gehen, warum in dem Moment, in dem Heteros das erste Kind bekommen, aus einem sich bis dahin als progressiv verstehenden Paar häufig eines wird, das sich in die 50er-Jahre zurückkatapultiert findet und bei dem allein die Frau den sogenannten Mental Load trägt, also die Last der Verantwortung für die vielen kleinen anfallenden, oft miteinander zusammenhängenden Details des Familienlebens. Nur zum Beispiel: »War nicht kommende Woche dieser Kindergeburtstag? Wo ist die Einladung, auf der die genaue Zeit steht? Wer von uns beiden geht da hin? Wie kommt man dahin? Haben wir ein Geschenk? An dem Tag soll es regnen, passen die Gummistiefel noch? Wo bekomme ich jetzt so schnell neue Gummistiefel her? Wann überhaupt? Bei der Gelegenheit könnten wir gleich neue Sandalen für das Kind kaufen, welche Größe wird es wohl im Sommer haben?«, und so weiter. Lockmans schlichtes Fazit lautet: Es liegt am Widerstand der Männer, sich ebenfalls um diese Dinge zu kümmern. Sei es, weil sie sie nicht bemerken, weil sie sie vergessen, weil sie das Wissen um sie zwar als wünschenswert, aber nicht als wichtig genug erachten oder weil sie die Verantwortung dafür der Persönlichkeit ihrer jeweiligen Partnerin zuschreiben, dass ihr etwa Sauberkeit einfach wichtiger sei als ihnen.[16] Der Soziologe Ulrich Beck hat das Phänomen schon 1986 mit der Wendung »verbale Aufgeschlossenheit bei weitgehender Verhaltensstarre«[17] auf den Punkt gebracht.

Eine amerikanische Vereinigung namens »MenCare« hat errechnet, dass es gemessen am Tempo, mit dem die Gleichberechtigung der Geschlechter derzeit voranschreitet, noch 75 Jahre dauert, bis Männer die Hälfte der so unbezahlten wie undankbaren Versorgungsarbeit im Haushalt erledigen.[18] Mir kommt das sehr optimistisch vor. Der jüngste »Gender Report« des World Economic Forum zeigt, dass es noch 257 Jahre dauern wird, bis der ökonomische Gender Gap zwischen Männern und Frauen geschlossen sein wird, bis Frauen also über genauso viel Geld verfügen werden wie Männer. 257 Jahre.[19]

Soviel in den vergangenen Jahrzehnten auch erreicht wurde: Vor allem von Frauen, zunehmend aber auch von Männern wird heute erwartet (teilweise auch von ihnen selbst), dass sie arbeiten, als hätten sie keine Kinder, und sich um ihre Kinder kümmern, als würden sie keiner Erwerbsarbeit nachgehen.

Nicht einmal die Hälfte aller Länder auf der Welt verfügt über eine gesetzliche und bezahlte Elternzeit – die meist nur ein paar Tage oder Wochen beträgt und meist vor allem von der Mutter in Anspruch genommen wird. Und selbst wenn: Möchte ein Vater in Deutschland beispielsweise mehr als ein paar Wochen Elternzeit nehmen (64 Prozent von ihnen wollen nicht einmal das), sind Arbeitgeber nach wie vor oft nicht bereit, seine Arbeitskraft zu ersetzen. Ein gesetzlicher Vaterschutz analog zum Mutterschutz nach der Geburt existiert nicht. Der eintägige Sonderurlaub, der immerhin in Teilen des öffentlichen Dienstes für Väter bei der Geburt eines eigenen Kindes galt, wurde Ende 2001 abgeschafft. Auch später, wenn die Kinder in Kita und Schule gehen, zeigen sich Arbeitgeber selten flexibel genug, Vätern genau wie Müttern zu ermöglichen, ihren Bedürfnissen und Pflichten als gleichberechtigte Eltern über die zehn Tage hinaus nachzukommen, die ihnen für die Betreuung eines kranken Kindes zustehen.

Auf der unbezahlten Versorgungsarbeit, die zum ganz überwiegenden Teil Frauen übernehmen, basieren weltweit ganze Ökonomien. Je mehr unbezahlte Arbeit Frauen leisten, desto besser können alle anderen Arbeitnehmerinnen und Arbeitnehmer der Wirtschaft dienen – also dem Kapitalismus. »Es braucht schon die Last der Tradition und ein Gestrüpp aus privaten und politischen Erwartungen, um eine simple Wahrheit zu verdecken: Die unbezahlte Arbeit der Frauen ist eine Quersubventionierung der Privatwirtschaft«, so die Redakteurin der ZEIT, Elisabeth Raether.[20] Kurz: Hinter jedem Mann auf dem Feld, am Fließband, in der Werkstatt und am Schreibtisch steht eine unbezahlte Frau.

Die Hilfsorganisation Oxfam hat ausgerechnet, dass Frauen (und Mädchen) jedes Jahr Haus-, Pflege- und Fürsorgearbeit im Wert von zehn Billionen Dollar leisten.[21] Ohne finanzielle Gegenleistung, versteht sich. Diese Zahl ist so gewaltig, dass man sie für ihre volle Wirkung kurz so stehen lassen muss: zehn Billionen. Nicht Millionen, nicht Milliarden: Billionen. Das ist 43-mal so viel, wie Apple erwirtschaftet, einer der wertvollsten Konzerne der Welt.

Warum leisten Frauen diese Arbeit? Im besten Fall aus Liebe, häufig aber schlicht, weil sie keine andere Wahl haben. Was bekommen sie dafür? Im besten Fall Liebe und in arbeitsteiliger Übereinkunft die Hälfte des Partnergehalts und eine gebührende Altersvorsorge. Wenn sie Pech haben, ernten sie Geringschätzung, Missachtung und Gewalt. Wenn sie ganz schlecht dran sind, erwartet sie der Tod.

Im Jahr 2018 konnten 606 Millionen Frauen im arbeitsfähigen Alter aufgrund ihrer unbezahlten Care-Arbeit keiner bezahlten Arbeit nachgehen.[22] Für die Autorin Mareice Kaiser existiert die viel beschworene sogenannte Work-Life-Balance nicht, sie schlägt stattdessen den Begriff »Care-Work-Leisure-Struggle« vor, also ein Leben als ständige Zerreißprobe zwischen Fürsorge- und Erwerbsarbeit sowie Freizeit – oder dem, was dann noch davon übrig ist. Von Intimbeziehungen spricht Kaiser vorsichtshalber gleich gar nicht.[23]

Dieses Buch ist teilweise während der Covid-19-Pandemie entstanden, die die Welt im Jahr 2020 über Monate hinweg vollkommen im Griff hatte. Wie es Krisenzeiten so an sich haben, zeigte sich auch hier auf einmal besonders deutlich, was schiefläuft. Schnell wurde klar, wie systemrelevant die Arbeit ist, die in den Krankenhäusern, Arztpraxen, Supermärkten, Kitas und Altenheimen zu 75 Prozent von Frauen verrichtet wird. Diese in der Regel schlecht bezahlten Arbeitnehmerinnen waren es, die plötzlich unverzichtbar geworden waren und die trotz der Ansteckungsgefahr mit dem Virus den Laden am Laufen hielten – während ihre Kinder gleichzeitig zu Hause betreut werden mussten. Laut einer Studie der Universität Mannheim von Anfang April über die Verteilung der häuslichen Kinderbetreuung in der ersten Woche der Kita- und Schulschließungen waren etwa in der Hälfte der Fälle die Frauen allein zuständig, nur 24 Prozent der Paare teilten sich diese Arbeitslast, oder der Mann übernahm sie vollständig. Im Rest der Fälle war eine andere im Haushalt lebende Person für die Kinderbetreuung zuständig, oder die Kinder blieben sich selbst überlassen.[24] Dabei hatten vor Ausbruch des Virus 13 Prozent der befragten Männer und 10,6 Prozent der Frauen im Homeoffice gearbeitet – also in etwa gleich viele. Aber Frauen wird von ihren Arbeitgebern in 22 Prozent der Fälle und damit doppelt so häufig wie Männern nicht gestattet, von zu Hause zu arbeiten.

Aber auch in der Wissenschaft hatten vor allem Frauen das Nachsehen. Während die Zahl der bei Fachzeitschriften eingereichten Studien von Forschern in der Pandemie anstieg, fehlte vielen Akademikerinnen im Homeoffice mit gleichzeitiger Kinderbetreuung die Zeit, zu publizieren – und damit die Chance auf berufliche Sichtbarkeit und langfristigen Erfolg.

Als Mitte April über die Verlängerung der zu diesem Zeitpunkt bereits über vier Wochen bestehenden Kontaktsperren diskutiert wurde und die dafür eingesetzte Expertenkommission empfahl, Schul- und Kita-Schließungen noch weitere fünf Monate beizubehalten, rund 8,8 Millionen Kinder in 4 Millionen Familien also weiterhin zu Hause betreut werden sollten, konnte man sich fragen, warum »das familiäre Wohl und das Wohlergehen der Frauen eigentlich gar nicht adressiert« wurde, wie es die Präsidentin des Wissenschaftszentrums Berlin, Jutta Allmendinger, tat.[25] Die Antwort war simpel: Die Kommission war mit 24 Männern und lediglich zwei Frauen mit einem Durchschnittsalter von 60 Jahren besetzt und stand damit auch symbolisch für das Missverhältnis zwischen denen, die entscheiden, und denen, die diese Entscheidungen betreffen. Die Bedeutung der Fürsorgearbeit war einmal mehr übersehen worden. Während die für »das System« offenbar relevante Bundesliga ihren Betrieb wieder aufnahm, blieb die unbezahlte Arbeit, die in der Pandemie auf neue Dimensionen anwuchs, weiterhin das private Problem der Familien – und somit meist der Frauen. Fürsorge gehört zu der Rolle, die ihnen als Angehörige ihres Geschlechts zugeschrieben wird.

In den Beziehungen helfen private Diskussionen und ausdauernde Verteilungskämpfe über die beschriebenen Ungerechtigkeiten nur bedingt weiter, nicht selten verstärken sie die Spannungen – im Zweifel, ohne dass sich irgendetwas an der Situation ändert. Die eine fühlt sich allein gelassen, der andere gegängelt. Das Ganze erhält eine ungute Eigendynamik, in der sich beide ungerecht beurteilt und zu kurz gekommen fühlen. Die Zufriedenheit beider Partner sinkt.

Zunehmend prekär werdende Arbeitsverhältnisse, explodierende Mieten und sonstige steigende Lebenshaltungskosten tragen zusammen mit der engen Taktung des Privatlebens nicht eben zur Entspannung der Situation bei. Und so wandeln sich die Paare mit der Geburt ihrer Kinder zu »selbstreproduzierenden Familieneinheiten«, wie die britische Feministin Laurie Penny sie nennt, »jede isoliert in ihrem jeweiligen Kampf«.[26]

Sind alle Kämpfe geschlagen, kommt oft zum Tragen, was die Paartherapeutin Esther Perel die »moderne Ideologie der Liebe«[27] nennt: dass eine Familie, die vor allem auf der romantischen Beziehung zweier Menschen basiert, in dem Moment zerfällt, in dem diese Liebe schwindet. Nicht dass sich Partner zu anderen Zeiten nicht geliebt hätten. Aber dieses Gefühl galt einst als zu unsicher, um als hinreichende Basis eines gemeinsamen Lebens zu dienen.

Die alten Griechen gingen in der Antike eine Ehe ein, um einen geordneten Haushalt sicherzustellen, die Liebe hingegen galt ihnen als kurzweilige und verstörende Erfahrung. Wenn der altrömische Mann heiratete, sicherte er sich als *pater familias* die Mitgift und die sexuelle, rechtliche und ökonomische Verfügungsgewalt über seine Ehefrau, Kinder und Sklaven. Noch im modernen Hebräisch lautet das Wort für Ehemann *ba'al*, es stammt aus dem Altertum und bedeutet »Besitzer«. Der Besitzer der Frau hatte das Recht, diese – genau wie das zum Haushalt gehörige Vieh – zu töten. Das »Allgemeine Landrecht für die Preußischen Staaten« von 1794 besagte: »Der Hauptzweck der Ehe ist die Erzeugung und Erziehung von Kindern.« Erst unter dem Einfluss der

Romantik wurde die bürgerliche Ehe mit großen Gefühlen aufgeladen. Aber noch im Jahr 1900 trat im Deutschen Kaiserreich mit dem Bürgerlichen Gesetzbuch ein Familiengesetz in Kraft, das dem Mann juristisch die Herrschaft über die Frau zusprach.[28]

Heute ist die Grundlage einer Ehe scheinbar ausschließlich die Liebe – eine Entwicklung, die auch durch das ab den 1870er-Jahren in den meisten Industrieländern eingeführte Scheidungsrecht befeuert wurde. Aber die Liebe kommt eben schnell unter die Räder. »Eines der größten Probleme im Zusammenleben von Männern und Frauen ist die Verbindung von gemeinsamen Kindern und gelebter Häuslichkeit«, so die israelische Soziologin Eva Illouz. »Der Hauptgrund dafür ist, dass unser häusliches Leben in Routinen organisiert ist: das Aufstehen um eine bestimmte Uhrzeit, das Einnehmen von Mahlzeiten, die Haushaltspflichten. Nur so kann Alltag funktionieren. Für die romantische Liebe hingegen sind eine gewisse Distanz und damit die Chance zur Idealisierung des anderen sehr viel besser als alltägliche Nähe.«[29]

Hinzu kommt nicht zuletzt, dass die Menschen heute sehr viel älter werden als zu anderen Zeiten. Die Mechanismen der Bindung zwischen zwei Erwachsenen, die sich in der Evolution entwickelt haben, eignen sich zum Großziehen von Kindern, nicht aber unbedingt dafür, 30, 40 oder 50 Jahre zusammenzubleiben. Historiker weisen darauf hin, dass die geringen Scheidungsraten bis in die 1960er-Jahre hinein ganz einfach auch viel damit zu tun hatten, dass die Menschen in anderen Zeiten früher starben, etwa bei der Geburt eines Kindes. Eine Tatsache, die die Autorin Laura Kipnis etwas bissiger formuliert, wenn sie schreibt, dass die steigenden Scheidungsraten nur ein moderner Behelf seien, um zu erzielen, was früher weitaus gründlicher durch die geringe Lebenserwartung erreicht wurde.[30]

Für die Beantwortung der Frage, warum es die Kleinfamilie in der Gegenwart so schwer hat, hilft es auch, sich die Kulturgeschichte der Mutterliebe und der Kindheit zu vergegenwärtigen.

Die Philosophin Élisabeth Badinter hat schon 1980 in ihrer aufsehenerregenden Untersuchung dargelegt, dass es sich bei der Liebe einer Mutter zu ihrem Kind, anders als oft behauptet wird, nicht um einen Instinkt, sondern um ein in der Moderne entstandenes menschliches Gefühl handelt, das als solches kulturellen Veränderungen unterliegt.[31] »Als Mutter von kleinen Töchtern kann ich versichern, dass es nichts Instinktives ist«, so die Evolutionsanthropologin Anna Machin. »Ich werde nie die steile Lernkurve nach der Geburt meiner ersten Tochter vergessen, als es eine so unüberwindliche Aufgabe schien, für ein Neugeborenes zu sorgen, dass ich es nicht einmal schaffte, mir die Zähne zu putzen oder die Spülmaschine auszuräumen.«[32] Oder wie die Anthropologin Sara Blaffer Hrdy es formuliert: »Wenn Frauen ihre Babys instinktiv lieben, warum haben dann so viele von ihnen über Kulturen und Zeiten hinweg direkt oder indirekt zum Tod ihrer Kinder beigetragen?«[33]

Badinter stellt fest, »daß in einer Zeit, die vor der Mitte des 18. Jahrhunderts liegt, die Liebe als ein familialer und sozialer Wert nicht vorkommt«.[34] Was nicht heiße, dass es sie nicht gegeben habe, sie spielte nur bei Weitem nicht die Rolle, die sie heute einnimmt. Statt von Zärtlichkeit und Intimität waren die Beziehungen von Gehorsam und Furcht vor der Autorität des Vaters geprägt, dem unhinterfragten Oberhaupt der Familie. Das Kind wurde von den Eltern häufig weniger als Freude denn als Last empfunden. Im Bürgertum und in der Aristokratie wurde es deshalb direkt nach der Geburt zu einer Amme gegeben, die es stillte. Kam es nach durchschnittlich vier Jahren zurück ins Elternhaus, wurde es, je nach Geschlecht, von einem Hauslehrer oder einer Gouvernante unterrichtet, bevor es schließlich mit acht bis zehn Jahren ins Internat, Kloster oder Pensionat gegeben wurde. Laut Badinter verbrachten diese Kinder damals insgesamt höchstens fünf oder sechs Jahre mit ihren Eltern.

Erst als man allmählich begriff, dass vernachlässigte oder sogar tote Kinder nicht zu Untertanen heranwachsen, die es für einen funktionierenden Staat braucht, in dem Wohlstand erarbeitet werden soll, setzte ein Mentalitätswandel ein. Das Kind erhielt nun einen wirtschaftlichen und militärischen Wert. »Daher«, so Badinter, »wird jetzt jeder Verlust an Menschen als entgangener Gewinn für den Staat betrachtet.«[35] Die Aufklärung propagierte zudem die Idee der Gleichheit – was das Verhältnis der Ehepartner untereinander nivellierte und der Frau mehr häusliche Macht zusprach – und verbreitete die Idee des individuellen Glücks, was wiederum die Liebe in den Fokus rückte – auch die zwischen Eltern und Kind. Das war die Geburtsstunde der von der Gesellschaft zurückgezogen lebenden Kernfamilie. Von da an ist auch die Mutterschaft nicht länger eine lästige Pflicht, sondern avanciert zu einer erfüllenden Tätigkeit. In den bürgerlichen Schichten wurde die Ehefrau zu einer Person, die nicht mehr arbeiten *musste*. Der fähige Mann verdiente nun den Lebensunterhalt allein. Die moderne Familie formiert sich um diese zu Opfer und Hingabe bereite Mutter herum, während der Vater von dieser Intimität ausgeschlossen bleibt. Die verklärte Mutter-

Kind-Beziehung ist es, die manchen Menschen heute dazu dient, alle möglichen Krankheiten und Defekte von Asthma bis Magersucht auf die wahlweise überbehütende oder lieblose, das Kind unterdrückende oder mit ihm konkurrierende Mutter zurückzuführen.

Noch am Ende des 19. Jahrhunderts gingen Frauen – abgesehen von denen der Arbeiterschicht, denen keine andere Wahl blieb – keiner Erwerbstätigkeit nach. Das sollte sich ändern, erst für die unverheirateten, denn auch für die verheirateten Frauen. Die Industrialisierung hatte eine massive Nachfrage nach Arbeitskräften geschaffen, und Kinder waren, wie ihre Eltern auch: genau das. Sie schufteten in Minen, Fabriken und auf den Feldern des kommerzialisierten Ackerbaus. »Im späten 19. Jahrhundert verdienten Kinder mit höherer Wahrscheinlichkeit Geld für ihre Familie als ihre Mütter es taten, die Löhne von männlichen Teenagern überstiegen dabei oft die ihrer Väter«, so die Autorin Jennifer Senior über den Aufstieg des ökonomisch nutzlosen, aber emotional um so unbezahlbareren Kindes.[36]

Heute hat das Kind in der westlichen Welt nur noch eine Aufgabe: Es soll das Lebensglück seiner Eltern steigern. Die wiederum stellen sich regelmäßig die Frage, ob sie sich in ihrem Leben bestmöglich verwirklichen – das war doch das Versprechen der persönlichen Freiheit, das zur Maxime der Gegenwart avanciert ist. Aber die Freiheit entpuppt sich am Anfang des dritten Jahrtausends unserer Zeitrechnung immer öfter als ein Imperativ: zum guten reichen, genussvollen, schöpferischen, selbstbestimmten Leben. Die Ehe ist wie die Familie für die meisten Menschen in unseren Breiten nicht länger von wirtschaftlichen Notwendigkeiten, gesellschaftlichen Normen und religiösen Geboten geprägt, sondern allein vom Wunsch nach der Maximierung des individuellen Glücks. In genau dieser Individualisierung besteht heute die größte Herausforderung des Zusammenlebens. An die Stelle von Regeln sind Wahlmöglichkeiten, aber auch Unsicherheiten und Selbstzweifel getreten.

Je stärker die rein emotionalen Gründe für eine Ehe und für Kinder sind, desto mehr Hoffnungen und Erwartungen lasten auf beidem. Je mehr Eltern ihre Kräfte auf die Erziehung und Förderung ihrer Kinder verlagern – und entsprechend ihr Engagement innerhalb einer größeren Gemeinschaft oder der Gesellschaft reduzieren –, desto mehr werden Kinder zu einem der wenigen Mittel, mit denen sich Eltern öffentlich ihres moralischen Werts versichern können. »Kinder sind von unseren Angestellten zu unseren Chefs geworden«, so Jennifer Senior.[37]

Und je höher die Erwartungen, desto leichter können selbige enttäuscht werden. In diesem Kontext sind Kinder mit allem, was sie an Konfliktpotenzial mit sich bringen, seltener die sogenannte Krönung einer Beziehung als ein massives Risiko für diese. Da eine Trennung heute keine soziale Ächtung mehr nach sich zieht, sondern unter Umständen von beiden Seiten als Befreiung erlebt wird, das Schuldprinzip beim »Scheitern« einer Ehe abgeschafft ist und Frauen wirtschaftlich sehr viel unabhängiger sind, als sie es zumindest in der BRD mindestens noch bis in die 1970er-Jahre waren, gibt es kaum noch Gründe, eine unglücklich gewordene Beziehung aufrechtzuerhalten. Die Leute waren früher nicht unbedingt zufriedener, aber die Rollen zwischen Mann und Frau waren so klar verteilt und festgeschrieben, dass es nur wenig gab, aufgrund dessen sich irgendjemand hätte beschweren können.

Man könnte sagen, dass es für viele Männer und Frauen noch nie so schwer war, auf Basis einer romantischen Beziehung ein einigermaßen funktionierendes Liebes- und Familienleben zu führen, und es gleichzeitig noch nie dermaßen leicht möglich schien, diese Beziehung auch wieder zu beenden, wenn sie kein Glück mehr verheißt. Wobei das Prädikat »leicht« allein für die gewissermaßen formellen Vorgänge einer Trennung gilt, nicht für die emotionalen. Wenige persönliche Entscheidungen sind final, die für Kinder schon. Das Drama, der Schmerz und die Angst, den Nachwuchs für den Rest seines Lebens zu traumatisieren, sind groß. Die Kleinfamilie ist mehr als je zuvor ein fragiles, auf Kante genähtes Gebilde.

»Wenn man die Wandlungen zusammenfassen wollte, die die Familie innerhalb des vergangenen Jahrhunderts mitgemacht hat, ist Folgendes vielleicht am richtigsten«, so noch einmal David Brooks: »Für den Einzelnen ist das Leben freier geworden, für Familien jedoch instabiler. Für Erwachsene ist es besser geworden, für Kinder hingegen schlechter.«[38]

Bleibt die Frage, warum das Idealbild der Kleinfamilie weiterhin so wirkmächtig ist und für viele nach wie vor ein unhinterfragtes Ideal darstellt.

Der Grund dafür liegt vor allem in einer bestimmten Vater-Mutter-Kind-Konstellation, die in weiten Teilen der Welt seit mehr als 2000 Jahren das herrschende Glaubenssystem und damit auch die Kultur bestimmt – und bis heute so gut wie alle Bilder speist, die wir uns von Familie machen. Die Rede ist von Joseph, Maria und Jesus. Sie haben über Jahrhunderte hinweg die Geschlechter- und Familienrollen geprägt und tun es bis heute. »Wieder und wieder ist die Heilige Familie in Legende und Malerei als eine innige, von zärtlicher Zuwendung erfüllte Gemeinschaft dargestellt worden«, so der Literaturwissenschaftler Albrecht Koschorke. »Sie hat entscheidenden Anteil daran, dass sich ein Ideal familiärer Intimität überhaupt ausformen und alltagsweltlich durchsetzen konnte.«[39]

Dabei war Jesus laut der Evangelien gar nicht das einzige Kind des verwitweten jüdischen Handwerkers Joseph und seiner jungen Frau Maria, die noch weitere Nachkommen zeugen sollten. Auch die Vaterrolle ist in dieser Dreierkonstellation bekanntlich doppelt, wenn nicht sogar dreifach besetzt: mit Gott als Vater im Himmel, dem Heiligen Geist als dessen Abkömmling und dem menschlichen Stiefvater Joseph. Und der erwachsene Jesus tritt als Anführer der neu gegründeten christlichen Sekte eben gerade nicht als Prediger der Familie, sondern im Gegenteil als ihr radikaler Zerstörer an. Seine Jünger sollen Vater, Mutter und den gesamten Clan verlassen und ihm folgen. Aber all das – die Stiefgeschwister, die unklare Stellung Josephs, die große Sippe und das Verlassen derselben – wird im Laufe der Jahrhunderte und der zunehmenden Intimisierung des Familienbildes verkürzt zur christlichen Modellfamilie, wie sie bis in die Gegenwart jedes Jahr Ende Dezember wieder von 2,2 Milliarden Menschen gefeiert wird.

Diese Miniaturisierung der Familie wurde vor allem von der römisch-katholischen Kirche selbst vorangetrieben. Indem sie das Inzesttabu bis hin zu Verwandten siebten Grades[40] ausweitet, nimmt das kirchliche Familienprogramm ab dem 6. Jahrhundert Einfluss auf die Heiratspolitik der weitverzweigten Sippen. Unter den verschärften Regeln kommt eine große Gruppe von Menschen – alle, die unter ihren 128 Urururururgroßeltern auch nur einen gemeinsamen Vorfahren haben – nun nicht mehr als Ehepartner füreinander in Frage. Parallel stärkt die Kirche die Monogamie und erschwert die Ehescheidung. Damit verhindert sie das Übertragen von Erbschaften, für das nun ebenfalls nur noch ein stark reduzierter Personenkreis in Frage kommt. Indem die Kirche an das Seelenheil der Gläubigen appelliert und sie gleichzeitig dazu anhält, ihr zu diesem Zweck die persönlichen Besitztümer zukommen zu lassen, fielen ihr über die Jahrhunderte hinweg enorme Geldmengen zu. Diese massive Umverteilung von Land und Geld aus privatem Besitz in die Hand der Kirche gehört, so der britische Anthropologe Jack Goody, »zu den profundesten Veränderungen, die mit der Christianisierung einhergehen«.[41] Am Ende steht laut Albrecht Koschorke eine »konjugale Kernfamilie, die sich als autarke Einheit versteht und aus dem Geflecht der Sippenbindung herausbegibt«.[42] Aus dem Clan wird die Kleinfamilie.

Der Beitrag Martin Luthers besteht laut Koschorke dann darin, das tätige und erwerbsame Hausleben als Ganzes zum Gottesdienst zu erklären und somit aus der Familie eine »kleine Kirche« zu machen. Insbesondere das Pfarrhaus versehe die Beziehungen zwischen den Familienmitgliedern mit einer Aura der Heiligkeit. Die protestantische Familie kann damit »zum Schauplatz einer umfassenden Reform des Gefühlslebens werden, die weit über Konfessionsgrenzen hinaus ausstrahlen wird und den Grundstein für die sich im 18. Jahrhundert etablierte bürgerliche Gefühlskultur legt«.[43] Auf dem Boden des Protestantismus erwächst auch die Aufklärungspädagogik, die die Mutter zur Schlüsselfigur für die Sozialisation des Kindes erklärt. Mit Hilfe derer wiederum erhöht schließlich der Nationalstaat bis hin zum Nationalsozialismus die Figur der natürlichen Mutter geradezu mythologisch.[44]

Ihre Fortsetzung findet die Verkleinerung des Clans auf den überschaubaren Familienhaushalt in der Entstehung des modernen Staates im 18. Jahrhundert, der, um sein Gewaltmonopol zu sichern, die Macht der Sippe und der in ihr herrschenden Loyalitäten bricht. Einzelnen Angehörigen des Staates sollen Ämter schließlich nicht qua Geburt zufallen, wie es etwa bei Monarchien der Fall ist. Vielmehr sollen Einzelpersonen diese Ämter aufgrund ihrer Fähigkeiten und Verdienste übernehmen. Von ihnen als Amtsinhaber wird dann erwartet, dass sie Vorschriften nach allgemeinen Regeln ausführen und nicht etwa die eigene Verwandtschaft begünstigen – ein Vorgehen, das wir heute noch unter dem Begriff »Vetternwirtschaft« ablehnen. Das Kontrollbedürfnis des Staates lässt ihn seine Bürger individualisieren, bis nur die Kernfamilie übrig bleibt, die es zum Hervorbringen neuer Bürger nun mal mindestens braucht – oder bis vor Kurzem brauchte. Das Paradox sei, so Koschorke, »dass der Staat (oder die Kirche) durch Förderung der Kleinfamilie die Verwandtschaft auf ihren kleinsten gemeinsamen Nenner herunterschneiden, während es doch so scheint, als würden sie fundamentale ›Werte der Verwandtschaft‹ unterstützen«.[45] Wenn es uns heute also so vorkommt, als bevorzuge der Staat die Kleinfamilie vor allen anderen Formen des Zusammenlebens, liegt das ursprünglich nicht daran, dass damit das unberechenbar umhergeisternde Individuum gezähmt werden sollte. Vielmehr ging es darum, die Macht der weitverzweigten Verwandtschaftsverbände zu beschränken. Die Familie verliert so ihre Rolle als dritte Macht neben Staat und Individuum.

Alles in allem geht es den meisten Bewohnern einer westeuropäischen Gegenwart mit dem vermeintlichen Idealbild der Familie wahrscheinlich so, wie es der Schriftsteller David Foster Wallace mit folgendem Bild illustriert hat: Zwei nebeneinanderherschwimmende junge Fische begegnen einem älteren Fisch, der in die andere Richtung unterwegs ist. Er nickt ihnen zu und sagt: »Guten Morgen, Jungs, wie ist das Wasser?« Die beiden jungen Fische schwimmen für eine Weile weiter ihres Wegs, bis der eine den anderen anschaut und fragt: »Was zur Hölle ist Wasser?« [46] Wir sind durch und durch vom Bild der auf romantischer Liebe gründenden Familie durchdrungen – meist ohne dass es uns bewusst wäre.

Der Anthropologe David Schneider spricht bei dieser Art von spezifischen, historisch entwickelten Formen des Sexualverhaltens und der Geschlechterverhältnisse von »kulturellen Formen«, die Teil der individuellen Gefühlswelt und des Unbewussten werden und als etwas »Natürliches« oder »Gegebenes« wahrgenommen werden. [47] So wie unser Hang zur Kleinfamilie.

Der Drang, auch in den engen Beziehungen Komplexität zu reduzieren, ist nachvollziehbar. Aber es liegt nun mal in der Natur des Menschen, sein Leben mit anderen zu verbringen. Schließlich ist er, wie Remo Largo es formuliert, »ein zutiefst soziales Wesen, das für sein Wohlbefinden auf eine Form des Zusammenlebens angewiesen ist, wie sie in der Lebensgemeinschaft früherer Zeiten bestanden hat: stabile Beziehungen mit vertrauten Menschen und eine Kultur, die Identität und Gemeinschaftssinn vermittelt«.[48] Nur leider wird auch dem aufgeklärten Menschen im Jahr 2020 allenthalben suggeriert, dass diese Lebensgemeinschaft auszusehen hat wie die Heilige Familie oder wahlweise die, die um

1960 herum für einen kurzen historischen Augenblick die Norm war: Vater, Mutter, Kind.

Eine Norm, für die im Übrigen das gilt, was laut dem französischen Philosophen Tristan García für alle Normen gelte: Sie sind nichts anderes als Ideale, die man erbt und sich nicht aussucht.[49]

Plötzlich Papa

Wenn Wasser dicker ist als Blut

»Ein Kind soll mit einer Familie versorgt werden, nicht eine Familie mit einem Kind«, begründete der Europäische Gerichtshof für Menschenrechte im Februar 2002 seine Entscheidung, der zufolge keine Diskriminierung aufgrund der sexuellen Orientierung vorläge, wenn alleinstehenden Homosexuellen die Adoption eines Kindes verwehrt bleibt. Geklagt hatte der damals 48-jährige Franzose Philippe Fretté, der sich 1991 das erste Mal beim zuständigen Pariser Amt um die Adoption eines Kindes beworben hatte. Nachdem er im psychologischen Gespräch angegeben hatte, schwul zu sein, riet man ihm dringend davon ab, den Adoptionsprozess weiterzuverfolgen. Zwei Jahre später lehnte das Sozialamt der Stadt sein Gesuch nach einer Adoptionserlaubnis mit der Begründung ab, er könne einem Kind keine »stabile Mutterrolle bieten« und habe »Schwierigkeiten, sich die praktischen Konsequenzen und die Umwälzungen vorzustellen, die die Ankunft eines Kindes verursachen«.[50]

Der Europäische Gerichtshof argumentierte im Fall »Fretté gegen Frankreich«, dass es bei einer Adoption auf das Kindeswohl ankäme – das er offenbar gefährdet sah – und nicht auf die Rechte des potenziellen annehmenden Elternteils. Die richterliche Wortwahl implizierte aber auch, dass ein schwuler Alleinerziehender und ein Kind als eine Familie anzusehen seien.

Seit 2008 gilt Homosexualität nicht mehr als legitimer Grund, eine Adoption durch eine Einzelperson abzulehnen. Tun es die derzeit 47 Mitgliedsstaaten des Europarates trotzdem, verstoßen sie damit gegen die Europäische Menschenrechtskonvention.[51]

Wie viele, die nach ihrer Ausbildung und den ersten Berufsjahren den Eindruck haben, einigermaßen im Erwachsenenleben angekommen zu sein, begann Tuan mit Anfang dreißig über Kinder nachzudenken. »Ich verdiente genug Geld und war bereit zu teilen.« Tuan, 43, stammt aus einer Großfamilie, er ist das zweitjüngste von sechs Kindern. Die ersten vier Jahre seines Lebens lebte er in Vietnam. Seine Eltern, die als politisch engagierte Demokraten in der nach dem Krieg gegründeten Sozialistischen Republik kein menschenwürdiges Leben zu erwarten hatten, kamen 1979 in die Bundesrepublik. Tuans Großvater hatte seine Heimat schon zuvor gen Deutschland verlassen, den Vater hatten die Kommunisten in ein Umerziehungslager gesteckt, den kleinen Tuan als einzigen Sohn der Familie mit dazu. Sie flohen und landeten im Westen Berlins, wo Tuan heute lebt.

In den ersten Jahren in einem vollkommen fremden Land waren die Familienmitglieder einander umso wichtiger. »Ich verbinde mit Familie Zusammenhalt, Geborgenheit und von der Idee her auch etwas Antikapitalistisches«, sagt Tuan. Gegen den achtköpfigen Haushalt, in dem er aufwuchs, erschien ihm die klassische Kleinfamilie – das sich an der Heiligen Familie orientierende westeuropäische Idealbild –

immer eigenartig. Tuan hatte während seines Studiums der Kunstgeschichte mit Dutzenden Bildern von Joseph, Maria und Jesus zu tun, er empfand es mit allem, was sie versinnbildlichen, immer als bedrohlich. »Für mich bedeutet Familie, wie ich sie mir vorstelle, Freiheit von allen Zwecken und Erwartungen.«

Als schwuler Single-Mann war ihm unklar, wie er das mit dem Kinderkriegen anstellen könnte. Seine Geschwister hatten sich alle für recht traditionelle bürgerliche Konstruktionen entschieden und hätten es durchaus gern gesehen, wenn er sich ein wenig mehr um seine Nichten und Neffen gekümmert hätte, als er es tat. Stattdessen machte er ein regelrechtes Projekt aus seinem Kinderwunsch. Er las alles, was es damals für Männer wie ihn zum Thema zu lesen gab, traf und beratschlagte sich mit Gleichgesinnten. Kurz stand die Möglichkeit im Raum, mit einer Kollegin in einer Co-Parenting-Konstellation ein Kind zu bekommen, aber so richtig konkret wurde es nie.

Tuan, der damals als TV-Redakteur in London lebte, begann, über ein Leihmutter-Arrangement nachzudenken. Die ersten Gespräche mit Frauen, die sich das vorstellen konnten und die er in einer darauf spezialisierten Klinik traf, waren für ihn allerdings jedes Mal eine frustrierende Erfahrung. Wollte ihm eine Frau aus christlicher Nächstenliebe und ohne jegliche weitere Bedingung ein Kind schenken, fühlte er sich ähnlich schlecht wie bei der Vorstellung, einer Frau für neun Monate Schwangerschaft Geld in Höhe der Kaufsumme eines Kleinwagens zu zahlen. »Ich konnte mir nicht vorstellen, dass dabei ein glückliches Kind entsteht.« Irgendwann, es war ein strahlender Londoner Frühlingstag, trat er desillusioniert aus der Tür der Klinik in die Sonne und dachte bei sich, er sollte seinen Wunsch vielleicht einfach begraben. »Sechs Monate später hatte ich zwei Kinder.«

Zurück in Berlin, hatte er seinen Freund Dieter besucht, einen allein lebenden Mann von damals Ende fünfzig. In jüngeren Jahren war Dieter als Soldat in der Welt herumgekommen, seine lange geschiedene Ehe hatte keine Kinder hervorgebracht, obwohl er sich immer welche gewünscht hatte. In Dieters kleiner Wohnung im Stadtteil Schöneberg aber saß auf einmal ein Kindergartenkind auf dem Sofa, der vierjährige Hei aus der Etage unter ihm. Hei hatte Dieter im Hausflur angesprochen und aß nun eine Tomatensuppe. »Ich dachte sofort, der ist ja megasüß«, erinnert sich Tuan. Noch am selben Tag schlug er Hei vor, mal zusammen ein Eis essen zu gehen. Gleich am nächsten Tag trafen sich Tuan, Dieter, Hei und dessen dreijähriger Bruder, Ara, zum Eis, anschließend gingen sie noch alle zusammen auf den Spielplatz. Anders als der kleine Ara konnte Hei nur wenig Deutsch, so sprach Tuan Vietnamesisch mit ihm. Hei klagte über Zahnschmerzen, und wie es sich herausstellte, hatte sich bereits ein schlimmer Karies ausgebreitet. Tuan informierte Dieter, der von den Eltern der Jungen, den Hoangs, erfuhr, dass die Milchzähne des Jungen nicht behandelt wurden, weil die Krankenkasse die Kosten des Eingriffs nicht übernehmen würde. Heis Zähne waren dermaßen kariös, dass die gesamte obere Zahnreihe gezogen werden müsste. »Für mich sah es so aus, als hätte die Familie einfach nicht genug Geld«, sagt Tuan. Er bezahlte die OP.

Thi und Lanh Hoang, das weiß Tuan heute genauer, waren in den frühen 1990er-Jahren, unabhängig voneinander und kaum volljährig geworden, aus Vietnam nach Europa gekommen, um hier Arbeit zu finden. Die Geschichte der vietnamesischen Community in Deutschland reicht zurück bis in die 1950er-Jahre. Während es in der Bundesrepublik zum Zeitpunkt der Wende etwa 30 000 bis 40 000 vietnamesische Einwanderer gab, die wie Tuans Familie geflüchtet waren, lebten in der ungleich kleineren DDR zum selben Zeitpunkt 100 000 Gastarbeiter aus dem sozialistischen Bruderstaat. Nach der Wende wurden die, die eben noch Brüder und Schwestern gewesen sein sollten, manchen ehemaligen DDR-Bürgern schlagartig zu Fremden – Feinden. 1991 und 1992 kam es zu rassistisch motivierten Übergriffen, in Hoyerswerda und Rostock-Lichtenhagen setzten Neonazis Vertragsarbeiter- und Flüchtlingswohnheime in Brand.

This Weg führte über Tschechien, wo sie in einer Lebensmittelfabrik arbeitete, nach Berlin, Lanh war auf der Suche nach seinem lange zuvor aus Vietnam verschwundenen Gastarbeiter-Vater in die Stadt gekommen. Als die beiden sich trafen, war Thi schon eine Scheinehe mit einem anderen Mann eingegangen, um bleiben zu dürfen. Sie ließ sich scheiden, das Paar zog zusammen, heiratete und hielt sich mit wechselnden Putzjobs über Wasser, die sie teilweise für Wochen in andere Bundesländer verschlugen.

Tuan begann, vermittelt durch Dieter, sich mehr und mehr um die Kinder zu kümmern. Die Eltern fanden sein Engagement anfangs eigenartig, aber Hei und Ara sprachen zu Hause bald so viel von ihm, dass die Hoangs den Umgang erlaubten. Tuan holte die Jungs vom Kindergarten ab, aus ein paar Stunden gemeinsam verbrachter Zeit wurde irgendwann ein ganzer Tag, dann mehrere Tage mit Übernachtung. Wie die sprichwörtliche Jungfrau zu zwei Kindern gekommen, wusste er anfangs nicht einmal, was er ihnen zu essen kochen sollte. Er hatte große Angst, irgendwas falsch zu machen, und rief ständig seine Freundinnen und Freunde an, um zu fragen, ob dies und jenes so richtig sei. Die Kinder waren von Anfang an unzertrennlich und schliefen immer Hand in Hand ein. »Ich glaube, dass sie früh gespürt haben, dass sie sich nur aufeinander verlassen können.«

Nach etwa einem Jahr sah es für Tuan kurz so aus, als würden die Hoangs ihm den Umgang mit den Kindern wieder verbieten. Das war, als sie anfingen, Tuan »Papi« zu nennen. Doch die Eltern hätten auch bemerkt, dass er den Kindern guttat, und irgendwann sogar Urlaube erlaubt, erzählt Tuan. »In diesem Loslassen steckt für mich eine Art von Größe.«

Ara und Hei sind heute neun und zehn Jahre alt. Bei meinem Besuch an einem Samstagvormittag spielen sie kichernd auf dem Teppich in Tuans Wohnzimmer. Sie stellen sich sehr höflich vor; während unseres Gesprächs kommen sie immer wieder in die Küche gewandert, um nach etwas zu essen oder trinken zu fragen. Einmal klettert Ara wie eine kleine Katze auf Tuans Schoß und fragt, ob er ein Eis haben kann. »Natürlich, Schatzi«, sagt Tuan. Am Kühlschrank hängt eine Buntstiftzeichnung, die der jüngere der Brüder gemalt hat: Sie zeigt drei Figuren neben einem riesigen roten Herz, dazu ein Haus und ein Flugzeug. Am oberen Rand des Blattes die Namen Ara, Hei und Tuan.

Die Hoangs arbeiten mittlerweile seit vier Jahren als Küchenhilfen im Schichtdienst in einem Restaurant. Die Jobs, für die ihr weniges Deutsch ausreicht, hat Tuan ihnen besorgt, er hat die Bewerbungen geschrieben und einen Laden ausgesucht, von dem er wusste, dass der Besitzer Mitglied in der SPD ist. »Dort bekommen sie mehr als den Mindestlohn, werden nicht angeschrien und müssen keine Überstunden machen.«

Eines ist Tuan wichtig zu erwähnen: Er habe keine Erlöserfantasien, die Hoangs seien für ihn kein Sozialprojekt. »Es geht mir nicht darum, die Kinder zu retten. Sie sollen meinem Leben auch keinen Sinn verleihen, den es andernfalls nicht hätte, wie einer meiner schwulen Freunde neulich suggerierte. Wir teilen etwas, von dem ich nicht genau weiß, was es ist.«

Zunächst einmal teilen Hei, Ara und Tuan einen Alltag mit einem regelmäßigen Wochenablauf, zu dem auch Dieter gehört. Wegen einer langen Krankheit lebt er schon länger von Hartz IV. Weil er nach wie vor im selben Haus wohnt wie die Hoangs, ist er es, der die Kinder unter der Woche zur Schule bringt und dort wieder abholt. Ist dann noch kein Elternteil von der Arbeit zurück, bleiben Hei und Ara solange bei Dieter. Einmal die Woche geht der mit Hei zum Fußball, ein anderes Mal zur Nachhilfe, danach holt Tuan die Kinder bei Dieter ab und nimmt sie mit zu sich, wo sie bis zum nächsten Morgen bleiben. Am Samstagmorgen holt Tuan die Kinder wiederum bei Dieter ab. Der kommt am Sonntag oft zum gemeinsamen Abendessen bei Tuan vorbei und bringt die Kinder anschließend wieder zu ihren Eltern. Tuan kümmert sich mittlerweile um die Kleidung der Jungen und um alle Bildungsbelange. An der Schule der beiden hat er sich als »so etwas wie ein Pflegevater« vorgestellt und die Situation erklärt. Unter der Lehrerschaft sah man kein Problem in dem Arrangement.

Für alles, was Dieter für die Kinder tut, schaut Tuan umgekehrt, dass dieser immer hat, was er braucht. Tuan nennt ihn scherzhaft seine »Flatrate-Nanny«, was Dieter überhaupt nicht gern hört. Er versteht sich als Großvater der Kinder.

Der Kontakt zwischen den vier Erwachsenen ist freundlich, aber distanziert. Heis und Aras Welten überschneiden sich im Alltag so wenig, wie es ihre zwei Sprachen tun. Mit Tuan und Dieter sprechen sie Deutsch, bei ihren Eltern Vietnamesisch.

Kurz bevor die Kinder vor ein paar Jahren das erste Mal für sechs Wochen nicht bei Tuan sein konnten, weil sie mit Thi zu Verwandten nach Vietnam gefahren waren, machte er sich Sorgen, ob ihre Beziehung die lange Trennung überstehen würde. Zum Abschied sagte Hei zu ihm: »Wir haben sehr viel Glück, dass wir dich getroffen haben.« Tuan antwortete: »Nein, ich hatte sehr viel Glück.« Sie skypten dann jeden zweiten Tag miteinander. Irgendwann in dieser Zeit, sagt Tuan, verlor er seine bis dahin permanente Angst, er könne die Kinder eines Tages wieder verlieren.

Dann bekam er ein Jobangebot aus New York, eine Stelle bei einem Nachrichtensender, die über Jahre sein Traum gewesen war. Aber schon auf dem Weg zum Vorstellungsgespräch war er »ein ganz anderer Mensch als zuvor«. Zurück in Berlin, stand er mit der Zusage des Senders für die Stelle auf dem Spielplatz – und vor der Entscheidung, nach New York zu gehen oder bei den Kindern zu bleiben. Während die Brüder das Gerüst hochkletterten, drehte sich Hei um und schaute Tuan ins Gesicht. »Ich schaute zurück und gab den beiden leise ein Versprechen: Ich passe auf euch auf.«

Als ich Hei bei unserem ersten Treffen frage, ob er gern noch mehr Zeit mit Tuan verbringen würde, bejaht der. »Zu Hause schauen wir nur Fernsehen, das ist langweilig.« Als er wieder mit seinem kleinen Bruder im Wohnzimmer spielt, sagt Tuan, dass ihn solche Aussagen der Kinder früher aggressiv gegen die Eltern werden ließen. Aber Thi und Lanh wüssten es nicht besser, weil sie, jung aus ihren Familien gerissen und in Deutschland auf sich allein gestellt, das Elternsein nie gelernt hätten. Sie hätten nie gelernt, dass Capri-Sonne nicht gesund ist, obwohl auf der Packung eine Orange zu sehen ist. Sie hätten nie gelernt, wie sie ihren Kindern mehr Liebe und Fürsorge entgegenbringen können. Die Wut habe er inzwischen abgelegt, sagt Tuan. Aber es tue ihm weh, wenn Hei ein weiteres Mal an Silvester weint, weil Lanh wieder nicht zum versprochenen Knallfrösche-Werfen aufgetaucht ist, genauso wenig wie er zu den Einschulungen seiner Söhne kam. »Wenn er da ist, ist er ein sehr liebevoller Vater. Aber er ist meistens abwesend. Die Mutter ist zwar öfter physisch anwesend, aber nie so richtig.«

Die Frage, ob er sie da heraushole, stelle sich für Tuan gar nicht – trotz der Stresserfahrungen, die die Kinder eventuell machten. Während Ara ein schulischer Überflieger ist, hat sein älterer Bruder Lernschwierigkeiten und eine Lese-Rechtschreib-Schwäche.

Die Kinder haben in der Einzimmerwohnung ihrer Eltern ein Zuhause, Lanh hat eine Zwischendecke in den viereinhalb Meter hohen Raum eingezogen und eine in die Küche, damit er und die Kinder je einen eigenen Bereich zur Verfügung haben. Ihre Nische. Hei und Ara gehen zur Schule, sie erfahren keine körperliche Gewalt. Capri-Sonne ist keine illegale Substanz. Aber Dieter und Tuan sehen es als ihre Aufgabe an, den Kindern zu vermitteln, welche Haltungen sie für wichtig halten. »Linksliberal, politisch reflektiert, kulturell interessiert«, fasst Tuan das zusammen. »Dieter geht mit ihnen zu den Klima-Demos und zur Liebknecht-Luxemburg-Demonstration jeden Januar, ich zeige ihnen Museen.«

Auf meine Frage, wer seine Familie sei, sagt Hei, die bestünde neben seinem Bruder aus vier Personen: »Ich habe eine Mutter und drei Väter.«

Ein vietnamesisches Sprichwort besagt: »Stirbt auch der Vater, so bleibt doch der Onkel; stirbt auch die Mutter, so reicht die Tante dir die Brust.« Die Idee, dass allein die Eltern für ihre Kinder zuständig sind, ist in Vietnam so nicht bekannt. Tuans Mutter hatte sich in Vietnam mit nur 18 Jahren selbst eines Mädchens angenommen, das seine Eltern im Krieg verloren hatte. »Als ich meiner Mutter allerdings erzählt habe, dass ich Hei und Ara getroffen habe und mich jetzt um sie kümmere, dachte sie, die beiden wären meine unehelichen Kinder – ich solle es nur endlich zugeben.« Heute telefonieren Tuans Mutter und die Jungen regelmäßig miteinander.

Von Außenstehenden wird Tuan meist für einen geschiedenen Alleinerziehenden oder einen Witwer gehalten. Meist klärt er das nicht auf, warum auch. Ein wenig anders ist es bei Dieter. Vor Kurzem zeigte ihn jemand anonym bei der Polizei an, weil er Hei auf dem Weg zur Nachhilfeschule im Bus ein Küsschen auf die Wange gegeben hatte. Ein weißer Mann von Mitte sechzig und ein asiatisch aussehender kleiner Junge, das fand jemand komisch. Tuan musste zusammen mit den Eltern bei der Polizei aussagen, dann wurde das Ganze recht schnell zu den Akten gelegt. Er nehme das der Person, die Dieter gemeldet hat, nicht übel. »Aber es hat mir gezeigt, dass das Bild des liebevollen Mannes noch nicht überall verankert ist.« Man kann den Vorfall auch als Indiz sehen für eine wachsame Öffentlichkeit, die den Verdacht auf Kindesmissbrauch lieber einmal zu oft äußert als einmal zu wenig.

Tuan holt ein Foto hervor, das vor Jahren spontan bei einem Sommerausflug entstanden ist. Es zeigt ihn, wie er in einem von einzelnen Mohnblumen gesprenkelten Weizenfeld steht, beide Kinder im Arm. Sie schmiegen sich an ihn. »Das ist für mich die perfekte Familie«, sagt er. »Ich sah das Foto und dachte: Es gibt sie, und ich habe sie.« Ihm selbst ist nicht verborgen geblieben, wie sehr das Bild einer religiösen Darstellung ähnelt. Statt Vater Joseph, Mutter Maria und Baby-Jesus zeigt dieses Familienbild aber einen Mann und zwei Kinder, zärtlich miteinander verbunden.

Es ist nicht so, dass die christliche Ikonografie keine fürsorglichen Männer kennen würde. Antonius von Padua, ein Zeitgenosse Franz von Assisis, wird seit dem 15. Jahrhundert mit dem Jesuskind auf dem Arm dargestellt, er gilt unter anderem als der Schutzheilige der Frauen und Kinder.

Nach unserem gemeinsamen Vormittag vereinbaren wir ein zweites Treffen, an dem ich auch Dieter kennenlernen und noch mehr über die Eltern der Kinder erfahren möchte. Dann kommt die Pandemie und mit ihr eine wochenlange Kontaktsperre. Unser Treffen muss warten.

Zwei Monate später ist dann auf einmal alles anders. Lanh liegt nach einem Selbstmordversuch im Krankenhaus. Er war eines Nachmittags aufgestanden, hatte die Kinder hoch zu Dieter gebracht, ging zurück in die Wohnung und erhängte sich oben in seiner Nische. Als Thi ihn findet, ruft sie Tuan an, der aber nicht sofort versteht, was sie ihm sagen will, und wiederum Dieter anruft, um ihn zu bitten, in der Wohnung nachzuschauen. Tuan ruft einen Krankenwagen, die Kinder sehen ihn vorm Haus vorfahren. Dieter verhindert, dass sie zurück in die Wohnung gehen, und sagt ihnen, ihr Vater habe einen Herzinfarkt gehabt. Lanh wird nach vergeblichen Wiederbelebungsversuchen in die Notaufnahme gefahren, auf dem Weg beginnt sein 36 Jahre junges Herz wieder zu schlagen. Sie schließen ihn an eine Herz-Lungen-Maschine an.

Thi, die sich schon Monate zuvor vom Vater getrennt hat, zieht für eine gute Woche mit den Kindern bei Tuan ein. Allein ängstigt sie sich in der Wohnung der Familie. Tuan bekommt Besuch von der Kriminalpolizei, vom Jugendamt, er lässt sich von einer Familienpsychologin beraten und von einer in sozialen Fragen erfahrenen Familienanwältin. »Mir war klar, dass ich handeln muss.« Er vermutet, dass hinter Lanhs Teilnahmslosigkeit in letzter Zeit eine Depression steckte. Das würde einiges erklären: dass er immer schlief, wenn Tuan die Kinder ablieferte. Dass er immer wieder Verabredungen verpasste.

Als sich abzuzeichnen scheint, dass Lanh es nicht schaffen wird, bereitet Tuan die Kinder auf diese Möglichkeit vor.

Zwei Tage später ruft das Krankenhaus bei Tuan an, Lanh sei hirntot. Die Mutter sei nicht in der Lage, die Frage zu beantworten, ob die Kinder Lanh noch mal sehen sollten, bevor die Maschine abgeschaltet wird. Ebenso wenig Lanhs Halbschwester, die an seinem Bett sitze. »Da bin ich zum ersten Mal richtig ausgeflippt«, sagt Tuan.

Erlaubt er es, mutet er den Kindern den Anblick des versehrten Körpers ihres Vaters zu. Sagt er Nein, nimmt er ihnen die letzte Gelegenheit, ihren Vater noch einmal zu sehen. Tuan schildert den Kindern also, was sie möglicherweise erwartet: dass Lanh an verschiedene Geräte angeschlossen ist, dass er anders aussieht, als sie ihn kennen, dass er nicht mit ihnen wird sprechen können. Die beiden entscheiden sich gegen einen Besuch. Vielleicht aus Angst, vielleicht, weil sie intuitiv wissen, dass es ihnen nicht guttun würde. »In dem Moment war mir klar, ich werde sie adoptieren«, sagt Tuan.

Die Entscheidung, die er da getroffen habe, ginge über den Verantwortungsbereich einer Pflege hinaus. »Damit hatte ich eine Grenze überschritten.«

Im alten Rom war leibliche Abstammung eine Nebensache und »Vaterschaft« vor allem ein juristischer Begriff. So musste der Vater leibliche Kinder in einem formellen Akt der Adoption anerkennen. Julius Cäsar adoptierte seinen Großneffen Augustus, der ihm damit nach Cäsars Ermordung im Jahr 44 v.Chr. als Alleinherrscher des Römischen Reiches nachfolgen konnte.[52]

Bei den Zambagua in den ecuadorianischen Anden, deren Familienform sich äußerlich nicht von der europäischen Kleinfamilie unterscheidet, werden Kinder häufig zu alleinstehenden Verwandten gegeben. »Jeder Erwachsene schien mehrere Arten von Eltern und mehrere Arten von Kindern zu haben«, schreibt die Anthropologin Mary Weismantel. »Sie erinnerten sich an einen Mann, der sie gezeugt, und an einen anderen, der ihr Heranwachsen begleitet hatte; sie erinnerten sich an eine Frau, die sie zur Welt gebracht hatte, aber auch an andere, die sie ernährt hatten, ihnen beigebracht hatten zu sprechen und zu wissen.« Die im Westen verbreitete Auffassung von der Adoption als einer Notlösung, bei der die leibliche Verwandtschaft konstruiert werden muss, kennen die Zambagua nicht.[53]

Soziale Elternschaft, also der Umfang, in dem Erwachsene ganz offiziell Verantwortung für nicht mit ihnen verwandte Kinder übernehmen, ist in Deutschland in verschiedenen Abstufungen möglich. Bei der Kurzzeitpflege oder Bereitschaftspflege bietet eine Familie dem Kind vorübergehend ein Zuhause. Ähnlich ist es bei der zeitlich befristeten Pflege, bei der die Betreuung durch die Pflegeeltern mehrere Jahre dauern kann, aber einen von vornherein gesetzten Endpunkt hat, weil das Kind irgendwann wieder in seine Herkunftsfamilie zurückkehren soll. Diese Option sieht die Dauerpflege nicht vor; die sozialen Eltern sind für die Beziehungs- und Bindungsentwicklung und für die Erziehung des Kindes verantwortlich, die rechtliche Elternschaft bleibt bei den leiblichen Eltern oder einem Vormund, die zahlende Elternschaft übernehmen die leiblichen Eltern oder das Jugendamt. Bei einer Adoption geben die Herkunftseltern alle Rechte, Pflichten und Verantwortungen unwiderruflich an die annehmenden Eltern ab.

Derzeit finden laut dem jüngsten Datenreport des Statistischen Bundesamtes in Deutschland jährlich etwa 4000 Adoptionen statt. 2016 waren die Adoptierenden in mehr als 60 Prozent der Fälle der Stiefvater oder die Stiefmutter eines Kindes, also der neue Partner oder die neue Partnerin des leiblichen Elternteils. In nur drei Prozent der Fälle waren es andere Verwandte des Kindes, etwa Tanten, Onkel oder Großeltern. Bei 35 Prozent der Adoptionen sind die annehmenden Eltern Nicht-Verwandte.[54]

Sollte Thi nun etwas zustoßen, kämen Hei und Ara ins Heim oder zu Pflegeeltern. Die Mutter sieht sich nicht in der Lage, allein für die Kinder zu sorgen. Freunde hatte das Paar so gut wie keine, die prekäre finanzielle Lage hatte es über die Jahre zusätzlich isoliert. »Es ist alles so anders hier«, nennt Thi oft als Grund dafür, warum sie kaum Anschluss fand.

Tuan und Thi vereinbaren, dass sie die kommenden vier, fünf Jahre so weitermachen wie bisher. »In der Pubertät wird sich ja noch etwas entwickeln. Deswegen sollen die Kinder erst später entscheiden, ob sie permanent zu mir ziehen wollen. Wenn sie dann wollen, dass ich sie adoptiere, machen wir das.« Thi, Tuan und Dieter haben jetzt einen unausgesprochenen Pakt: Sie brauchen einander, damit sie gemeinsam für Hei und Ara da sein können.

Die Kinder haben viel geweint in letzter Zeit. Neulich war Tuan mit ihnen und einer Freundin auf dem Spielplatz. Als ein Krankenwagen vorbeifuhr, wurde Hei sehr traurig und verbrachte die folgende Stunde eng an Tuan gekuschelt. »Er sagte zu mir, er habe Herzschmerzen, ich solle mir sein Herz anschauen.« Es ist, als würde der Junge die Schmerzen, die er bei Lanh vermutet, im eigenen Körper spüren. Sobald Tuan die Kinder für stabil genug hält, wird er ihnen erzählen, woran Lanh wirklich gestorben ist. Die beratende Psychologin sagte, dafür gäbe es keinen einzig richtigen Zeitpunkt; es käme auf das einzelne Kind und seinen Entwicklungsstand an.

Lanhs Beerdigung fand in Berlin in einem buddhistischen Kloster statt, das von einer Äbtissin aus Vietnam geleitet wird. Sie sang eine ganze Stunde lang, während der die Trauergäste ihren eigenen Gedanken an den Verstorbenen nachhängen konnten, dann folgten ihr die Gäste, darunter Thi und Lanhs Halbschwester, in einer Art Trauerzug einmal durch die gesamte Anlage. Die Kinder sollten ein mit Blumen verziertes Foto ihres Vaters zum Altar tragen, aber die Deko war ein wenig wacklig am Rahmen festgemacht. Es war Tuan, der aufstand, um ihnen zu helfen. Als die Jungen bei der Teezeremonie in Gedenken an ihren Vater Probleme hatten, ihre Becher zu füllen, war es Dieter, der ihnen half. »Das hat mir gezeigt, dass man die Lücke, die die Eltern hinterlassen, füllen kann«, sagt Tuan. Es sei ihm bei der Zeremonie wichtig gewesen, wirklich mit Lanh zu sprechen und zu sagen: Ich akzeptiere deine Entscheidung. Ich verspreche dir, ich kümmere mich um deine Kinder. Und ich hoffe, dass ich das schaffe.« Es habe sich angefühlt wie die Übergabe eines Staffelstabs. Ab jetzt übernimmt Tuan. In gewisser Weise, sagt er, habe er als schwuler Mann in dieser Konstellation vielleicht einen Vorteil. Thi sähe ihn nicht als Konkurrenten um die Mutterrolle, um die des Vaters aber auch nicht vollständig. »Für sie bin ich ein anderes Wesen.«

Er zeigt ein Foto, das er nach der Beerdigung gemacht hat, es zeigt Hei, Ara und Dieter. »Sind die Kinder nicht tapfer?« Dieter schaut ernst in die Kamera, aber auch, als wäre ihm seine neue Verantwortung bewusst. Zum Jackett trägt er eine frisch gebügelte blaue Krawatte, die er sich vor 25 Jahren für die Beerdigung seines Vaters gekauft hat. Auf dem Bild steht er immer noch unter dem Einfluss der Beruhigungsmittel, die er nimmt, seit er Lanh in seiner Nische fand.

Thi habe Schuldgefühle, ihrem toten Mann und den Kindern gegenüber, da ist sich Tuan sicher. Er kann nur erahnen, wie es ihr wirklich geht. »Mütter werden in unserer Gesellschaft ausgegrenzt und geächtet, wenn sie ihre Kinder fortgeben«, so die Familientherapeutin und Adoptionsbegleiterin Irmela Wiemann. »Die dazugehörigen Väter hingegen bleiben geschützt.«[55]

Die Kinder leben weiter abwechselnd bei Thi und bei Tuan. In Zukunft werden sie aber mehr Zeit bei Tuan verbringen. Dieter fungiert weiterhin als Shuttle zwischen den beiden Wohnungen, er kümmert sich um die Betreuung nach der Schule und kocht für die Jungen.

Von außen betrachtet habe sich nicht viel verändert, so Tuan, doch in emotionaler Hinsicht habe Lanhs Tod etwas zwischen ihnen dreien verschoben. Seit die Kinder das mit der Adoption verstanden haben, schauten sie ihn anders an.

Sie stritten auch mehr mit ihm, als hätten sie plötzlich keine Angst mehr davor, dass er sie wieder wegschicken könnte. Alles habe scheinbar eine größere Selbstverständlichkeit bekommen. Er hat angefangen, ihnen je ein Zimmer in seiner Wohnung einzurichten, auch wenn die Brüder sich weiterhin ein Bett teilen. Sich selbst hat er einen Schreibtisch gekauft, er wird in Zukunft mehr von zu Hause aus arbeiten und freitags nur noch halbtags, um mit Hei und Ara ins Wochenende gehen zu können. Die Wohnung, das hätte er schon kurz nach deren Kauf testamentarisch bestimmt, werden sie eines Tages erben.

Auch Tuans Blick auf die Kinder hat sich verändert. »Es war für mich immer leicht zu sagen, dass ich die Verantwortung für sie trage.« Aber über die wahre Verantwortung zwischen Eltern und Kind habe er bis zu Lanhs Tod nicht ernsthaft nachgedacht. »Ich habe tatsächlich bis vor Kurzem in Phrasen geredet. Die größte Lektion, die ich in den letzten Wochen gelernt habe, ist, dass Vatersein ein ziemlich intensives Gefühl ist. Das hatte ich in meinem Leben noch nicht.«

Thi hat ihm alle Vollmachten übertragen, die er braucht, um über das unmittelbare Wohlergehen der Kinder entscheiden zu können, sie hat ihr Testament geschrieben, falls ihr etwas zustößt. Dieter hat jetzt einen Schlüssel für Tuans Wohnung. Er klingelt stets, bevor er die Tür aufschließt. Trotzdem muss sich Tuan an diese neue Intimität zwischen den beiden gewöhnen. »Ich denke jedes Mal: Und was ist mit meiner Privatsphäre?« Erst am Vortag hat er laut denkend seine Traumwohnung entworfen: seine und die obendrüber, verbunden durch eine Wendeltreppe, dazu der Garten im Hinterhof. »Da hat Dieter ganz glänzende Augen bekommen und gesagt: Dann können wir ja hier alle einziehen!« Auch das ist Familie. Man stellt sich etwas vor und bekommt etwas ganz anderes, viel Unübersichtlicheres und Unaufgeräumteres, mit einer Nähe, die manchmal auch nervt.

Das positive Selbstwertgefühl von Adoptiv- und Pflegekindern, so die Adoptionsfachfrau Irmela Wiemann, sei maßgeblich davon abhängig, ob es den empfangenden Eltern gelänge, die Herkunftseltern gernzuhaben. »Zuneigung meint nicht das Negieren des Unvermögens der leiblichen Eltern, schon gar nicht das Ausklammern oder Verharmlosen von Schmerzlichem, das sie den Kindern angetan haben. Es heißt vielmehr, die Eltern als Menschen zu achten und zu respektieren auf der Basis von Mitgefühl und in Anbetracht ihrer – in aller Regel – schwierigen Biografie.«[56] Sie empfiehlt Adoptionseltern, den Kindern einen »Lebensbrief« oder ein »Lebensbuch« anzulegen, und ihnen so zu vermitteln, dass sie sich auch in schwierigen Zeiten gewollt und gehalten fühlen können.

Tuan hat ein Fotoalbum angelegt, in das er mit den Jungen Bilder der vergangenen sechs Jahre geklebt hat: Ara und Hei beim ersten Eisessen am Tag nach ihrem Kennenlernen; die Jungs, Tuan und Dieter, der die drei vor ihrer ersten gemeinsamen Reise zum Flughafen bringt; Heis Einschulung, Aras Einschulung, das Bild im Weizenfeld.

Ans Ende des Buchs klebten Tuan und die Jungen einen Brief, den eine von Tuans besten Freundinnen in den Tagen nach Lanhs Tod für die Kinder unter der Tür durchgeschoben hatte. Darin steht, sie sei immer für die beiden da. Auf derselben Seite notierten die Kinder zwei Wünsche, die sie Lanh mit auf den Weg gegeben haben. Ara schrieb: »Ich will, dass du als Katze zurückkommst«, und Hei: »Ich will ein guter Mensch sein, Papa.«

Patchwork

Ein Netz, das alle stützt

»Jedes Mal, wenn ich das Wort ›Stiefkind‹ in einer Todesanzeige lese, also wie in: ›X hinterlässt drei Kinder und zwei Stiefkinder‹, immer, wenn eine Bekannte so etwas sagt wie: ›Tut mir leid, da kann ich nicht kommen, an diesem Wochenende besuche ich meinen Stiefvater‹, oder wenn während der Olympischen Spiele die Kamera ins Publikum schwenkt und die Kommentatorenstimme sagt: ›Das ist X's Stiefmutter, sie feuert ihn an‹ – jedes Mal hüpft dann mein Herz, einfach nur aufgrund des Klangs, den es hat, wenn diese Verbindung öffentlich gemacht wird, positiv gemacht wird«, schreibt Maggie Nelson in ihrem Memoir »The Argonauts«, in dem sie unter anderem ihr eigenes Stiefmutterwerden reflektiert.[57]

Die Vorsilbe »Stief« hat ihren Ursprung im Althochdeutschen »stiof«, es leitet sich vom Verb »bistiufen« ab und bedeutet: »der Kinder oder Eltern berauben«. Im Märchen trägt die Stiefmutter praktisch immer den Zusatz »böse«, das muss gar nicht dazugesagt werden. Die Kinder ihres neuen Mannes interessieren sie im besten Fall nicht, im schlimmsten trachtet sie ihnen nach dem Leben. Kein Wunder, dass die

Stiefmutter einen bis heute so unangefochten schlechten Ruf hat.

Dieses Schicksal teilt sie sich mit der Patchworkfamilie im Allgemeinen. Einer Patchworkfamilie – also einer Familie mit zwei Erwachsenen, in der mindestens einer der Partner mindestens ein Kind mit in die Verbindung bringt – geht meist eine andere, zu Ende gegangene Liebesbeziehung voraus. Der Mangel, das Drama, der Schmerz scheinen ihr eingeschrieben zu sein. Die Patchwork- oder Nachscheidungsfamilie soll diesen Schmerz häufig tilgen, ihn vergessen machen, indem sie etwas Neues schafft. Die Literatur zum Thema pendelt genau zwischen diesen beiden Extremen: zwischen »Rettet die Familie« (und mit Familie ist hier die nach außen abgeschlossene Vater-Mutter-Kind-Verbindung gemeint) und »Alles auf Anfang« (als könnte man mit der Gründung einer neuen Familie die bereits bestehenden Verbindungen auf null setzen und noch einmal ganz von vorn beginnen).

»Man muss sich klarmachen, dass man über die gemeinsamen Kinder tatsächlich für den Rest seines Lebens verbunden ist«, sagt Jakov, 45. Er hat zwei Söhne aus zwei Beziehungen. Den ersten, den 15-jährigen Linus, mit seiner Ex-Frau Johanna. Den zweiten, den achtjährigen Friedrich, mit seiner Ex-Freundin Mette, 42. Mette hat neben ihrem Kind mit Jakov einen älteren Sohn mit ihrem Ex-Mann, den 21-jährigen Leo. Alle vier leiblichen Eltern dieser drei Kinder sind heute wieder in neuen Beziehungen, es sind also weitere Erwachsene und weitere Kinder dazugekommen. Friedrich, Linus und Leo haben heute jeweils vier bis fünf Halb- und Stiefgeschwister und bis zu zwölf Großeltern als Bezugspunkte, je nachdem, wie man zählt.

»Die Patchworkfamilie, wie wir sie jetzt leben, stellt letztendlich immer die Frage nach Grenzen«, wird Mette irgendwann im Verlauf unseres Gesprächs sagen. Aus ihrer und Jakovs Perspektive soll die Geschichte dieser Familie erzählt werden.

Die beiden waren sieben Jahre lang ein Paar. Als sie sich Anfang der Zehnerjahre verliebten, kannten sie sich schon vom Sehen. »Ich weiß noch, dass ich Jakov an diesem Abend traf und dachte: Mit dem werde ich mal ein Kind kriegen«, erinnert sich Mette. Drei Monate später war sie schwanger. Spätestens da war klar, dass sie eine Familie werden würden.

Wir treffen uns an einem Freitagnachmittag in Jakovs Wohnung. Er hat Apfeltarte gebacken, der kleine Friedrich kommt ab und zu in die Wohnküche gelaufen, um sein Stück Kuchen zu essen, wartet aber eigentlich auf einen Freund, der zum Spielen vorbeikommen will. Mette verspätet sich etwas. Sie hat auch mal in dieser Wohnung gelebt, in der Zeit, bevor Friedrich in die Schule kam. Heute wohnt Jakov hier mit Friedrich an den dreieinhalb Tagen der Woche, an denen der bei ihm ist, und mit Linus an dessen zwei Papa-Tagen – »und zusätzlich kommt Linus immer vorbei, wenn er Lust hat oder Hunger«. Das dritte Kind, Mettes Ältester, Leo, wohnt bei seinem leiblichen Vater, deshalb hat Linus irgendwann Leos altes Teeniezimmer bekommen. Seit der Trennung von Jakov und Mette lebt Friedrichs Patenonkel, einer von Jakovs besten Freunden, auch hier. In letzter Zeit jedoch ist er meistens bei seiner Freundin. »Mit den Umständen wachsen unsere Ideen«, sagt Jakov. Auch die Unübersichtlichkeit wächst. Mette und Jakov würden dagegen sagen: Das Netz wird stärker.

Dem Statistischen Bundesamt zufolge haben Paare bei etwa der Hälfte aller Scheidungen in Deutschland minderjährige Kinder. 13,6 Prozent aller Haushalte mit Kindern unter 18 Jahren in Deutschland sind Patchworkfamilien. Damit handelt es sich nach Kernfamilie und Alleinerziehenden um den dritthäufigsten Familientyp überhaupt.[58]

Nun heißt es immer, die Patchworkfamilie sei der Ausdruck einer Hypermoderne, in der keiner mehr Verantwortung für den anderen übernehmen will und Beziehungen beliebig geworden sind. Dabei enden zwei Drittel aller Ehen in Deutschland nach wie vor nicht durch Trennung, sondern durch den Tod eines Partners. Dazu kommt: Die Patchworkfamilie ist sehr alt – viel älter als die Kleinfamilie. In einer Zeit, in der die durchschnittliche Lebenserwartung um ein Vielfaches geringer war als heute, in der Frauen bei der Geburt eines Kindes, Kinder an einer Lungenentzündung oder Männer im Streit mit einem Nachbarn starben, waren Zweit- und Drittehen die Norm. Sie sind eine anthropologische Konstante.

Die Antwort auf die viel diskutierte Frage, ob eine Scheidung Kindern schadet, muss also lauten: Im Vergleich wozu?

In ihrer Streitschrift »Die Patchwork-Lüge« aus dem Jahr 2011 nährt die FAZ-Redakteurin Melanie Mühl leider solch weitverbreitete Vorurteile, wie »Scheidungskinder haben einen Elternteil verloren«. Es ist jedoch niemandem geholfen, wenn Familie schlichtweg mit heterosexueller Kleinfamilie gleichgesetzt und Scheidung mit einer Katastrophe verglichen wird.

Eine Ehescheidung oder Trennung einer Langzeitbeziehung ist für alle Beteiligten ein einschneidendes Erlebnis und ein Drama. Aber nach den aktuellen Erkenntnissen der Familienforschung unterscheiden sich die meisten Menschen mit Scheidungs- und Trennungserfahrung langfristig betrachtet nicht bezüglich ihrer körperlichen und seelischen Gesundheit von Menschen ohne diese Erfahrung. Die Belastung, die durch eine Trennung und eine neue Familiensituation entsteht, ist nicht mit dauerhaften Schädigungen gleichzusetzen. Es lassen sich keinerlei Langzeitfolgen durch Scheidungen nachweisen, im Gegenteil: Unter bestimmten Voraussetzungen geht es Kindern nach der Trennung der Eltern besser als vorher.[59]

Es stimmt, dass etwa 20 Prozent aller Eltern und Kinder, die eine Scheidung mitgemacht haben, langfristige Schwierigkeiten zu haben scheinen. Aber quer durch alle Bereiche der Bevölkerung liegt der Anteil von Menschen, die als neurotisch, ängstlich, depressiv oder zwanghaft gelten, auch bei etwa 20 Prozent. Und dabei handelt es sich mitnichten ausschließlich um Scheidungskinder. »Die Qualität von Familie ist und bleibt abhängig von der Qualität der gelebten Beziehungen«, so die Familientherapeuten Matthias Ochs und Rainer Orban.[60] Man kann diesen Satz nicht genug betonen.

Aus engagierten Vätern, die Elternzeit genommen und sich gemeinsam mit der Mutter um die Kinder gekümmert haben, werden kaum Männer, die sich verhalten, als gäbe es diese Kinder einfach nicht. Mein Freundes- und Bekanntenkreis mag nicht repräsentativ sein, aber mir fällt kein einziges Paar meiner Generation ein, in der der Vater nach der Trennung nicht weiterhin für seine Kinder da wäre – und zwar im Sinne von: anwesend.

Laut einer Umfrage des Allensbach-Instituts von 2017 wird die Kinderbetreuung in Trennungsfamilien jedoch zu 48 Prozent ausschließlich bei der Mutter geleistet. In ebenfalls 48 Prozent ist der Vater an der Erziehung beteiligt, in immerhin einem Viertel der Fälle davon leistet er mindestens den gleichen, wenn nicht größeren Anteil an der Kinderbetreuung. 81 Prozent der Trennungseltern, die ihre Kinder gemeinsam betreuen, sagen, dass ihr Kind mit dieser Aufteilung gut zurechtkäme – während nur 55 Prozent aller Trennungseltern insgesamt dieser Meinung sind.[61]

Ohne Frage gibt es getrennt lebende Väter, bei denen sich der Kontakt zu ihren Kindern auf zwei Wochenenden im Monat und die Hälfte der Ferien beschränkt. Man nennt dies das Residenzmodell, bei dem das Kind bei einem Elternteil lebt, während der andere an festgelegten Tagen Umgang mit dem Kind hat und für es Unterhalt zahlt. In Deutschland ist das immer noch der Standard in Trennungsfamilien. Manchen Vätern wird der Kontakt zu ihren Kindern vonseiten der Mutter erschwert oder untersagt, manchmal aus niederen Motiven, andere Väter entziehen sich ihrerseits. »Sie beide, die Verweigerer und die Intriganten, sind sich in aller Regel bewusst darüber, dass sie ihren Kindern durch ihr Verhalten Leid antun«, so der Oldenburger Partnerschaftstherapeut Volker Schmidt. »Die allermeisten von ihnen haben sich daher ein lückenloses Alibi zurechtgelegt, warum die Schuld für diesen emotionalen Missbrauch am eigenen Kind auf jeden Fall beim anderen Elternteil zu suchen ist.«[62] Er empfiehlt in diesen Fällen ein gutes therapeutisches Gespräch über Verantwortung, Schuld und Scham.

Die ehemalige Bundesjustizministerin Katharina Barley, selbst geschiedene Mutter, die sich die Betreuung ihrer zwei Söhne mit ihrem Ex-Mann teilt, möchte, dass Menschen, die sich trennen, mehr Unterstützung vom Staat erhalten. »Wir müssen den Familien, die das Wechselmodell leben, Hürden aus dem Weg räumen«, sagte sie dem *Spiegel*. »Am Ende soll das Wechselmodell ja ein System sein, das sich nicht nur

Besserverdiener leisten können, sondern alle, die es für richtig halten.«[63] Derzeit wird es nur in fünf bis 15 Prozent der Trennungsfamilien auch gelebt. Es braucht dafür in jeder der Elternwohnungen Platz für die Kinder, dafür verbringen diese den Alltag mit ihren beiden Eltern, statt nur einzelne Wochenenden oder die Ferien. Haben die Eltern immer wieder Probleme miteinander, kann eine Mediation helfen, bevor die Familie vor Gericht landet.[64]

In vielen europäischen Ländern wie Frankreich, Italien, Tschechien und Schweden ist das Wechselmodell nach Trennungen gesetzlich verankert und wird vom Gesetzgeber bevorzugt. Auch in Deutschland erhält bei unverheirateten Eltern seit August 2010 nicht mehr automatisch die Mutter das Sorgerecht. »Das Kind hat das Recht auf Umgang mit jedem Elternteil; jeder Elternteil ist zum Umgang mit dem Kind verpflichtet und berechtigt«, heißt es im Bürgerlichen Gesetzbuch. Seit 2013 kann auch nicht ehelichen Vätern (sofern sie ihre Vaterschaft nicht nach der Geburt ohnehin anerkannt und eine gemeinsame Sorgerechtserklärung abgegeben haben) das gemeinsame Sorgerecht für ein Kind zugesprochen werden – selbst ohne Zustimmung der Kindesmutter.[65]

Im polarisierenden und oft polemisch geführten Meinungskampf wird von der einen Seite in Frage gestellt, dass glückliche Eltern glückliche Kinder haben. »Tatsächlich ist Kindern ziemlich egal, wie sehr die Eltern einander lieben und begehren«, schreibt Melanie Mühl. »Ihnen ist es am wichtigsten, dass alles so bleibt, wie es ist, dass beide für sie da sind, gemeinsam.«[66] Sie ist also dafür, dass Paare sich mal ein bisschen mehr Mühe geben und für die Kinder ein paar Jahre oder Jahrzehnte lang so tun, als wäre alles in bester Ordnung. In ihren Augen haben Menschen mit der Geburt von Kindern das Recht auf ein einigermaßen glückliches Beziehungsleben verwirkt.

»Ich verstehe schon, wie man auf die Idee kommen kann, dass es für die Kinder das Beste wäre, wenn die Eltern sich am Riemen reißen und zusammenbleiben«, sagt Mette. »Aber das ist nicht, wie ich leben will. Ich weiß gar nicht, wie das gehen soll.« Jakov pflichtet ihr bei. »Das funktioniert doch nur um den Preis, dass die Eltern den Kindern etwas vorspielen. Aber Kinder spüren sehr genau selbst die kleinste Anspannung und jeden unausgetragenen Konflikt.«

Und wer spricht eigentlich von den vielen Kindern, deren Väter als Fernfahrer, auf Montage oder als Manager mit 60-Stunden-Woche arbeiten? Oder denen, die mit den ständigen Streits, der Verachtung, der Kälte und der Gewalt zwischen ihren Eltern leben müssen? »Es gibt keine ernstzunehmenden Studien über Kinder von Eltern, die zusammengeblieben sind, obwohl sie das nicht hätten tun sollen, es gibt keine Kontrollgruppe, die uns Auskunft erteilt über den subkutanen Schaden, den man an dieser Situation nimmt«, so die Autorin Katie Roiphe in »Messy Lives«[67]. In ihrem später erschienenen Buch »The Power Notebooks« zeigt sie sich verletzlicher: »Meine Eltern hatten eine ungewöhnlich und unplausibel glückliche Ehe. Was auch immer bei uns zu Hause schief ging, da war immer diese unverrückbare Sicherheit ihrer Beziehung. Daran mag es gelegen haben, dass eine Scheidung für mich undenkbar war, unvorstellbar. Es wäre gewesen, als hätte ich plötzlich entschieden, nach Prag zu ziehen und eine neue Sprache zu lernen und ganz neue Freunde zu treffen und das Baby da aufzuziehen.«[68] Und so habe sie jahrelang in der Beziehung zu ihrem sie misshandelnden Ehemann verharrt.

Doch zurück zu Mette und Jakov. Sie seien damals mit voller Geschwindigkeit aufeinander zugerannt, erzählt Jakov. Sich treffen, verlieben, ein Kind zeugen, das ging bei den beiden rasend schnell. »Die ersten Monate waren extrem komprimiert und dabei auch nicht einfach«, sagt er. »Aber das war eben unser Modus.« Genauso schnell führten sie auch die beiden Familien zu einer neuen zusammen. »Am Tag, als Friedrich geboren wurde, war meine komplette Familie im Krankenhaus«, so Mette. Ihr großer Sohn, dessen Vater, der die ersten Fotos des Babys machte, Jakovs Sohn, dessen Mutter und ihr neuer Mann, Mettes Eltern, ihre Schwester und deren Sohn. »Es war eine riesige Party und gleich ganz klar: Dieses Kind begründet eine ganz neue Situation.«

Die Kinder aus den vorherigen Beziehungen Mettes und Jakovs bekamen je einen neuen Elternteil und zwei neue Brüder. Das lief nicht immer reibungslos ab. Statt vor oder nach Friedrichs Geburt das Offensichtliche zu tun und zusammenzuziehen, beschlossen Mette und Jakov, dass sie zunächst in ihren Wohnungen bleiben würden. Das bot ihnen die Möglichkeit, ihren älteren Kindern weiterhin genug Zeit exklusiv mit ihrem jeweiligen leiblichen Elternteil zukommen zu lassen. »Weil so eine Distanz natürlich auch Nähe erzeugt, ist es für eine Liebesbeziehung gut, nicht die ganze Zeit aufeinanderzuhocken«, sagt Mette. »Ich hatte nie das Gefühl, dass Jakov zu wenig Zeit mit dem Baby verbringen konnte.« Er auch nicht. Nach einem Jahr wurde es ihnen aber doch zu stressig, zwischen zwei separaten Haushalten zu pendeln, und sie zogen zusammen – weniger aus romantischen denn aus praktischen Gründen. »Uns war klar, dass wir uns lieben«, sagt Jakov, »es ging darum, den Faktor zu eliminieren, der uns so viel Kraft kostete.« Sie suchten sich bewusst eine Wohnung, die eine WG-Situation zuließ. Weil Mette es nachts gern ruhig hat und Jakov am besten bei Straßengeräuschen schläft, bezogen sie in der neuen 145-Quadratmeter-Wohnung zwei separate Räume. Leo bekam ein eigenes Zimmer, die beiden Kleinen teilten sich eines. Die große Wohnküche ist bis heute ein Dreh-, Angel- und Treffpunkt der Familie. Jakov ist Experte für digitale Kommunikation, am Tag meines Besuchs arbeitet er wegen Corona von zu Hause aus, ansonsten in einer Agentur. Häufig ist er auch unterwegs. Mette arbeitet frei im Verlagswesen und hat nebenbei noch einmal ein Studium angefangen, Kulturwissenschaft und Soziologie. Stünden die beiden oder auch nur einer von ihnen acht Stunden am Tag in der Fabrik, in der Werkstatt oder im OP, sähe ihr Alltag deutlich anders aus. »Und unser Urlaubskonzept funktioniert vor allem, weil wir jeden Sommer zusammen nach Hause fahren können, zum kroatischen Teil der Familie«, sagt Jakov. Eine Patchworkfamilie muss man sich leisten können.

Zwischen den Söhnen herrscht ein Altersunterschied von jeweils genau sechseinhalb Jahren, was allein schon eine eigene Dynamik in die Familie brachte – und bis heute bringt. »Es gibt immer Phasen, in denen sich zwei von ihnen näher waren, immer dann, wenn einer von ihnen eine Schwelle in seiner Entwicklung überschritten hat«, so Jakov. »Auch mit den zwei jüngeren Kindern meiner Ex-Frau entstehen so laufend neue Konstellationen.«

Was ihre Stiefmutterschaft angeht, sagt Mette, habe sie damals mit Linus ein Kind geschenkt bekommen, das ganz anders war als Leo. »Ich habe den fasziniert beäugt, ich kannte kein Kind, das so bewundernswert fantasievoll ist wie er.« Erst einmal habe sie versucht herauszufinden, mit wem sie es zu tun hatte. Mette braucht viel Ruhe, Linus ist lebhafter, als sie das von Leo kannte. »Das hat mich auch oft überfordert. Ich war es einfach nicht gewohnt, dass jemand so viel redet.« Aber sie hätten als Familie nie den Anspruch gehabt, ständig zusammen sein zu müssen. »Und Jakov war nie beleidigt, wenn ich gesagt habe: ›Macht ihr mal, ich bleibe lieber hier.‹ Da ist Patchwork ein ziemlich gutes Modell.«

Tatsächlich sehen sie ihre Familienkonstellation als geradezu ideal an, wenn es darum geht, sich gegenseitig zu unterstützen. Wenn Johanna mit ihrem kleinen Sohn zum Arzt muss, fragt sie ihren Ex-Mann Jakov, der zwei Straßen weiter wohnt, ob ihre Tochter zu ihm kommen kann. Wenn sowohl Mette als auch Jakov dringende Termine haben, können sie Linus fragen, ob der Lust hat, ein paar Stunden mit seinem kleinen Bruder zu verbringen. Hat er meistens. Leo hat während der Corona-Zeit das Home Schooling für seine 13 Jahre jüngere Stiefschwester übernommen, die Tochter der Freundin seines Vaters. Mette und Jakov hatten mal die Idee, eine App zu entwickeln, mit der sich An- und Abwesenheiten, Absprachen, offene Zeitfenster und familiäre Zusammenkünfte einfach in verschiedenen Zusammensetzungen miteinander kommunizieren ließen. Eine Art *Slack* für die Familie. Die App sollte »Schlamassel« heißen, um gleich im Namen zu signalisieren, wie komplex die Planungen innerhalb einer Konstellation dieser Größenordnung sind. Da aber keiner von ihnen weiß, wie man so etwas entwickelt, greifen sie auf verschiedene Gruppenchats zurück.

Jakov musste in seinem Verhältnis zu Mettes Sohn Leo definieren, wie viel Vater, männliche Bezugsperson oder Autorität er für ihn sein wollte. »Ich bin kein sonderlich autoritärer Vater, musste meine Rolle aber dennoch irgendwie begründen. Das hat mich auch auf mich selbst zurückgeworfen.« Zum Beispiel: »Ich will, dass er sein Zeug wegräumt – Habe ich das Recht ihm zu sagen, dass er sein Zeug wegräumen soll? – Sage ich das als sein Erziehungsberechtigter oder als sein Mitbewohner, der möchte, dass der gemeinsame Wohnraum einigermaßen ordentlich bleibt?« Er habe nie den Anspruch gehabt, Leo zu erziehen, und habe ihn ansonsten so behandelt wie die beiden anderen Kinder auch. »Wir haben ein ziemlich enges Verhältnis. Wir freuen uns, wenn wir uns zum Beispiel alle zum Essen treffen, manchmal schickt er mir Nachrichten, wenn ihm etwas unterkommt, über das wir uns unterhalten haben oder das mich interessieren könnte.« Sie kämen auf jeden Fall besser miteinander klar, seit er aufgehört habe, Leos Lebensentscheidungen zu beurteilen, sagt Jakov.

Mette sagt, aus ihrer Sicht sei Jakov für Leo wichtig gewesen, weil er durch ihn eine zweite Vorstellung von Männlichkeit kennengelernt habe – ganz anders als bei seinem eher patriarchal denkenden leiblichen Vater nämlich. »Leo hatte dadurch in einer wichtigen Lebensphase eine ganz andere Ansprache. Und als Einzelkind fand er es bereichernd, dass er noch zwei Brüder bekam.« Sie habe sich auch für Leo gefreut, weil er unter Mettes Trennung von seinem Vater gelitten und von der neuen Familiensituation emotional profitiert habe.

Wenn die Patchworkfamilie vor allem als Problem verstanden wird, gerät ein wesentlicher Punkt aus dem Blick: Sie bietet die Chance, Kindern eine gelungene Paarbeziehung vorzuleben, in der außerdem möglicherweise ganz andere Dynamiken herrschen, als sie sie von ihren Eltern kennen. Jakov erinnert sich daran, wie Linus lernen musste, dass Mette eine andere Art hat als Johanna, Konflikte auszutragen. »Es gab eine Situation, da standet ihr beiden euch gegenüber«, sagt er zu Mette gewandt, »und ich dachte, gleich fängt er an zu weinen. Aber stattdessen hat er sich gestreckt und zum ersten Mal dir gegenüber seinen Standpunkt erklärt. Man konnte ihm dabei zugucken, wie er gewachsen ist. Da war ich sehr stolz auf ihn.«

Die Familientherapeuten Ochs und Orban zitieren eine Studie des Familiensoziologen Reinhard Sieder, nach der »all jene, die nach einer Trennung oder Scheidung mit einer gewissen Skepsis, Nachdenklichkeit und mit weniger Naivität neue Bindungen eingehen, erfolgreicher sind als diejenigen, die neue Bindungen wieder mit denselben romantischen und mythischen Idealisierungen aufladen wie die bereits gescheiterten – nur noch etwas übersteigert«.[69] Kurz: Trennungserfahrungen können uns realistischer machen, also besser in Beziehungen – und in Trennungen. Scheidungskinder haben eine 1,5-mal höhere Scheidungsrate als Kinder von verheiratet gebliebenen Eltern. Bei Trennungen in nicht ehelichen Gemeinschaften dagegen gibt es keine Unterschiede.[70] Vielleicht könnte es also schon helfen, die Ehe nicht komplett überzubewerten?

Vor Jahren schrieb ich einen Essay, in dem ich die Versessenheit unserer Kultur auf die monogame Paarbeziehung in Frage stellte. Ein Leser fühlte sich berufen, zu kommentieren, dass es sich um die Auslassungen eines typischen geschädigten Scheidungskindes handele und das Ganze daher nicht ernst zu nehmen sei. Das ist ein Vorwurf, der mich nicht im Geringsten trifft. Ich warte seit mehr als 20 Jahren darauf, dass mich das angebliche Trauma der Scheidung meiner Eltern doch noch hinterrücks einholt und niederstreckt.

Dabei bin ich eigentlich ganz zufrieden mit meinem Leben und den Beziehungen, die ich führe. Der Umstand, dass ich die Ehe für mich ablehne, hat mit vielem zu tun, aber nach allem, was ich weiß, nicht so viel mit der im Vergleich zu ihrer Liebesbeziehung und ihrer anhaltenden Elternbeziehung recht kurzen Ehe meiner Eltern.

Und wäre es nicht denkbar, dass Kinder, die mit Eltern aufwachsen, die trotz der Trennung einander und ihrem Nachwuchs emotional kompetent begegnen, Kinder also, die auch mit den neuen Partnerinnen und Partnern ihrer Eltern, eventuell sogar mit Halb- und Stiefgeschwistern aufwachsen – dass diese Kinder dann von vornherein eine andere Vorstellung von familiärer Liebe entwickeln? Dass sie Liebe im Allgemeinen nicht als Nullsummenspiel betrachten, in dem einige mehr bekommen und deswegen für andere weniger übrig bleibt, sondern als etwas, das mehr wird, wenn mehr Menschen daran teilhaben?

Ich glaube zumindest fest daran, dass das vermeintliche Stigma Scheidungskind eines nicht ganz so fernen Tages keines mehr sein wird. Weil dann einfach zu viele Menschen die Trennung oder Scheidung ihrer Eltern erlebt haben werden. Auch wenn sie ein bedeutender biografischer Einschnitt und ein Drama bleibt.

Das in letzter Zeit bei Psychotherapeuten und Arbeitspsychologinnen so beliebte Schlagwort »Resilienz« bedeutet, dass jemand verwundbar, aber auch strapazierfähig ist. Man müsse sich Resilienz, so die Experten, wie ein starkes Immunsystem vorstellen – ohne Krisen und Stress entwickele es sich nicht.

Kann es daher nicht sein, dass Menschen an Dingen wie Veränderungen im Familienleben, Trennungen und Neukonfigurationen auch wachsen? Meine Freundin Ellen ist, wie ich finde, zu Recht ein wenig stolz auf sich, dass sie ihre fünfjährige Tochter nicht darauf hinweist, wenn die nach ihren Papa-Tagen zu ihr zurückkehrt und sie mit dem Namen seiner neuen Freundin anspricht. Ellen lässt sich einfach gar nichts anmerken. Die Patchworkfamilie ist auch eine ständige Lektion in Sachen Großzügigkeit.

Eine Familie solchen Ausmaßes ist auch eine sprachliche Herausforderung. Das liegt daran, dass sich in ihr eine Vielzahl von Beziehungen ergeben, die sich jede für sich aus unterschiedlichen Perspektiven beschreiben lassen. Die Ex von, der Vater von, die Halbschwester von, die Ex der Mutter des Halbbruders von. Für viele Beziehungen gibt es keine einfachen Begriffe – oder keine guten. So hat Mette erst neulich zum ersten Mal das Wort Halbbruder benutzt, um jemandem zu erklären, wer Friedrich in Bezug auf Otto ist, das jüngste Kind von Jakovs Ex-Frau. Wenn Linus wiederum mit seinem Halbbruder Otto spricht, muss er überlegen, ob er »Papa« sagt, wenn er Jakov meint, weil Ottos Papa ein anderer ist. Er sagt dann einfach »Jakov«. Man könnte sagen, jedes Mitglied der Familie muss regelmäßig von sich selbst absehen und die Perspektive seines Gegenübers mit einbeziehen. Das lässt daran denken, dass das englische Wort für Verwandte *relatives* lautet und also die Beziehungen der Familienmitglieder untereinander betont statt den Grad der leiblichen Zugehörigkeit. Aber auch das deutsche Wort »Verwandtschaft« verweist auf etwas Ähnliches: Das mittelhochdeutsche »verwant« bedeutete ursprünglich »sich einander zuwenden« oder »gegenseitig miteinander verkehren« und erfuhr erst später eine Einschränkung auf den heutigen Sinn von leiblicher Abstammung.

Die Kinder von Mette und Jakov verstehen sich ohnehin nicht als Halb- oder Stiefbrüder. Die beiden größeren haben irgendwann entschieden, dass sie alle einfach Brüder sind, und so ist das bis heute. Alle drei tragen unterschiedliche Nachnamen. Leo den seines leiblichen Vaters, Linus den von Jakov und Friedrich den von Mette. Das haben Mette und Jakov bei der Geburt ihres gemeinsamen Kindes beschlossen, damit nicht zwei der Brüder Jakovs Namen trügen und nur der dritte einen anderen. Wenn sie zu fünft waren, gingen die Kinder trotz der ganz offensichtlichen äußeren Unterschiede untereinander immer als Brüder durch. Nur beim Reisen mit Pässen wurde es manchmal etwas verwirrend – für die Außenwelt. Mette, die mit 42 heute genau doppelt so alt ist wie ihr ältester Sohn, wurde schon manchmal für dessen Geliebte gehalten, zumal wenn Friedrich als Baby dabei war. Na und?

Jakov holt zwei Familienfotos hervor. Auf dem einen stellt er das Zentrum des Bildes dar, rechts und links neben ihm stehen Mette und Johanna, dazwischen ihre jeweiligen Kinder mit Jakov und ganz rechts Johannas Mann Jan mit deren gemeinsamen Kindern. Auf dem zweiten Bild bilden Mette und Johanna den Mittelpunkt, um den herum sich die beiden Männer und die Kinder anordnen. Während das erste Foto das patrilineare Verständnis von Familie zeigt, folgt die Anordnung auf dem zweiten dem matrilinearen Prinzip.

Implizit verweisen die Bilder aber auch auf das, was nicht zu sehen ist. Mettes Ex-Mann und dessen Freundin, Jakovs und Mettes neue Partner und deren Kinder sowie deren andere Elternteile, die Großelterngeneration. »Man muss die Patchworkfamilie vielleicht von ihren Rändern her denken«, sagt Mette.

Wahrscheinlich könnte man jede Familienkonstellation damit beschreiben, wie ihre Mitglieder Weihnachten, das islamische Opferfest, Channukka oder andere große Traditionen begehen, und hätte mit einiger Wahrscheinlichkeit ein gutes Miniaturporträt dieser Familie geschaffen.

Die erste Frage, die an Mettes und Jakovs erstem Weihnachtsfest geklärt werden musste, war: Wer fährt wann mit welchem Kind zu welchen Großeltern nach Bielefeld, Kassel, Münster oder nach Kroatien? »Um diese Komplexität halbwegs in den Griff zu bekommen, haben wir besprochen, dass die Kernfamilie Weihnachten zusammen in dieser Wohnung hier feiert«, erzählt Jakov. Die Kernfamilie, das waren im Moment nach Friedrichs Geburt: die drei Brüder, Mette, Jakov, dessen Ex-Frau und deren Mann und Kinder. Dazu kamen irgendwann Mettes Schwester mit ihrem Sohn, dann Mettes Eltern. Vergangenes Jahr waren dann auch noch Jakovs bester Freund und Mettes neuer Freund dabei, der seinerseits zwei erwachsene Söhne hat.

Vergangenes Jahr versammelten sich an Heiligabend 15 Leute in der Wohnküche, aßen, beschenkten sich, tranken, tanzten und sangen. Fragen wie: »Was essen wir? Wer kocht? Wessen Weihnachtsschmuck benutzen wir?« zu beantworten, sei nach der ersten Findungsphase mittlerweile ganz leicht und null Stress, weil jeder eine Aufgabe übernehme. »Es wird jedes Jahr ausgelassener und lustiger, die Rituale und Traditionen wachsen und können sich anpassen.« Mit Mettes Ex-Mann, dessen Freundin und ihrem Kind gibt es wiederum ein eigenes Ritual. Sie essen jedes Jahr am Zweiten Weihnachtstag zusammen Weißwürste. Weil Leos Vater aus München kommt. Traditionen kann man schließlich auch selbst begründen.

»In einem meiner Stiefeltern-Ratgeber las ich, dass man die sich entwickelnden Bande in einer neuen Familie nicht jeden Tag oder jeden Monat oder jedes Jahr bilanzieren sollte, sondern alle sieben Jahre«, schreibt Maggie Nelson. »Ein solcher Zeithorizont kam mir damals aberwitzig vor; jetzt, sieben Jahre später, erscheint er mir brillant und weise.«[71]

In ihrem siebten Jahr trennten sich Mette und Jakov voneinander. »Das war richtig, aber auch sehr traurig«, sagt Mette. Weil ihre Liebesgeschichte so groß war. Und weil die Hoffnung, dass man es schafft, als Paar und als Familie, immer mit eingebaut ist. Sonst könnte man es ja auch gleich sein lassen. Unsere Erzählung, von der uns von allen Seiten Bewunderung entgegengeschlagen ist, war so wichtig: wie man eine andere Art von Familie sein kann.« Es war Mette, in der damals der Wunsch reifte, die Beziehung zu öffnen – räumlich und emotional. »Ich habe ihre Bedürfnisse verstanden, konnte sie aber nicht mittragen«, sagt Jakov. »Es hätte bedeutet, Kraft bei den Kindern, der Familie oder der Arbeit abzuziehen, die ich nicht hatte.«

Es wurde eine Trennung unter Schmerzen, aber ohne Geschrei. Aus Jakovs Sicht hatte das auch viel damit zu tun, dass er schon eine lebenserschütternde Trennung hinter sich und überlebt hatte. »Anders als früher stellte das nicht mehr mein komplettes Lebenskonzept und meine Identität infrage.«

Am Ende standen Mette und Jakov voreinander und wussten: Das war es jetzt. »Aber irgendwann traf mich die Erkenntnis, dass es eben nicht vorbei ist«, sagt Mette. »Dass die Erzählung unserer Familie auch ohne uns als Paar weiterläuft.« Jakov findet, sie sei seitdem sogar noch stärker und größer geworden. »Wir sind jetzt ein Ensemble, wir haben gewissermaßen eine zweite Staffel bekommen. Die Botschaft ist: Unsere Familie hängt nicht an unserer Paarbeziehung.«

Das klingt so einfach. Aber die Frage ist, wie man beides sein kann: das ehemalige Paar, das einen nervigen, schmerzhaften bis existenziellen Konflikt austrägt, und die Eltern, die das Beste für ihre Kinder wollen. Die Grundlage für alles sei, sagen Mette und Jakov, dass sie ein gewisses Maß an geistiger Gesundheit mitbringen und verstanden haben, wie sehr sie miteinander verbunden sind – mit allen in der Familie. »Da ist es eigentlich völlig egal, wem es schlecht geht«, sagt Mette. »Das wirkt sich dann auf alle aus.«

Wobei Mette anders als Jakov nicht daran glaubt, dass die beiden Beziehungsebenen Eltern und Ex-Paar sauber zu trennen seien. »Aber wir versuchen, immer fair miteinander umzugehen und respektvoll. Neben allem anderen hatten wir immer eine starke freundschaftliche Ebene, die ist nicht weg. Ich versuche, Jakov wie einen guten Freund ernst zu nehmen. Oder eigentlich noch ernster.« Es gebe nur ein einziges Thema, in dem sie sich uneins seien: die Frage, wie viel Bildschirmzeit Friedrich haben solle.

Jakov gelingt es, die Mutter Mette von seiner Ex-Frau Mette zu trennen. »Und egal, was ich mache, auch morgen werde ich noch zwei Kinder haben, zwei wunderbare Ex-Frauen und mein Familiennetz. Selbst wenn ich die Entscheidung treffen sollte, mich wie ein Arschloch zu verhalten, sind sie alle immer noch da. Im Zweifel sind sie dann nur sauer.« Diese Erkenntnis veränderte den Blick und die Entscheidungen.

Entwicklungspsychologinnen wissen, dass Kinder ab einem Alter von circa fünf Jahren Loyalitäten entwickeln. Bis ungefähr zum achten Lebensjahr versuchen sie, gegenüber Mutter und Vater loyal zu sein, zwischen neun und zwölf Jahren tendieren sie dazu, Partei für ein Elternteil zu ergreifen, und lehnen den anderen ab. Jugendliche reagieren auf Loyalitätskonflikte mitunter mit Besuchsabbrüchen. Daher ist es das Allerwichtigste, dass Eltern sie unter keinen Umständen in einen solchen Konflikte stürzen. Das heißt: Niemals, wirklich niemals dürfen sich Ex-Partner vor ihren Kindern gegenseitig schlechtmachen. Was Eltern auch niemals tun dürfen: ihre Kinder mit Kummerkästen verwechseln. Überhaupt sollte kein Kind sich um seine Eltern kümmern müssen, um ihr Wohlbefinden und ihr Klarkommen.

Der Partnerschaftstherapeut Schmidt schreibt, dass das vierte Gebot des Christentums, »Du sollst Vater und Mutter ehren«, psychologisch gesehen Unsinn sei. Weil jeder Mensch ohnehin den tief empfundenen Wunsch habe, genau das zu tun: die Eltern in Ehren halten. Schmidt rät jedoch dringend dazu, folgendes Gebot zu verinnerlichen: »Du sollst Vater und Mutter deiner Kinder ehren.« Denn alles, was zwischen Eltern geschehe, mache irgendwann die Geschichte ihrer Kinder über »die Beziehung meiner Eltern« aus. »Die Frage ist, wie ihr als Eltern von nun an miteinander interagiert.«[72]

Meine Eltern tanzten kaum ein Jahr nach ihrer Scheidung auf meinem Abiball zu einem langsamen Song miteinander. Ich habe sie nie gefragt, ob sie damals einer spontanen Idee folgten oder das vorher abgesprochen hatten, aber ich freute mich sehr über diese Geste, mit der sie mir sagten: Heute ist dein großer Tag, und wir sind erwachsen genug, um von uns selbst und unseren Verletzungen abzusehen.

Im Sommerurlaub bei Jakovs Eltern in Kroatien, das war schon nach der Trennung, spielten Mette, Jakov und Johanna zusammen Wasserball, die Kinder tobten dazwischen herum. »Ich habe uns aus der Vogelperspektive angeschaut und dachte: Was haben wir hier eigentlich Schönes geschaffen?«, sagt Mette. So schön, dass Jakovs Eltern immer mal wieder nachfragten, warum sie denn nicht einfach wieder zusammenkämen, wenn sie sich schon so gut verstünden.

Jakov aber versteht schon den dahinterliegenden Gedankengang nicht, erkennt aber an, dass ihr Modell in dem katholischen Land und in der Generation seiner Eltern schlicht unbekannt ist. »Auch da sind Ehen gescheitert, aber dann war der Mann eben weg, und die Frau saß mit den Kindern allein da.« Heutzutage gebe es aber auch in Kroatien Väter, die ihre Kinder nach einer Trennung nicht nur alle zwei Wochen zum Eisessen abholen.

Jakovs Eltern sind seit 50 Jahren zusammen, die von Mette noch länger. »Mit diesem Bild bin ich aufgewachsen, und es hat echt lange gedauert, bis ich verstanden habe, dass ich anders bin«, sagt sie.

Wir Menschen neigen dazu, die Länge einer Beziehung mit deren Qualität zu verwechseln. Aber auch ein One-Night-Stand kann eine liebevolle und lebensverändernd wichtige Beziehung sein. Mette und Jakovs Beziehung zueinander wird bis an ihr beider Lebensende andauern.

Auch bei den Kindern habe es eine Phase gegeben, in der sie sich gewünscht haben, dass ihre Eltern wieder zusammenkommen. Der achtjährige Friedrich fragt manchmal danach. Vor allem findet er das Wechseln zwischen den beiden Wohnungen ein wenig anstrengend. »Das ist aber nicht existenziell«, meint Jakov. »Er würde einfach lieber an einem Ort bleiben.«

Friedrich ist es auch, der kürzlich mal verlangte, dass Mette ihren Freund Mirko entweder heiratet oder ein Kind mit ihm bekommt. Jakov glaubt, dass sich Friedrich damit eine

Art von Bekenntnis wünscht, dass Mirko jetzt offiziell zur Familie gehört. »In seinen Kategorien ist meine neue Freundin noch nicht richtig Teil der Familie«, sagt Jakov. »Aber er fragt jetzt immer häufiger, wann sie wiederkommt.« Mettes Vermutung ist, dass dahinter der Wunsch steht, ein Ordnungsprinzip einzuführen, innerhalb der Kategorien, von denen er erkannt hat, dass sie in der Familie gelten. »Vielleicht hat er auch versucht, eine Regel dafür zu finden, wer hier zu Weihnachten eingeladen ist.« Sie habe ihm dann erklärt, dass es verschiedene Arten von Zugehörigkeit und Familie gibt – durch Geburt, durch das Gesetz oder dadurch, dass man sich entscheidet, zusammenzugehören.

Mette hatte lange nichts gegen ein weiteres Kind einzuwenden gehabt, vielleicht zur Abwechslung ein Mädchen. Ihr neuer Freund Mirko mit seinen zwei fast erwachsenen Kindern hatte auch noch nicht mit dem Thema abgeschlossen. Aber nach ihrem Kennenlernen wurde ihnen schnell klar, dass sie kein gemeinsames Kind wollten. »Wir waren beide den Großteil unseres Erwachsenenlebens Eltern. So langsam bereiten wir uns aufs Großelternsein vor.«

Jakovs Freundin ist ein paar Jahre jünger als er und hat noch keine Kinder. Die Frage sei noch nicht akut, stehe aber ein wenig im Raum. »Und tatsächlich ist für mich klar, dass ich nicht noch ein Kind will«, sagt er. »Zumindest meistens.«

»Seit Mitte der 1990er-Jahre leben etwa 30 bis 40 Prozent der Kinder im Jugendlichenalter nicht mehr in der Familie, in die sie hineingeboren wurden«, so Ochs und Orban. »Dieser Wandel im Familienalltag ist eine Antwort auf die Zersplitterung der menschlichen Umwelt heutzutage.«[73] Im als Provokation angelegten Buch »Rettet die Familie« des Schriftstellers Joachim Bessing gibt es einen Gedanken, den ich unterschreiben würde. Er lautet: »Die Frage, ob das eine Welt ist, in die man Kinder setzen sollte, erübrigt sich, da uns keine andere zur Wahl steht.«[74] Aber wie immer ist es natürlich einfacher, das Scheitern einer Beziehung den Einzelnen und denen wiederum ihr moralisches Versagen vorzuwerfen, als die Verfasstheit der Welt in den Blick zu nehmen, in der sie leben.

Mette nennt ihre Familienkonstellation eine »riesige galoppierende Herde«. Wie eine Gruppe von Pferden in der Prärie ist sie ständig in Bewegung und ändert dabei ihre äußere Form, ohne dass der innere Zusammenhang verloren geht oder irgendjemand zurückgelassen wird. Der 15-jährige Linus nennt seine Familie ein Netz, das alle stützt und über das er mit allen verbunden ist. So, wie es jetzt ist, ist es das beste Familienleben, das sie sich vorstellen können.

Frauenrollen und Vaterbilder

Was Elternschaft mit sich bringt

Die Schriftstellerin Rachel Cusk hat in ihrem Buch »Lebenswerk« so drastisch und gleichzeitig poetisch wie kaum jemand zuvor geschildert, was die ersten Monate mit einem Baby bedeuten. Die Isolation ihrer erzählenden Mutterfigur ist so umfassend, dass sie selbst den Vater des Kindes, mit dem sie zusammenlebt, kaum erwähnt. »Meine Gedanken sind wie Ratten, struppig und nervös vom Mutmaßen und vom Schlafmangel«[75], charakterisiert die Erzählerin das Stillen. Es bleibt ein Vorgang, den sie zahllose Male wiederholt, ohne jemals zu wissen, wann und wie es zu geschehen habe.

»Doch an diesem Morgen möchte das Baby nicht gestillt werden. Auf einmal erscheint mir der Vorgang bizarr und unpassend, als wollte ich ein Küchengerät stillen oder einen Schuh. Der Körper meiner Tochter ist stocksteif, der geöffnete Mund ein tosender Hochofen, das Gesicht rot und blau vor Wut. Die Milch läuft ihr in verschmähten Rinnsalen über die empörten Wangen.« Cusk beschreibt den Säugling als ein zutiefst rätselhaftes Wesen, »eine unergründliche Göttin, strahlend, pulsierend und fremdartig, eine Ikone erhabener Bedürfnisse. Als ihre Jüngerin habe ich eine mystische Verwandlung durchgemacht, die mich von anderen geliebten Menschen entfernt.«[76]

Dieses Kapitel widmet sich der Frage, wie sich das klassische und in unseren Breiten vorherrschende Familienmodell der Kleinfamilie neu definieren lässt. Derzeit wachsen etwa drei Viertel der minderjährigen Kinder bei Ehepaaren auf, dazu kommen die, die in unehelichen Lebensgemeinschaften leben.[77] Wie alle Formen des menschlichen Zusammenlebens ist auch diese fragil und will unermüdlich und sorgsam gestaltet werden. Ihr historisches Gewicht macht die Sozialform Kleinfamilie jedoch besonders anfällig für Ungleichheiten. Denn sie basiert nach wie vor auf der klassischen Arbeitsteilung zwischen den beiden Partnern, die sich aber oft längst als gleichberechtigt verstehen und die Arbeit daher nicht länger selbstverständlich entlang der Dichotomien Frau – Mann und Familienwelt – Berufswelt aufteilen.

Elternschaft wird so häufig zum Kampfplatz, auf dem diverse Schlachten um entscheidende Fragen der Arbeitsverteilung innerhalb und außerhalb der Familie gekämpft werden, Schlachten, in denen es selten klare Siege gibt, dafür umso mehr Verwundete und Langzeitversehrte. Und manchmal stirbt dort etwas einen langsamen, lange Zeit von keinem der Beteiligten bemerkten Tod: die Liebe.

Bevor nun zwei Paare in der Frage zu Wort kommen, wie sich in einem tradierten Modell mehr Gleichberechtigung und Konsens finden lässt, gilt es, das Feld zu vermessen.

Es beginnt spätestens mit der Geburt des Kindes und der Frage: Wie stillt man dessen Hunger?

Die Mutter: vom Individuum zum öffentlichen Gut

Muttermilch gilt als die ideale Säuglingsnahrung. In Deutschland ist seit 1994 die »Nationale Stillkommission« dafür zuständig, es zu fördern, denn offensichtlich ist es von Bedeutung für das Wohlergehen einer ganzen Nation. Es sei das Beste, um die Mutter-Kind-Bindung zu festigen, heißt es auf der Website der Organisation. »Gestillte Säuglinge erkranken seltener an Infektionskrankheiten und haben ein geringeres Risiko später übergewichtig zu werden.« Stillende Mütter erkranken seltener an Diabetes sowie an Brust- oder Eierstockkrebs. Außerdem erreichen sie schneller wieder das Gewicht vor der Schwangerschaft.«[78] Und was, wenn nicht das gefällige Aussehen junger Mütter, wäre von größerer nationaler Relevanz.

Was dabei häufig vergessen oder verschwiegen wird, ist, was das Stillen für die Mutter auch bedeuten kann: Brustentzündungen, Milchstaus, endlose Stunden des Anlegens und Umlegens, des Wachens und Wartens, des Weinens – nicht immer nur auf Seiten des Babys. Es sind Wochen und Monate des Ans-Haus- bzw. Ans-Baby-gefesselt-Seins, weil man der einzige Mensch auf der Welt ist, der den Hunger dieses anderen Lebewesens befriedigen kann. Stillen kann so ohne Weiteres zu einer Vollzeitbeschäftigung werden, die in der Nacht einfach weitergeht. Bei einer Freundin dauerte der gesamte Vorgang jedes Mal eine volle Stunde – acht Mal am Tag.

Stillen wird damit zu einem Job, der gleichzeitig irre anstrengend und langweilig sein kann. Zermürbend. »Ich hatte jedes Mal das Gefühl, dass mir das Baby durch die Brust das Gehirn aussaugt«, formulierte eine Bekannte den Effekt des ständigen Schlafmangels, der den gruseligen, aber passenden Namen »Stilldemenz« trägt.

»Stillpropaganda« nennt Cleo, 35 Jahre alt und zweifache Mutter, das, was sie erst vor wenigen Monaten in der Geburtsklinik erlebt hat. Beim zweiten Kind wusste sie sehr genau, wie, wann und wie oft sie das Neugeborene anzulegen hatte, was die auf der Station patrouillierende Stillberaterin jedoch nicht interessierte. »Ich habe gemerkt, dass ich bei ihren Empfehlungen gar keine Rolle gespielt habe. Diese als fortschrittlich gefeierte, aber die Frauen entmündigende Haltung, dass Muttermilch für das Kind unverzichtbar ist und es nur einen richtigen Weg gibt, erfolgreich zu stillen, ist eine sehr konservative Position.«

Die gesellschaftliche Haltung zum Stillen ist immer auch ein Produkt des Zeitgeistes. Während es in der BRD der 1950er-Jahre in Abgrenzung zum nationalsozialistischen Mutterbild mit seinen Stillprämien abgelehnt wurde, ließ die Fortschrittsgläubigkeit der 1960er-Jahre die Frauen Milchpulver favorisieren. Unter dem Einfluss des Feminismus wurde der Vater ab den 1970ern verstärkt in die Kinderbetreuung mit einbezogen, was der Säuglingsnahrung weiteren Aufwind gab. Während 1972 infolgedessen die letzte Frauenmilchsammelstelle der BRD schloss, musste in der DDR jede Stadt mit mehr als 20 000 Einwohnern über eine solche Milchbank verfügen, um die Frühchen anderer Eltern mit Muttermilchspenden zu versorgen. Im Folgejahrzehnt begann schließlich unter dem Eindruck der Ökobewegung die Idealisierung einer »natürlichen« Ernährung.[79]

Nach Angaben der European Milk Bank Association verfügt Deutschland derzeit über 28 Frauenmilchbanken, 14 davon in den östlichen Bundesländern.[80]

Meiner Mutter wurde in der DDR des Jahres 1982 schon im Geburtsvorbereitungskurs die Wichtigkeit des Stillens für die Mutter-Kind-Bindung dargelegt. Als ich vier Wochen vor dem errechneten Geburtstermin auf die Welt kam, war mein Saugreflex zu schwach, als dass sie mich hätte stillen können – zumal die Schwestern mir die Ersatznahrung mit einem Sauger verabreichten, der mir das Trinken mit der Flasche ungleich leichter machte als das, was meine Mutter zu bieten hatte. Als eine der Schwestern zu meiner Mutter sagte: »Na, an Ihrer Brust verhungert ja jedes Kind«, trug das nicht dazu bei, den Druck zu vermindern. Hier wurde Stillen als Norm vermittelt, Frauen wurden jedoch nicht darin unterstützt, den gestellten Ansprüchen gerecht werden zu können. Nach ein paar Wochen gab meine Mutter die Stillversuche auf, und ich bekam die Flasche.

So trägt jede Frauengeneration für sich wieder einen von Moden gefärbten Kampf mit denen aus, die angeblich besser wissen, was gut für sie ist: wohlmeinende Freundinnen und Verwandte, vermeintliche Expertinnen, medizinisches Personal und Institutionen. Wird eine Frau schwanger, wird sie, eben noch selbstbestimmtes Individuum, zum Gefäß für das in ihr heranwachsende Leben gemacht – und damit zum öffentlichen Gut, dem man keine selbstverantwortliche Entscheidung für sich und den eigenen Körper mehr zutraut. Die Schriftstellerin Dita Zipfel hat beschrieben, wie ihr Körper in den neun Monaten ihrer Schwangerschaft scheinbar allen außer ihr selbst gehörte. »Niemand hat nach ›Darf ich mal?‹ eine Antwort erwartet. Die Mutter einer Freundin hat bei Kaffee und Kuchen erklärt, wie ich Sex haben sollte, wenn die Geburt auf sich warten lässt. Der Bäcker hat meinem Mann empfohlen, bei der Geburt möglichst nicht dabei zu sein, weil er wusste, wie laut ich schreien würde, sei es einmal so weit. In der Schwangerschaft sind Gefühle gleich Hormone, und Hunger ist immer der Hunger des Ungeborenen. (…) Schwangere Bäuche sind nicht mehr Teil eines fremden Körpers, ein intimer, verdeckter, sehr privater Teil, sondern zur Beurteilung freigegebenes Allgemeingut, und jeder ist Experte.«[81]

Die Autorin Angela Garbes, die eine feministische Erkundung der Kultur und der Wissenschaft rund um die Schwangerschaft unternommen hat, erklärt sich diesen Drang nach Kontrolle der Frauen darin begründet, dass sie nun mal unerlässlich für den Arterhalt sind. Die Gesellschaft fürchte diese weibliche Macht und versuche, sie durch Bevormundungsversuche zu beschneiden.[82]

Als ein Paar in meinem Freundeskreis vor drei Jahren sein erstes Kind bekam, entschied die Frau, dass sie das Baby nicht stillen würde. Sie wollte, dass ihr Freund vom ersten Tag an genauso wie sie in der Lage sein würde, für das Kind zu sorgen, auch nachts. Der Junge bekam die Flasche mit abgepumpter Muttermilch und genauso vielen bindungsschaffenden Kuscheleinheiten wie jedes andere Kind auch. Vater und Mutter mussten in den ersten Monaten in etwa mit gleich wenig Schlaf auskommen und tragen die Fürsorge für ihr gemeinsames Kind bis heute jeweils zur Hälfte. Allen dreien geht es hervorragend, ganz besonders dem Kind.

Auch Angela Garbes hält Muttermilch nach ihrer umfassenden Recherche für die optimale Nahrung für Säuglinge. »Aber man stillt nicht in einem Vakuum. Wir alle sind Teil einer bestimmten Kultur und haben andere Verpflichtungen in unserem Leben – insbesondere in Ländern, in denen es keine nennenswerte Elternzeit gibt und Frauen nach wenigen Wochen zurück an den Arbeitsplatz gehen. Stillen ist ein Privileg, das man sich leisten können muss. Mich interessieren also Fragen wie: Wie können wir Säuglingsnahrung besser machen? Wie können wir Frauen in ihrer jeweiligen Entscheidung unterstützen?«[83]

Wobei man eins nicht vergessen darf: Auch Säuglingsnahrung muss man sich leisten können. Sie übersteigt mit Preisen von etwa acht bis 26 Euro für eine Packung, die etwa für drei Tage reicht, die finanziellen Möglichkeiten vieler Familien.

Genau wie das Stillen unterliegt auch das, was als gute und verantwortungsvolle Elternschaft gilt, dem Zeitgeist. Als meine Mutter kurz nach meinem ersten Geburtstag begann, ihre Diplomarbeit zu schreiben, war mein Vater die Hälfte des Tages für mich zuständig, nachdem er mittags von seinem Halbtagsjob als Hausmeister in einer Kirche nach Hause gekommen war. Wir verbrachten viel Zeit zusammen im Park und auf dem Spielplatz. Abends kochte meine Mutter erneut, danach war es Zeit für mich, ins Bett zu gehen. Anschließend kümmerte sich mein Vater um seine Kunst, meine Mutter widmete sich ihren Hobbys. Sie nähte, las etwas oder ging – als sich herausgestellt hatte, dass ich die Nächte durchschlief – auch ein paarmal ins Kino, das zu Fuß in zwei Minuten zu erreichen war. Das fand niemand anstößig. Meine Mutter hatte keine entsetzten Nachfragen von Freundinnen oder Nachbarn zu befürchten – und ich freue mich, mitteilen zu können, dass dieser kleine Freiheitsgewinn weder meiner noch ihrer geistigen Gesundheit geschadet hat.

Der englische Kinderpsychoanalytiker und Kinderarzt Donald Winnicott führte in den 1950er-Jahren den Begriff der »Good Enough Mother« in die Psychoanalyse ein. Dahinter verbirgt sich seine inzwischen durchgesetzte Theorie, dass eine »ausreichend gute Mutter« in der Lage ist, auf die Bedürfnisse des Babys zumindest so weit einzugehen, dass sich das Baby nie komplett verlassen fühlt. Die Ablösung des Kindes aus dieser ersten engen Verbindung ist entscheidend dafür, dass es die Mutter irgendwann nicht mehr als einen Teil seiner selbst wahrnimmt.[84]

Übertragen auf den Alltag mit Kindern bedeutet das: Man muss als Elternteil nicht ständig alles geben und perfekt sein. Es reicht, gut genug zu sein. Die Autorin Katie Roiphe erzählt in ihrem Essay »Perfekte Eltern«, dass sie in ihrer Schwangerschaft zu ihrem eigenen Erstaunen einen im nüchternen Ton verfassten Zeitungsartikel las, in dem stand, dass Babys von cracksüchtigen Frauen genauso gesund seien wie alle anderen Babys auch. Roiphe nimmt das zum Anlass, über den Kontrollwahn moderner Eltern nachzudenken. »Hinter diesem per se schon befremdlichen, unerfüllbaren Verlangen nach der vollkommenen Umgebung lauert die noch befremdlichere, noch unrealistischere Vorstellung, das perfekte Kind erschaffen zu können.«[85] Nicht zufällig behindern diese hohen Ansprüche oft mindestens einen Elternteil daran, sich seinen beruflichen Ambitionen zu widmen – oder diese erst zu entwickeln. Es dürfte nicht schwer zu erraten sein, welcher Elternteil das in der Regel ist. Kleiner Tipp: Es ist nicht der Vater.[86]

Der Vater: vom Alleinherrscher zur Witzfigur

Es gilt heute als erwiesen, dass in einem jungen Vater fast ebenso bedeutende Veränderungen in seinem Hormonhaushalt und in seiner Gehirnstruktur vor sich gehen wie in der Mutter und dass diese ihm helfen, seine Aufgabe als Elternteil zu erfüllen. »Die Evolution hat dafür gesorgt, dass sich mit fortschreitender Schwangerschaft der Hormonspiegel des werdenden Vaters dem der werdenden Mutter angleicht und auch ihre Persönlichkeiten sich ähnlicher werden«, so die Evolutionsanthropologin Anna Machin. »Wenn der werdende Vater den Bauch seiner Partnerin streichelt, mit dem Ungeborenen spricht und ihm etwas vorsingt, wirken die mächtigen Bindungshormone Oxytocin und Dopamin und bringen ihn dazu, eine Form der Bindung an sein ungeborenes Kind zu entwickeln – erleichtert wird das noch durch die Kraft seiner Fantasie.« Auch der im Vergleich zu kinderlosen Männern weit niedrigere Testosteronspiegel von Vätern spiele eine Rolle dabei, wie viel Empathie und Zuneigung sie gegenüber ihren Kindern an den Tag legten – und sogar, wie stark sie auf das Weinen eines Kindes reagieren, hänge vom Testosteron ab. Kurz vor der Geburt nehme der Drang ab, extrovertiert zu sein und außerhalb der Familie nach Reizen zu suchen, während die Offenheit für neue Erfahrungen und enge soziale Interaktionen zunehme. »In so unterschiedlichen kulturellen Umfeldern wie bei polygynen senegalesischen Ackerbauern, Israelis der Mittelschicht, sehr aktiven philippinischen Vätern, Kanadiern der Mittelschicht, jamaikanischen Vätern, die nicht mit den Müttern ihrer Kinder zusammenleben, und in meiner Gruppe englischer Papas haben Väter signifikant niedrigere Testosteronspiegel als

Nichtväter, unabhängig davon, ob sie mit ihren Kindern zusammenleben oder nicht.«[87]

Dabei folge auf die von Oxytocin gestützte, sich auf der genetischen Verwandtschaft gründenden ersten Bindungsphase zwischen Vater und Kind direkt nach der Geburt, eine weitere. »Die zweite, sich deutlich später einstellende Phase beruht auf einer Verzahnung ihrer beiden Leben miteinander und dem Zusammenspiel beider«, so Machin. Gefördert würde sie durch den Botenstoff Beta-Endorphin, der beim Heranwachsen der Bindung stärker wird »und eine innigere und deutlich tiefer reichende Liebe Wurzeln schlagen lässt«. Machin betont aber auch, dass die Identität der Person, die am besten geeignet ist, in die Vaterrolle zu schlüpfen, nicht festgelegt sei. »Das bedeutet, dass in vielen Gesellschaften die Vaterrolle nicht automatisch mit biologischer Verwandtschaft verknüpft ist und auch nicht unbedingt auf einen Mann beschränkt ist.«[88]

Für die Vaterrolle braucht es also gar keinen Mann mehr. So leichthin die Anthropologin diesen Satz äußert, verbergen sich dahinter doch mehr kulturelle Verwerfungen, als man vermuten könnte.

Denn war der König einst der von Gott eingesetzte Herrscher auf der Erde und der Vater sein mächtiger Stellvertreter in der Familie, verschwand das sogenannte Familienoberhaupt der Familie mit Beginn des Kapitalismus und seiner Teilung der Arbeit in die Sphären Heim und Welt aus dem Schoß der Familie. Die aufopferungsbereite Mutter sorgte zu Hause dafür, dass alles in bester Ordnung war, der Vater zog sich den Anzug, den Kittel, den Blaumann wie eine Rüstung an, ging hinaus – und landete im Exil der Berufswelt. In der Familie wurde er zum Zaungast.

Diese Tradition ist wiederum schon in den Darstellungen der Heiligen Familie angelegt. »Joseph steht immer am Rande«, so der Philosoph Björn Vedder. »Während Maria und das Kind in der Mitte als Zweieinheit zusammensitzen, ermöglicht das dem Vater nicht, dass er diese Art von Intimität und Nähe zu einem Kind hat, die viele Väter heute suchen.«[89] Nun könnte man einwenden, dass Joseph ja auch nicht der leibliche Vater des Kindes ist. Aber auch als sozialer Vater (und einziger Mensch unter den drei väterlichen Instanzen) steht er im Abseits. Die Schwäche der weltlichen Vaterrolle ist also schon immer im Christentum angelegt und bestimmt somit die gesamte Kultur des Abendlandes. Und spätestens nach dem Zweiten Weltkrieg trat die Krise der Vaterschaft offen zutage.

1963 legte der Psychoanalytiker Alexander Mitscherlich seine Studie über den »Weg zur vaterlosen Gesellschaft«[90] vor, in der er die Aushöhlung des Vaterbildes beschrieb und mit der er die Wendung von der Vaterlosigkeit nahezu sprichwörtlich machte.

Der Philosoph Dieter Thomä datiert in dem von ihm herausgegebenen Sammelband zum Thema Vaterlosigkeit den Zeitpunkt des ersten Angriffs auf die patriarchale Ordnung bereits auf das späte 17. Jahrhundert: 1681 erschien die älteste Fassung eines Textes des englischen Philosophen John Locke über das, was der die »Französische Krankheit« nannte: den Absolutismus. »Darin wird dem politischen Patriarchat lange vor seinem geschichtlichen Ende der geistige Totenschein ausgestellt«, so Thomä. In diesem Moment sei der Startschuss für ein Experiment gefallen, das in Politik und Privatleben moderner Gesellschaften bis heute fortgeführt werde – mit wechselndem Erfolg. Und seitdem schlingere das Vaterbild zwischen dem Sturz väterlicher Autorität und der Wiederkehr väterlicher oder pseudoväterlicher Autoritäten hin und her. Französische Revolution und Restauration, Jugendbewegung und NS-Zeit, Studentenbewegung und »Mut zur Erziehung« seien letztendlich Grenzpunkte dieser fruchtlosen Pendelei. »Es drängt sich der Eindruck auf, dass in der jüngsten Vergangenheit, vor allem in der Zeit nach 1945, ein Exklusivrecht auf Vaterlosigkeit wider oder ohne besseren Wissens beansprucht worden ist«, so Thomä.[91]

Das hatte ohne Frage einen Grund: Im Zweiten Weltkrieg wurden etwa 18,2 Millionen Soldaten eingezogen, viele von ihnen überlebten den Krieg nicht. Man schätzt, dass in den 1940er-Jahren jedes vierte bis fünfte Kind in Deutschland ohne Vater aufwuchs, andere lernten ihn als gebrochenen Heimkehrer kennen, für den es in der Familie nach Jahren seiner Abwesenheit keine Rolle mehr gab. Es sollte länger dauern, bis die individuell-psychologischen und gesellschaftlichen Folgen dieser Situation verstanden wurden. Der 1939 geborene Literaturwissenschaftler Helmut Lethen bringt diese mit einem Satz über seinen eigenen Vater auf den Punkt: »Mutter führte das Kommando, wir liebten ihn in seiner Harmlosigkeit, sie parodierte ihn.«[92] Der Nachkriegsvater war entweder tot oder sprachlos verhärtet, in jedem Fall nicht ernst zu nehmen. In der Zeit des Wiederaufbaus kam es laut Thomä zu einem massenhaften »Exodus der Väter aus der Familie«.[93]

Auch heute noch arbeiten viele junge Väter mehr als in der Zeit vor ihrer Familiengründung, um ihrer realen oder empfundenen Pflicht als Familienernährer nachzukommen. Daran hat sich seit Jahrzehnten scheinbar nicht viel verändert. Zu den über weite Strecken unsichtbaren Wochenend-

und Abend-Daddys haben die Kleinen ein eher distanziertes Verhältnis.

Doch war der Vater noch in den 1980er-Jahren eine Autoritätsperson, wird er heute, da Frauen in vielen Teilen der Welt für sich selbst und ihre Kinder sorgen können, nicht mehr als Familienoberhaupt gebraucht. Die Publizistin Hanna Roisin nimmt in ihrer Gesellschaftsanalyse »Das Ende der Männer und der Aufstieg der Frauen« die neue Mittelschicht in den USA in den Blick, die dabei sei, sich in ein Matriarchat zu verwandeln. Weil Frauen heute ohne Mann schneller und reibungsloser durchs Leben kämen, werde die Ehe zu einem verzichtbaren Klassenprivileg.[94]

Das verunsichert einige Männer. Nicht zum Kinderhaben und nicht mal zum Kinderkriegen sind sie noch vonnöten. Mit der Aussicht auf die schrittweise Öffnung der künstlichen Befruchtung für Frauenpaare und alleinstehende Frauen, die ohne männlichen Partner dank einer Samenspende ein Kind zu bekommen wünschen, fühlten sie sich nur mehr als Erzeuger und ansonsten ausgeschlossen, so die Psychotherapeutin Marie-France Hirigoyen.[95]

Gleichzeitig haben die moderne Wissenschaft und die Reproduktionstechnologien den Sinn der Patrilinearität abgeschafft. Seit sich mithilfe von Gentests zweifelsfrei feststellen lässt, wer der Vater eines Kindes ist, hat es mit der Einordnung der Kinder in ein väterliches Nachfolgeschema keinerlei Bewandtnis mehr. Der Vater ist nicht länger unsicher ob seiner Vaterschaft, aber er spielt aus demselben Grund auch nicht länger eine so bedeutende Rolle wie in früheren Zeiten. Die (biologische) Unsicherheit des Vaters und seine Macht waren also zwei Seiten derselben Medaille, die aufeinander verwiesen.

Heute, so scheint es, bekommt er die spöttische Rache der Frauen zu spüren, die sich über Männer lustig machen – egal, wie sehr die sich auch engagieren. Die Supermarktkette Edeka lancierte zum Muttertag 2019 einen rührseligen Spot, in dem ein Kinderstimmchen seiner Mutter im Namen aller Mütter dankte, »dass du nicht Papa bist«. Der Vater, eine Witzfigur.

»Überall wird die angeblich notorische Vollidiotie von Vätern bei Kinderbetreuung und Haushalt genüsslich ausgebreitet, nur um danach das große Klagelied anzustimmen: Wir Mütter sind für alles verantwortlich«, schreibt die vom Väterbashing irritierte Mutter und Autorin Kristina Maroldt in der Zeitschrift *Brigitte*. Sie geißelt die Haltung dieser Frauen, für die es den schönen Begriff *maternal gatekeeping* gibt, als paradox. Die mütterlichen Torwächterinnen an der Grenze zum heiligen Reich der Mutterschaft können es nicht mit ihrem Machtwillen vereinbaren, die Herrschaft über den Inhalt der Schulbrotdose abzugeben. »Doch wer keinen trotteligen Handlanger zu Hause will, den man im Fall eigener Absenz jeden Tätigkeitsschritt zwischen Herd und Wickeltisch per WhatsApp soufflieren muss, sondern einen Partner auf Augenhöhe, der selbst Entscheidungen treffen und dafür Verantwortung übernehmen kann – der sollte Väter bitte auch so behandeln. Und das heißt: Klappe halten, machen lassen.«[96] Andernfalls sehen sich viele Männer unter Umständen erst nach einer Trennung in die Lage versetzt, als wirklich und wahrhaftig verantwortungsvolle Väter auftreten zu müssen. »Das habe ich bei befreundeten Vätern festgestellt, aber auch bei mir selbst«, erzählte mir ein Bekannter mit drei Kindern aus zwei Beziehungen. Auch emotional habe er sich erst so richtig öffnen können, als er nach der Trennung von der Mutter seiner ältesten Tochter auf einmal mit dieser auf sich allein gestellt war.

Gegen die Stereotype vom nichtsnutzigen Vater ist die Serie »Mapa« aus der Feder des Drehbuchautors Alexander Lindh geradezu eine Wohltat. Sie zeigt den jungen Vater Metin liebevoll und beschützend gegenüber seiner einjährigen Tochter und niedergeschlagen angesichts der vielen kleinen Diskriminierungen, die er durch andere Eltern und Nicht-Eltern erfährt. »Ich hätte mich nicht in meiner Männlichkeit verletzt gefühlt, wenn du mir geholfen hättest«, sagt er zu einer jungen Frau, die ihn dabei beobachtet, wie er sichtbar abgekämpft den Kinderwagen die Treppe herunterwuchtet. Einmal sagt sein bester Freund, selbst ein engagierter Vater, zu ihm: »Ich vermisse dich so sehr, ich halte das nicht aus.« Metin hat sympathische Freunde, er ist offenbar zu einer Reihe von echten Emotionen fähig, er ist alleinerziehend und unendlich traurig. Die Mutter seines Kindes ist plötzlich verstorben – und das ist vielleicht auch schon alles, was man an der Serie bemängeln kann: dass die Mutterfigur unverschuldet umkommen musste, um ihre Abwesenheit zu rechtfertigen.[97] Sie taucht in Rückblenden auf und erscheint dort keinesfalls als ausschließlich liebenswert, sondern als ein ebenso komplizierter Mensch mit genauso vielschichtigen Gefühlen wie Metin.[98]

Der Philosoph Björn Vedder schlägt vor, die zeitgemäße Vaterrolle, die er nicht am biologischen Geschlecht festmachen oder allein Männern zusprechen will, darin zu sehen, mit Kindern ein Verständnis für Verlust und Verzicht einzuüben. »Von der Mutter lernen wir zu leben, vom Vater lernen wir zu sterben«, lässt sich seine Botschaft zusammenfassen.[99] Nach dem kühlen oder wahlweise zornigen Patriarchen und dem Spaßdaddy, der am Wochenende nur unverbindlich ins Kinderzimmer winkt oder mal eine Stunde wild mit den Kleinen tobt, könnte der Vater der Gegenwart und Zukunft einer sein, der die Kinder mit ihren unbändigen Wünschen, in ihren Ängsten und Unsicherheiten ernst nimmt und sie im Umgang damit begleitet.[100]

Das würde vielleicht auch so manche Mutter von ihrer Rolle als gestrenger Mahnerin und mit dem Zeigefinger wedelnden Erzieherin befreien, die sie neben dem Spaßvater häufig als weniger lustiger Elternteil dastehen lässt. Ich erinnere mich noch genau an den Tag, Anfang der 1990er-Jahre, als mir das erste Mal überhaupt bewusst wurde, dass meine Mutter auch Gefühle hat. Wir vier waren per Reisebus ins Disneyland Paris gefahren, mein Bruder und ich stritten uns vor jeder Achter- und Geisterbahn erneut darum, wer von uns mit Papa, mit dem es immer so lustig war, in die Zweierkabine einsteigen durfte. Irgendwann hatte die Vierte im Bunde es satt und sagte: »Merkt ihr eigentlich, wie ungerecht es ist, dass niemand mit mir fahren will?«

»Ich denke manchmal, dass es die literarische Figur des kalten Vaters, wie er beispielsweise in Thomas Manns ›Buddenbrooks‹ vorkommt, nur gibt, weil diese Männer damals nie Zeit mit ihren Kindern verbracht haben«, sagt Gabriel, 42. Er ist Cleos Partner und Vater zweier Jungen, des vierjährigen Milo und des drei Monate alten Reto. Cleo und Gabriel teilen sich die Versorgungsarbeit und den Haushalt – das sagen sie übereinstimmend – alles in allem fair auf, wobei Gabriel derzeit das Gefühl hat, dass er ein bisschen mehr macht als Cleo. Die würde ihm widersprechen.

Solidarische Arbeitsteilung

Der Effekt, dass beide Partner für sich den Eindruck haben, etwa 70 Prozent der anfallenden Arbeiten zu verrichten, ist nicht nur ein scheinbar unlösbares mathematisches Problem. Die Autorin Patricia Cammarata hat eine Liste entworfen, die die familiären Aufgaben und die Zeit, die ihre Erledigung täglich, wöchentlich, monatlich oder jährlich erfordert, vergleichbar macht.[101] Damit lässt sich feststellen, dass z. B. die Steuererklärung einmal im Jahr drei volle Arbeitstage Konzentration verlangt, aber jeden zweiten Tag ein neuer Wäscheberg zusammengesucht, nach Temperatur und Farben sortiert, entsprechend gewaschen, aufgehängt, abgenommen, gefaltet und weggeräumt werden will.

Unter allen Paaren mit Kindern, die ich befragt habe, übernimmt nur ein Mann ganz eindeutig den Hauptteil der Hausarbeit – weil seine Frau ihm nicht sorgsam und gründlich genug ist. Ein eher seltener Fall von Paternal Gatekeeping.

Ein anderer Ansatz für die gerechtere Aufteilung des Mental Load stammt von dem Beziehung- und Scheidungscoach Matthew Fray, der Hetero-Männer in die Geheimnisse einer guten Ehe einweiht. Er spricht aus eigener Erfahrung mit seiner Ex-Frau: »Jedes Mal, wenn sie in die Küche ging und ein Trinkglas in der Spüle fand, war sie ein Stückchen mehr davor, auszuziehen und die Scheidung einzureichen. Ich wusste nur nichts davon.« Natürlich habe sich seine Frau nicht wegen des dummen Glases scheiden lassen, sondern weil sie den Kampf um Anerkennung, Respekt, Wertschätzung und seine Liebe leid gewesen sei. Es gäbe heute nur einen guten Grund für ihn, das Glas selbstständig in die Spülmaschine zu räumen, das nasse Handtuch aufzuhängen und sich um Dinge zu kümmern, die die Kinder betreffen, auch wenn er vielleicht nicht immer in jedem Detail verstehe, warum er das tun solle: »Weil ich meine Partnerin liebe und respektiere und es ihr WIRKLICH wichtig ist.« Und sich für seine Frau wirklich zu interessieren, bedeute eben auch, sie zu fragen, was er auf dem Weg von und zur Arbeit erledigen könne, um ihren Tag zu verbessern.[102] Wem diese Erkenntnis allzu banal vorkommt, kann sich wahrscheinlich glücklich schätzen.

Beim Erstgeborenen Milo nahm Cleo als festangestellte Hauptverdienerin der Familie ein Jahr Elternzeit, in der sie voll stillte, Gabriel schränkte seine Arbeit als freischaffender Künstler stark ein und verbrachte so viel Zeit wie möglich mit Frau und Kind. Anschließend ging er zwei Monate in Elternzeit. Als ihnen Milo reif für die Kita erschien, übernahm Gabriel seine Eingewöhnung. Heute ist es Cleo, die Milo morgens auf dem Weg zu ihrer Arbeit in einem Museum in die Betreuung bringt, Gabriel holt ihn um 16 Uhr wieder ab und verbringt den Nachmittag mit ihm, bevor er sich um das Abendessen kümmert. Beim zweiten Kind werden sie es nun wieder genauso machen, obwohl Cleo dieses Mal lediglich ein paar Monate lang stillte und sich nun durchaus einen früheren Arbeitsbeginn vorstellen kann. Mit ihrer Arbeitslast ist Cleo im Grunde zufrieden, obwohl: »Ich denke schon manchmal, dass es toll wäre, einen Tag in der Woche weniger zu arbeiten.« Aber sie hätte die Zeit dann gern zur freien Verfügung, statt sie mit den Kindern zu verbringen.

»Wenn es möglich ist«, sagt Björn Vedder dazu, »sollten Familien auf Geld verzichten, um dem Vater Zeit mit den Kindern zu schenken – und der Mutter ohne.«[103]

Das 2007 verabschiedete Elternzeitgesetz mit dem Elterngeld für beide Partner hat viel dafür getan, Männer zu mehr Zeit mit Kind zu bewegen. Vor allem, weil es eine neue Norm etablierte. Nahmen zuvor nur drei Prozent der Väter Elternzeit, waren es 2018 bereits mehr als jeder Dritte. Dabei ist die gesamte Dauer, die Männer in Elternzeit gehen, immer noch stark ausbaufähig. Die meisten wählen zwei Monate, während die aktuelle Norm für Mütter bei einem Jahr liegt. Nimmt sich einer von beiden mehr oder weniger Elternzeit, kommt er oder sie in Rechtfertigungszwang. Laut Statistischem Bundesamt war der Anteil der Väter mit mindestens einem Kind unter sechs Jahren, die im Jahr 2018 in Elternzeit waren, zwar knapp doppelt so hoch wie im Jahr 2009, aber er betrug nur mickrige 1,6 Prozent. Bei den Frauen dagegen war zum gleichen Zeitpunkt fast ein Viertel aller Mütter mit kleinen Kindern in Elternzeit.[104]

Laut einer 2018 durchgeführten Auswertung des RWI Leibniz-Instituts für Wirtschaftsforschung übernehmen die Väter, die Elternzeit genommen haben, nicht nur täglich eine halbe Stunde mehr Arbeit im Haushalt. Sie verbringen auch in den ersten sechs Lebensjahren des Kindes am Wochenende täglich rund eineinhalb Stunden mehr Zeit mit ihren Söhnen und Töchtern als Väter, die durchgehend gearbeitet haben. Die Länge der Elternzeit ist dafür gar nicht entscheidend.[105] Nun sind eineinhalb Stunden Zeit an den Wochenenden nicht das, was Mütter vor dem Burn-out bewahrt. Es ist nur ein Anfang, ein Schritt in die richtige Richtung.

Der Paar- und Familiensoziologe Kai-Olaf Maiwald fordert, dass Paare als Grundlage der Aufgabenverteilung beide Berufe – die von Frau und Mann – als gemeinsames Projekt der Familie verstehen. »Es muss gefragt werden: Wie machen wir das jetzt? Nicht nach der Beförderung überlegen, wie man das nun dem Partner verkauft, sondern sprechen: ›Das ist das Angebot, was machen wir damit?‹« Er nennt das »solidarische Beziehungspraxis«.[106]

Eine meiner Freundinnen hat mit ihrem Partner folgendes Arrangement für die erste Zeit nach der Geburt des gemeinsamen Kindes gefunden: Da er als Fotograf weit mehr verdient als sie in ihrem Beruf als selbstständige Übersetzerin, bezahlt er eine Nanny, die besonders in jenen Wochen wichtig ist, in denen er auf Reisen ist. Die Nanny ist 23, Australierin, arbeitete früher im Lieblingscafé des Paars und war auf der Suche nach einem etwas anspruchsvolleren Job. Sie kommt an fünf Tagen der Woche zwischen 10 und 15 Uhr zu den beiden nach Hause und kümmert sich in allererster Linie um das Baby, das sie seit dem Tag seiner Geburt kennt. Wenn es schläft, räumt sie zum Beispiel die Küche auf oder faltet Wäsche. Eine Stunde ihrer Arbeitszeit steht sie dem Fotografen als Bürokraft zur Verfügung, sortiert Steuerbelege oder sucht Unterlagen für seine Krankenkasse zusammen. Sie ist sozialabgabenpflichtig versichert, netto bleiben ihr zwölf Euro Stundenlohn. Meine Freundin hat so früh es ging angefangen, das Baby neben dem Stillen auch an Säuglingsnahrung zu gewöhnen, damit sie sich innerhalb der Wohnung oder in ein nahes Café zum Arbeiten zurückziehen kann.

Gleichwohl war sie froh, dass ihr Freund während der Corona-Zeit praktisch dazu gezwungen war, mehr Zeit mit ihr und dem Baby zu verbringen. »Er bekommt so viel mehr mit und kümmert sich im Moment genauso viel um unseren Sohn wie ich.« Ihr Freund war es auch, der noch während der Schwangerschaft vorschlug, dass sie regelmäßig eine Partnerschaftsberatung aufsuchten. Er merkte, wie die anstehenden Veränderungen ihre noch recht junge Liebesbeziehung herausforderten. »Ich fand seinen Vorschlag sehr gesund und erwachsen, weil wir praktisch von der wilden Verliebtheit in den Familienmodus gewechselt sind.«

Auch hier gilt: Es hilft enorm, über finanzielle Ressourcen zu verfügen, um sich Hilfe leisten zu können. Die Nanny bzw. Assistentin ist in diesem Fall sowohl eine Investition in die Paarbeziehung als auch in die Karriere der Frau. Das Paar ist nur deshalb so flexibel, weil sie sich über ihre gemeinsamen Prioritäten als Paar einig sind und weil das Baby mitmacht. Weil sie selbstständig arbeiten und notfalls auch mal einen Auftrag ablehnen können. Bei einem Paar mit zwei Vollzeit-Festanstellungen ohne Option auf Verminderung der Wochenarbeitszeit oder einem Kind, das wegen einer Krankheit oder Behinderung mehr Zeit und Aufmerksamkeit braucht, ist diese Konstellation schon sehr viel schwerer denkbar.

Eine andere Freundin lässt sich von ihrem Mann das Geld, das ihr durch die längere Elternzeit für ihre Rente fehlt, von ihm auszahlen und legt es in einem Fonds für ihre Altersvorsorge an. Denn nur weil sie die gemeinsamen Kinder schwerpunktmäßig versorgt, kann er in größerem Umfang als sie arbeiten gehen.

Auch eine Möglichkeit: Derjenige der Partner, der die unsichtbare Hintergrundarbeit und die Organisation des Familienalltags übernimmt, wird von dem anderen mit einem festen monatlichen Betrag bezahlt, der dann in die Altersvorsorge dieser Person investiert wird.

»Obwohl grundsätzlich alle Eltern mangelhaften Rahmenbedingungen ausgesetzt sind«, konstatiert die Arbeitssoziologin Wibke Derboven, »existiert eine große und eher noch wachsende Ungleichheit zwischen Eltern bezüglich ihrer sozioökonomischen Bedingungen, die sich aber auch in unterschiedlichen Graden an elterlicher (Un-)Zufriedenheit manifestiert.«[107] Soll heißen: Elternschaft ist unter den gegebenen Bedingungen immer hart. Ein wenig weniger hart wird sie nur für Paare, die sich Hilfe leisten oder ihre Erwerbsarbeit flexibel gestalten können.

Der zweifache Vater Gabriel gibt zu, dass er im 50/50-Modell mit einem sehr aktiven Vierjährigen und einem Neugeborenen am Rande seiner Kraftreserven operiert. Genau wie Cleo. Die Geburt des Babys war nicht ganz komplikationslos, seine Atmung muss im Schlaf mit einem Monitor überwacht werden. Seit drei Monaten schieben die Eltern daher Nachtschichten: Cleo geht mit Milo gegen 21 Uhr ins Bett, Gabriel bleibt mit dem Baby wach und gibt ihm gegen 23 Uhr noch ein Fläschchen. Gegen ein oder zwei Uhr schläft Gabriel neben dem Baby ein, wenn es dann wieder aufwacht, machen sie die Wachablösung. Gabriel geht zu Milo ins Zimmer und schläft da weiter. Cleo verbringt die zweite Hälfte der Nacht mit dem Baby und steht mit den Kindern gegen fünf oder sechs Uhr auf, bevor Gabriel gegen acht Uhr wieder zur Familie stößt. »Ich verstehe, dass die meisten Leute nur noch ein Kind bekommen. Es ist einfach hart«, sagt er. Bei den Vätern, die er nachmittags auf dem Spielplatz treffe, sei die Kinderversorgung ganz ähnlich geregelt wie bei ihm und Cleo. Weil die Mütter die Festanstellungen haben, liegt nach der Elternzeit die primäre Verantwortung fürs Kind bei den Vätern. Mit zwei Vollzeitjobs, sagen Cleo und Gabriel, könne das ganze Konstrukt höchstens gelingen, wenn einer von beiden Schicht arbeite.

Klar ist: Das 50/50-Modell verlangt Cleo und Gabriel genau wie anderen Paaren enorm viel ab. Es ist teuer und anstrengend. So ist es kein Wunder, dass sich die Kleinfamilie so hartnäckig hält. Weil alles auf sie zugeschnitten ist, wird es schnell zu einer ökonomischen Notwendigkeit, in ihr zu verharren. Diese Notwendigkeit wird von Teilen von Politik und Gesellschaft so umgedeutet, dass sich die Familie als die letzte Bastion der Geborgenheit und Solidarität preisen lässt, um die zersetzende Wirkungsmacht der herrschenden Wirtschaftsordnung zu verschleiern. Ein fast perfekter Zirkelschluss.

Die Ökonomie der Familie

Bei Cleo und Gabriel ereignete sich neulich folgende Szene: Gabriel kochte, Milo saß mit ihm in der Küche und protestierte schreiend, weil er nicht wollte, dass Gabriel die Spülmaschine aufmacht. Cleo kam mit dem ebenfalls schreienden Baby auf dem Arm dazu und bat Gabriel, es zu halten. Reto lässt sich derzeit viel leichter von seinem Papa beruhigen. »Natürlich denke ich dann, dass Cleo das aber auch langsam mal hinkriegen muss«, erzählt Gabriel. »Aber es bringt ja in dem Moment überhaupt nichts, wenn ich wegen Überforderung einen Streit vom Zaun breche. Allen ist mehr geholfen, wenn ich die Klappe halte und ihr helfe.« Eine solche Ausnahmesituation spielt sich so ähnlich jeden Tag in Tausenden Haushalten ab – nur eben meist mit vertauschten Rollen.

»Ich kann voll und ganz unterschreiben, dass auch eine kurze Väterzeit unglaublich viel für die Beziehung zwischen

Vater und Kind bringt«, so Gabriel. »Und ich würde das jedem Vater empfehlen, unbedingt.«

Meist liegen der Entscheidung, wer wann wie viel Arbeit verrichtet und welcher Wert dieser Arbeit beigemessen wird, ökonomische Argumente zugrunde. Wer verdient weniger, wer mehr? Welcher Kampf und welcher Streit lohnt sich? Wer welche Aufgaben übernimmt, ist letztendlich eine Frage der Verhältnismäßigkeit, der vorhandenen Ressourcen und der verfügbaren Energie. »Ich habe irgendwann kapituliert«, erzählte mir eine Freundin über die Auseinandersetzungen mit dem Vater ihres damals neugeborenen Sohnes, »weil die Verteilungskämpfe unglaublich Kraft gekostet haben, die ich wegen der Übermüdung einfach nicht hatte.« Das Übernehmen eines Großteils der häuslichen Pflichten neben der Erwerbsarbeit sei ihr als der einzige Ausweg erschienen.

Kaum eine junge Familie will es sich leisten, auch nur auf wenige Hundert Euro im Monat zu verzichten, damit die Kümmerbilanz ausgeglichener ist. »Doch jedes Paar sollte auch prüfen, ob der Lohn wirklich Priorität hat oder ob hier andere Gründe wirken«, so der Soziologe Maiwald. »Wenn es demjenigen, der weniger verdient, mehr um die Selbstverwirklichung geht, dann sollte diese auch eine Rolle spielen dürfen.«[108] Grundsätzlich könnten Paare sich auch überlegen, ob es nicht schlauer wäre, wenn die weniger verdienende Mutter früher wieder in den Beruf einstiege, um auf diese Weise schneller mehr zu verdienen, während beim Vater vielleicht sowieso kein Verdienstzuwachs mehr drin sei – egal, ob er jetzt Elternzeit nehme oder nicht.

Die Publizistin Stefanie Lohaus und ihr Partner, der Soziologe Tobias Scholz, haben in ihrem Buch »Papa kann auch stillen« über ihr Modell der 50/50-Aufteilung von Job, Haushalt und Kindern geschrieben: »Das Wohl der Kinder steigt mit dem Grad an Gleichberechtigung in einem Haushalt.« Sie zitieren eine 2014 veröffentlichte Studie der Universität Melbourne zu Kindern, die aus Regenbogenfamilien kommen, wo also die Erwerbsarbeit, Erziehung und der Haushalt von vornherein gleichberechtigt – das heißt nach eigenen Vorlieben und Bedürfnissen – aufgeteilt sind. Das komme den Bindungen der Familienmitglieder untereinander, der Harmonie und damit auch Kindern zugute. »Die goldene Regel lautet: Alles nicht so verbissen sehen«, schreiben Lohaus und Scholz. »Am wichtigsten ist das beiderseitige Vertrauen darin, dass sich die Dinge schon ausgleichen werden.«[109]

Cleo und Gabriel sagen darüber, wie sie ihre Aufgabenverteilung abgestimmt haben: »Das meiste war ein Prozess und war schon so, bevor wir Kinder bekamen.« Auch was die Hausarbeit angeht, haben die beiden nie etwas abgesprochen. Sie hatten Glück, dass das so gut geklappt hat. Bei vielen Paaren tut es das nicht. »Wenn zwei Leute zusammenleben und die Beziehung funktioniert, finden sich da Verantwortungsbereiche – man weiß, wer was besser kann«, sagt Gabriel. Beim Putzen und Einkaufen wechseln sie sich ab. Er ist zu 80 bis 90 Prozent fürs Kochen und alle sozialen Aspekte des Familienlebens zuständig. »Was nicht wenig ist«, sagt er. Er vereinbart zum Beispiel die Spielverabredungen des älteren Sohns und lädt den Freundeskreis des Paares regelmäßig zum Kindergeburtstag oder Osterbrunch ein – Dinge, die Cleo überhaupt keinen Spaß machen. »Ich finde das wahnsinnig anstrengend. Ich mache bei uns das Organisatorische wie Kinderkleidung besorgen, Versicherungen im Auge behalten, Arzttermine – all das, was klassischerweise unter Mental Load gefasst wird«, erzählt sie. »Es gibt

Momente, in denen mir das auf den Geist geht, weil ich denke: Wir sind doch zwei Erwachsene, warum muss ich das alles voraussehen, planen und durchführen? Aber ich bin halt jemand, der gerne organisiert. Das versuche ich mir immer ins Gedächtnis zu rufen, wenn ich von Gabriel genervt bin.«

Was die Erwerbsarbeit angeht, sagt Gabriel, wäre er festangestellt und bekäme mehr Elterngeld als ein paar Hundert Euro, hätte er eine längere Elternzeit genommen als die zwei Standardmonate. Aber weil Cleo mit ihrer 40-Stunden-Stelle deutlich mehr verdient als er und ihr daher viel mehr Elterngeld zusteht, geht sie eben mit beiden Kindern für je ein Jahr in Elternzeit.

Interessanterweise lautet bei anderen Paaren mit derselben Aufteilung der Elternzeit in der Basisvariante (12 + 2 Monate) das Argument für diese Entscheidung genau gleich: Der in diesen Fällen dann meist höhere Verdienst des Vaters ist weniger entbehrlich für die Familie als der der Frau. Will ein Vater mehr Elternzeit machen und meldet das bei seinem Arbeitgeber an, muss er mit Widerständen rechnen. Dabei sind werdende Mütter im Job keineswegs leichter ersetzbar als werdende Väter. Es leuchtet den meisten Chefs und auch Chefinnen nur immer noch mehr ein, dass ihre weibliche Arbeitskraft für eine Weile vertreten werden kann, wenn sie ihrer heiligen Pflicht als Mutter nachkommen möchte. Das immer noch ungleich organisierte Elterngeld sorgt also wenig überraschend auch für eine problematische Verteilung der Elternzeit.

Insofern ist auch der Buch gewordene Vorwurf der Publizistin Bascha Mika, in der sie vielen ihrer jungen Geschlechtsgenossinnen den bequemen Rückzug in die Kuscheligkeit von Heim und Herd als »Die Feigheit der Frauen«[110] vorwirft, zu kurz gedacht und letztendlich sexistisch. Man könnte sagen, dass die Individuen sich ändern können, wie sie wollen – wenn sie es denn wollen –, die Strukturen verändern sie damit nur sehr, sehr langsam.

Manche Unternehmen versuchen mittlerweile unabhängig von mangelhaften Gesetzen, ihre hoch qualifizierten Angestellten im Betrieb und bei guter Laune zu halten. Der Softwarekonzern SAP führte Anfang 2020 für seine den Großteil der Belegschaft ausmachenden männlichen Mitarbeiter in Deutschland eine Art soften Väterschutz ein – orientiert am gesetzlichen Mutterschutz. Männer können seitdem nach der Geburt eines Kindes ihre Arbeitszeit acht Wochen lang um 20 Prozent reduzieren, bei Mehrlings- und Frühgeburten bis zu zwölf Wochen – ohne Gehaltseinbußen –, und in dieser Zeit des Wochenbetts der Mutter Zeit mit ihr und dem Kind verbringen und sie entlasten: einkaufen gehen, ihr stärkende Mahlzeiten kochen, den Haushalt schmeißen. Die Regelung gilt allerdings nicht, wenn ein Mann direkt nach der Geburt in Elternzeit geht.[111] Das IT-Unternehmen Hewlett Packard Enterprise offeriert seinen weltweit rund 60 000 Angestellten seit Neuestem eine sechsmonatige Elternzeit bei voller Gehaltszahlung – unabhängig von ihrem Geschlecht.[112]

Auf einen anderen Ansatz, der im akademischen feministischen Diskurs der vergangenen Jahrzehnte zu lange nicht beachtet worden ist und der erklären könnte, warum die Geschlechterverhältnisse auf der Stelle zu treten scheinen, macht die Autorin Barbara Sichtermann aufmerksam. Vieles weise mittlerweile darauf hin, dass es durchaus geschlechtsspezifische Unterschiede in der Art gibt, wie Männer und Frauen beispielsweise eine Aufnahme von Teilzeitarbeit bewerten, wenn sie Kinder bekommen. Nur so könne es sein, dass Feministinnen und Feministen seit 40 Jahren im Grunde die gleichen Forderungen stellen, Mütter aber nach wie vor viel öfter bereit sind, in Teilzeit zu gehen, als Väter. Bei 72 Prozent der heterosexuellen Ehepaare mit Kindern unter 15 Jahren ist der Vater Vollzeit und die Mutter Teilzeit erwerbstätig. Bei zwei Prozent der Ehepaare ist es andersherum, bei lediglich drei Prozent arbeiten beide Teilzeit.[113]

Sichtermann plädiert für praktische Ansätze im Kampf für Gleichberechtigung, die die Biologie nicht verneinen. »Und für einen solchen Neustart des Diskurses über die Geschlechter ist die Wiederentdeckung einer Instanz namens Natur unabdingbar. Die kann nichts für die Fehler der Kultur, die eine Herrschaftsbeziehung in das Verhältnis der Geschlechter hineingetragen hat.«[114] Umso angstfreier könne man sie in der Genderdebatte nach Grenzen und Horizonten befragen.

Zum Beispiel dazu, dass der Lebensentwurf mancher Menschen keine Karriere vorsieht – oder nicht zu den Bedingungen, die sie gegenwärtig vorfinden. Es gibt bislang zum Beispiel lediglich vereinzelte Modelle, innerhalb derer sich eine Führungsposition von zwei Personen besetzen lässt. Meine Freundin Ellen etwa teilt sich eine verantwortliche 40-Stunden-Stelle in der Lehre einer Kunsthochschule mit einer Kollegin – das geschah auf den Vorschlag der beiden hin, die weiterhin praktisch in ihrem Beruf arbeiten wollten und auch für ihre Studentinnen nur Vorteile sahen, etwa dass sie von doppelt so viel Wissen und Kompetenzen profitieren. Diese Flexibilität ist jedoch an vielen Arbeitsplätzen nicht erwünscht und erzeugte auch hier eher Misstrauen. Man fürchtete, wenn zwei Personen zuständig sind, sei es am Ende keine. Zu Unrecht, wie sich bald herausstellte.

Prozentrechnung

Klar scheint zu sein, dass das 50/50-Modell in der Paarbeziehung beiden Partnern viel abverlangt, weil auf einmal beide auf beiden Feldern – Heim und Welt – ähnliche Leistungen erbringen müssen. »Sicher wäre es zumindest für eine Person einfacher, wenn ein Partner den Vollzeitjob hat und nur ein bisschen Kinderbespaßung nebenher macht«, sagt Cleo. »Aber für mich ist es so, wie wir es machen, die einzige Möglichkeit.« Sie glaubt fest daran, dass es sich auch für ihre Paarbeziehung langfristig lohnt. »Wie soll man sich, wenn die Kinder mal größer sind, denn auf Augenhöhe begegnen, wenn das vorher jahrelang nicht der Fall war?«

Mimi, 42, und Kurt, 45, begegnen sich regelmäßig auf dem Sofa auf Augenhöhe. »Wir sind beide faul und liegen ganz gerne zusammen herum«, erzählt Kurt. »Deswegen war eines der wichtigsten Dinge, die wir unserer Tochter um des Familienfrieden willens beigebracht haben, chillen.« Mimi und Kurt sind seit 20 Jahren ein Paar und haben auch vor, es zu bleiben, wenn ihre Tochter Oren, 14, in ein paar Jahren auszieht.

Mimi wurde direkt nach ihrem erziehungswissenschaftlichen Studium schwanger. »Mir war bewusst«, sagt sie, »dass für Kinder die Mutter in den ersten drei Jahren die prägende Kraft ist. Das war gar kein Thema.«

Während Kurt zwischen der Familienwohnung in Erfurt

und seinem Arbeitsmittelpunkt in Berlin pendelte und damit häufig nur am Wochenende zu Hause war, begann Mimi, übergangsweise und halbtags als Bürokraft in der Versicherungsagentur ihres Schwiegervaters zu arbeiten. Umso wichtiger war es Mimi und Kurt, ein Familienritual einzuführen, das gemeinsame Frühstück. »Wir sind tatsächlich vom ersten Tag an immer zusammen aufgestanden, wenn das Kind geschrien hat«, so Mimi. Auch beim Frühstück waren sie immer zu dritt, Kurt saß notfalls per Videotelefon mit am Tisch. Bevor Oren mit zwei Jahren in den Kindergarten kam, kürzte Kurt seine Berlin-Zeit ein, um sich der Kinderbetreuung zu widmen. »Ich muss aber zugeben, dass ich letztlich nur zwei Tage die Woche zu Hause war, weil ich zusätzliches Geld heranschaffen musste, und die Großeltern oft eingesprungen sind.«

Während es für Mimi in Ordnung gewesen wäre, ein traditionelleres Familienmodell zu leben, also sich in noch größerem Maße der Erziehung ihres Kindes zu widmen und Kurt das gesamte Haushaltseinkommen verdienen zu lassen, sagt der: »Ich hätte gar kein Problem damit gehabt, wenn Mimi den Hauptteil unseres Geldes verdienen und ich zu Hause bleiben würde. Ich definiere meine Männlichkeit nicht über das Modell Ernährer.« Das kann er recht entspannt sagen, weil die beiden noch nie die Probe aufs Exempel gemacht haben. Die Geburt seiner Tochter schildert Kurt als einen Schub für seinen Feminismus. »Ich glaube gar nicht, dass das Kind in den ersten Jahren vor allem die Mutter braucht«, sagt er. »Es braucht die Bezugsperson am meisten, die am meisten da ist.«

Heute leitet Mimi eine Ganztagsschule. Offiziell ist sie in 36 Stunden Teilzeit angestellt, arbeitet aber immer mehr als das, was jeden Monat Auswirkungen auf ihren Verdienst und auf lange Sicht auch auf ihre Rente hat.

An den Löhnen in typischen »Frauenberufen« in der Pflege-, Erziehungs- und Dienstleistungsbranche zeigt sich bis heute deren historischer Ursprung in der bürgerlichen Kleinfamilie. Dort kümmerten sich Frauen traditionell ohne finanzielle Gegenleistung um Kinder, Kranke und Alte, im Laufe der Zeit wurden aus diesen Tätigkeiten Ehrenämter.[115] Sie blieben das Terrain von Frauen und sind bis heute mies bezahlt. Über Mimis Konto laufen die Miete, die Einkäufe und die gesamten Fixkosten – all jene existenziellen Posten, die sie notfalls auch allein tragen können möchte. Kurt zahlt monatlich etwas auf dieses Konto ein. Um die zweite Hälfte der Fixkosten und den Rest der monatlichen Ausgaben zu decken, erwirtschaftet Kurt einen Großteil des Familieneinkommens. Darüber hinaus zahlen beide auf ein Familienkonto ein, aus dem Urlaube und Anschaffungen bezahlt werden. Weil Mimi die Ehe ablehnt, Kurt sie und Oren aber absichern will, falls ihm mal etwas zustößt, hat er ein Testament aufgesetzt.

In den ersten Jahren nach der Geburt teilten sie die Haus- und Familienarbeit so auf, dass Mimi laut ihrer Einschätzung 80 Prozent übernahm (Kurt sagt, der Schlüssel habe bei 70/30 gelegen), mit der Konsequenz, dass Oren sich in den ersten drei Lebensjahren nur von Mimi habe versorgen lassen. »Da hat Oren ihn dafür abgestraft, dass er so selten da war«, sagt Mimi. Es ist, glaubt man dem Soziologen Kai-Olaf Maiwald, tatsächlich typisch für die neuen, deutlich präsenteren Väter, dass sie trotz der standardmäßigen zwei Monate Elternzeit erst mehr Zeit mit ihrem Nachwuchs verbringen, wenn der aus dem anstrengenden Baby- und Kleinkindalter heraus ist und die vermeintlich lustigen Jahre beginnen.[116] Wobei gerade manche Mütter die Säuglingszeit als die entspanntere wahrnehmen und für sie der wahre Stress beginnt, wenn das Kind beginnt, so etwas wie ein soziales Eigenleben zu entwickeln.

Heute, da Oren sehr viel weniger elterliche Fürsorge braucht, seien die Aufgaben nach einem 60/40-Modell verteilt, wobei sich Kurt zum Beispiel schwerpunktmäßig um die schulischen Belange Orens kümmert. »Tatsächlich aber hat sich Mimi, seit wir zusammen sind, nicht einen einzigen Tag Sorgen um unsere Finanzen machen müssen. Das habe ich immer versucht, von ihr fernzuhalten.« Während Mimi in den vergangenen 20 Jahren das Auto kaum ein einziges Mal getankt oder gewaschen habe, kaufe er so gut wie nie ein und wisse nicht mal, was Geschirrspültabs kosten. »Ich weiß aber, wo sie liegen.« Ein Grundsatz, der Konflikte in ihrer Paarbeziehung immer wieder befriedet, lautet: zu Hause ist sie der Chef, draußen darf er es sein. »Wobei das eher ein kleiner Witz ist«, sagt Mimi.

Ordnung und Sauberkeit sind bis heute ein Thema zwischen den beiden, das sie aber mit Humor zu nehmen wissen, »da muss er ein bisschen auf die Linie gebracht werden«, sagt Mimi gern. Einmal markierte sie alle Kleidungshaufen in der gemeinsamen Wohnung mit kleinen Fähnchen und schrieb eine förmliche Mail an den »sehr geehrten Herrn«, er möge doch zur gesetzten Frist die Freundlichkeit besitzen, den Missstand zu beheben. Richtig gestritten haben sie das letzte Mal vor acht Jahren. An den Vorfall erinnern sich beide noch gut, weil Mimi eine Packung Waschpulver über Kurts Kopf entleerte.

Soziologisch betrachtet könnte man Cleos und Gabriels

Modell mit geteilter Haus- und Familienarbeit dem individualisierten Milieu zuordnen, in dem die Idee der Gleichstellung theoretisch am besten bekannt ist und beide den Anspruch haben, sich beruflich zu verwirklichen, sich aber auch die häuslichen Pflichten zu teilen. Mimis und Kurts Rollenaufteilung entspricht eher dem traditionalen Milieu, in dem keineswegs der Anspruch herrscht, die Haus- und Familienarbeit gleichberechtigt zu besorgen.[117] Weder Mimi noch Kurt sehen sich aber ungerecht behandelt. Ihr kommt es weniger darauf an, dass die Haushaltsaufgaben gleich verteilt sind, sondern dass Kurt seinen vereinbarten Teil erledigt.

Die beiden scheinen intuitiv die Wichtigkeit der Unterscheidung zwischen »gleich verteilt« und »fair« verstanden zu haben. Untersuchungen zeigen, dass es entscheidender für eine gesunde Ehe oder Langzeitbeziehung ist, ob die Partner die Aufgabenteilung als fair empfinden, als die Frage, ob die häusliche Arbeit tatsächlich von beiden zu gleichen Teilen erledigt wird.

So hat die Anwältin und Mediatorin Eve Rodsky 500 Frauen und Männer zum Thema befragt und festgestellt, dass diejenigen Männer, deren Frauen ihnen die volle Verantwortung für bestimmte Aufgaben im Haushalt und bei der Kinderbetreuung anvertrauen, am meisten Zeit und Energie in ihre häusliche Rolle investieren. Der Grundsatz »Fair, nicht gleich« führe dazu, dass Männer aufhören, ihren Frauen zu »helfen«, sondern die von ihnen übernommenen Aufgaben im Bereich Kinderfürsorge und Haushaltsführung eigenverantwortlich erledigten – von der zugrunde liegenden Idee über die Planung bis zur vollständigen Ausführung.

Konzerne wie Netflix und Apple organisieren laut Rodsky

ihre Firmenhierarchien nach dem gleichen Prinzip: Eine Person ist von Anfang bis Ende für eine bestimmte Aufgabe verantwortlich, statt darauf zu warten, dass ihr jemand anders sagt, was sie zu tun habe. Das Schlagwort lautet *process owner*. Das beschleunigt Arbeitsprozesse allein deshalb, weil nicht ständig irgendetwas mit irgendwem besprochen werden muss.

Wie sehr sowohl das Familienleben als auch die romantische Liebe immer mehr mit den Begriffen der Arbeitswelt belegt werden, wäre ein eigenes Kapitel wert. Eve Rodsky konstatiert jedenfalls, sie habe festgestellt, dass die Paare, die sich an diese Methode der Arbeitsaufteilung halten, eine dramatische Wandlung mitmachen. »Sie lassen Ressentiments, dysfunktionales und passiv-aggressives Verhalten hinter sich und finden zu zeitsparender Effizienz und einem Gefühl der Fairness.«[118]

Das familiale Milieu von Mimi und Kurt zeichnet sich auch durch eine große Nähe zum Geburtsort der Partner und damit zur Verwandtschaft aus. Tatsächlich war es Mimis ausgesprochener Wunsch und Wille, ihr Kind in unmittelbarer Nähe zu ihrer geschiedenen Mutter und Kurts Eltern aufzuziehen. »Mir war es wichtig, dass Oren ihre Omas und den Opa um sich hat, weil ich das früher selbst nicht hatte.« Die Großeltern hätten sich darum gerissen, auch kurzfristig auf das Kind aufzupassen, sodass Mimi und Kurt immer Zeit für sich und für gemeinsame Wochenendreisen gehabt haben – oder eben für Abende auf dem Sofa.

»Das mit der Paarzeit haben wir bisher verbockt«, sagt dagegen Gabriel. Seine und Cleos Eltern kämen höchstens ein, zwei Mal im Jahr angereist und könnten auf die Kinder aufpassen, während das Paar dann maximal ins Kino ginge.

Einen Babysitter können sie sich nicht leisten. »Derzeit haben wir nicht das Gefühl, dass wir Zeit miteinander verbringen«, sagt auch Cleo. »Wegen unseres Schichtsystems fehlen uns die gemeinsamen Abendstunden.«

Das ist allerdings ein Problem des 50/50-Modells: Es lässt sich vielleicht am besten auf die Formel »Geteiltes Leid ist doppeltes Leid« bringen. Weder Cleo noch Gabriel bekommen derzeit annähernd ausreichend Schlaf, noch bleibt ihnen neben geteilter Kinderversorgung und Haushaltsführung Zeit für viel anderes. »Aber ich finde, wir haben als Eltern eine riesige Verantwortung, weil wir nun mal zwei Jungs auf die Welt gebracht haben«, so Cleo. »Ich möchte, dass wir andere Männer großziehen.«

Andere Männer, andere Väter

In jüngster Zeit ist viel von den »Neuen Vätern« die Rede. Sie hätten sich emanzipiert vom Bild des bedeutungslos gemachten und verunsicherten Mannes, der auf der Suche nach einem Rollenmodell war, das die graue Vorzeit der Geschlechtertrennung mit der Höhlenhockerei hier und der Bärenjagd da hinter sich lässt und das ihnen erlaubt, wieder eine Rolle in der Kinderversorgung und Erziehung zu spielen. Gleichzeitig gibt es Frauen, die unter keinen Umständen einen Mann daten wollen, der vorhat, Elternzeit zu nehmen, oder die sich in Therapie begeben, weil sie deutlich mehr als ihre Partner verdienen. Statt den Männern freudig ein anderes Feld des gemeinsamen Lebens zum Brillieren zu überlassen, verlieren viele dieser beruflich erfolgreichen Frauen das Interesse an und die Achtung vor den Männern, die ihren Teil für mehr Geschlechtergerechtigkeit tun. Das zeigt, wie fest traditionelle und vermeintlich überkommene Rollenbilder in vielen Menschen verankert sind.

Dass es sich dabei nicht um ein neues Phänomen handelt, zeigt ein Beispiel aus meinem Bekanntenkreis: Dort entschieden sich die bundesrepublikanischen, in der ökologischen Bewegung engagierten Eltern Ende der 1970er-Jahre dafür, dass der Mann seinen Beruf als Elektroinstallateur aufgeben sollte, um sich als Hausmann um die beiden Kinder zu kümmern, während die Mutter als angestellte Ärztin das Familieneinkommen verdiente. Das Paar einigte sich darauf, dass es ihnen weniger auf Geld ankäme als auf ihre finanzielle Unabhängigkeit von zwei Erwerbsjobs. Das Modell funktionierte so lange, bis die Frau anfing, ihren Mann leise zu verachten, weil er ohne Erwerbsarbeit in der bürgerlichen Welt, von der sie sich durch ihre progressive Rollenverteilung ja gerade abgrenzen wollten, nichts galt. Sie wurde langsam zum leicht zu reizenden Hausdrachen, so hieß das wohl damals, er zog sich immer mehr an den Angelteich zurück. Das Paar ist bis heute verheiratet, glücklich würde man die Ehe vielleicht nicht unbedingt nennen.

Diese scheinbar ausweglose Dynamik hat die Schriftstellerin Gisela Elsner 1984 in ihrem Roman »Die Zähmung« geschildert, in der eine »erschreckend zielbewusste Frau ihren angeheirateten Jungdichter in jeder Hinsicht zur Minna macht«, beschreibt der Klappentext das, was als »modischer, falscher Rollentausch« beschrieben wird: Die Frau ernährt die Familie und »funktionalisiert« den Künstler zu einem Hausmann. Es mag sein, dass Elsner eine der überzeugtesten Kommunistinnen der BRD war, in diesem Roman vertrat sie eine zutiefst bürgerliche Position.[119]

Als einen weiteren Grund, warum der Rollenwechsel zur Frau als Familienernährerin und dem Mann als Hauptverantwortlichen für die Kinderversorgung bei Paaren oft nicht gelingt, nennt die Soziologin Cornelia Koppetsch diesen: Er war in Wirklichkeit gar nicht beabsichtigt. Die berufliche Selbstverwirklichung ist im vermeintlich aufgeschlossenen individualisierten Milieu ein dermaßen starker Wert, dass die Frau oft sowohl das Geld verdient, als auch die gesamte Hausarbeit übernimmt, während der Mann seine ganze Energie in eine wenig ertragreiche kreative Tätigkeit investiert – und beide Partner durch Hilfskonstrukte wie die Versicherung, es bald wieder anders zu regeln, die Illusion der finanziellen Autonomie des Mannes aufrechterhalten. Koppetsch sieht im Fall dieser doch wieder traditionellen häuslichen Arbeits-»Teilung« einen Beleg für die »Wirksamkeit latenter Geschlechtsnormen«. Im dritten Milieu, dem wertkonservativen, in dem der Wert der Familie und Gemeinschaft über dem beruflichen Erfolg steht, gelinge der Rollentausch überraschenderweise am besten. Männer hätten hier das geringste Problem damit, sich als Hausmann um die Kinder und den Haushalt zu kümmern. Weil ihr Job nur ein Mittel zum Zweck ist und nicht die Messlatte für ihre Geltung in der Welt. Weil sie ihn eher als Erfüllung einer Pflicht statt als wichtiges Element ihres Selbstausdrucks verstehen.[120]

Menschen, die ihr Einkommen als Selbstständige im Kreativmilieu verdienen, fällt es heute häufig schwer, auf Bestätigung zu verzichten, die weder vom Kind noch vom anderen Elternteil oder den Verwandten kommt. Sie sind auf narzisstische Zufuhr angewiesen und brauchen eine ständige Bestätigung ihrer Qualitäten. Sie leben in einer Gegenwart, in der sie im Job andauernd tätig sein und sich selbst vermarkten müssen, um relevant zu bleiben, und in der die digitale Sphäre ihnen jede Menge Instrumente zur Quantifizierung ihres Selbst zur Verfügung stellt: soziale Medien wie Instagram und Facebook, in denen sich der eigene Wert an der Menge der Likes ablesen lässt.

Hinzu kommt, dass dem Gleichheitsdiskurs, der gesellschaftlich längst etabliert ist, laut Koppetsch die Macht der Gewohnheit widerspricht (»Die herumliegenden Socken nerven, ich räume sie schnell weg, obwohl ich sie nicht dort habe fallen lassen«), das Tabu, innerhalb einer Liebesbeziehung geleistete Arbeit aufzurechnen (»Ich kümmere mich immer um das Essen, dann kannst du doch wenigstens mal das Bad putzen!«), und das, was Koppetsch »das Coolness-Prinzip des Mannes« nennt. Weil sich in seinem Selbstbild das unabhängige Künstlerdasein nicht mit der Notwendigkeit vereinbaren lässt, Geld zu verdienen, wertet er die Leistung der Frau als Familienernährerin ab. Nur so ist der Statusunterschied erträglich.[121] Ich vermute, dieser Mechanismus ist nicht geschlechtsabhängig, siehe »die Zähmung«.

Dabei wünschen sich laut dem aktuellen »Väterreport« des Bundesfamilienministeriums 79 Prozent der Väter mehr Zeit für die Familie, 60 Prozent der Paare mit Kleinkindern unter drei Jahren halten die 50/50-Aufteilung von Job und Kinderbetreuung für ideal. Nur 16 Prozent aber setzen sie auch um. Noch 2014 waren es erst magere zwei Prozent.[122] Ganz offensichtlich hinkt hier die normative Entwicklung der Geschlechterbeziehungen (»Wir verstehen uns als gleichberechtigte Partner«) der empirischen Entwicklung (»Wir haben die Arbeitsteilung egalitär organisiert«) hinterher.

Mutter werden

Im historischen Verlauf der Geschichte des Vaters lässt sich bei Eltern in der heterosexuellen Kleinfamilie eine Angleichung der Rollenmuster feststellen. Konservative Beobachter sehen im Vater gar »ein geschlechtsneutrales Wesen, das sich, wenn es in die Vater-Kind-Gruppe geht, einen Babybjörn umschnallt und die rosafarbene Tasche seiner Frau greift, in der die Hipp-Gläschen, die Feuchttücher und geschälte Äpfel verstaut sind«. Seitdem zwei Menschen den Nachwuchs bemuttern, »kann der eine seine Männlichkeit an der Garderobe abgeben«.[123] Es erschüttert offenbar immer noch das sorgsam festgezimmerte Weltbild einiger Menschen, wenn Männer es wagen, sich in ähnlichem Maße für ihre Kinder zu interessieren, wie es von Frauen seit Jahrhunderten verlangt wird.

Mit Blick auf die Zukunft der Elternschaft hält es der Soziologe Maiwald für realistischer, dass Geschlechtsunterschiede auf lange Sicht bestehen bleiben. Das läge vor allem daran, dass in Familienbeziehungen das Personal nicht austauschbar sei. Eine Mutter bliebe immer eine Mutter, ein Vater immer ein Vater, ein Kind immer das Kind dieser beiden. Diese ödipale Triade setze sich wiederum aus drei dyadischen Beziehungen zusammen: der Gattenbeziehung, der Mutter-Kind- und der Vater-Kind-Beziehung, die jede für sich nur unter Ausschluss des oder der jeweils Dritten funktioniere. »Wenn dies nun so ist, dann müssen – vor allem aus der Perspektive des Kindes gesehen – die Beziehung zur Mutter und die Beziehung zum Vater jeweils auch vom ›Inhalt‹ her etwas Besonderes sein.« Eltern dürften sich in ihrer Zuwendung zum Kind also weder zu sehr gleichen noch zu heterogen auftreten. Um das Gewicht und die Bedeutung der Gatten-Dyade nicht zu schwächen und damit auch die Generationendifferenz einzureißen, müssten die Eltern dem Kind gegenüber auch als »Elterneinheit« erscheinen. Der nötige Ausschluss des jeweils Dritten nun habe nichts mit dessen Individualität zu tun, unverdächtigerweise geschähe er häufig anhand der Geschlechtsgenossenschaft zwischen Elternteil und Kind und mit dem Rückgriff auf »Mütterlichkeit« und »Väterlichkeit«; das gelte auch unter den Bedingungen »postkonventioneller Elternschaft«. Maiwald vermutet daher, dass auch bei flüssiger werdenden Geschlechterverhältnissen zunehmen wird, was sich im öffentlichen Diskurs jetzt schon beobachten lasse: »eine immer wiederkehrende Feier von Unterschieden im Verhalten von Männern und Frauen, die etwas Spielerisches an sich hat«. In etwa so also, wie es bei Kurt und Mimi in ihren Auseinandersetzungen um Ordnung und Sauberkeit geschieht. So ließen sich laut Maiwald in ein und derselben Beziehung Differenz und Gleichheit kommunizieren, die aber flüssig ineinander übergingen.[124]

Der 50/50-Vater Gabriel beendet unser Gespräch mit den Worten: »Ich muss jetzt mal das Baby stillen.« Cleo findet es lustig, dass er sich diesen Begriff angeeignet hat, der jahrhundertelang allein auf Frauen und ihre für das Baby so bedeutsamen Brüste bezogen war. Aber Gabriel findet, das ist einfach das richtige Wort. Er füttert das schreiende Baby, damit es anschließend satt und eben still ist. Ganz einfach.

Die Papas und die Mamas

Je mehr Eltern, desto besser

Sucht man nach Formen des familiären Zusammenlebens abseits der Norm, könnte es lohnend sein, sich bei Menschen umzuschauen, die bereits andere Liebesbeziehungen führen. Spätestens seit in Deutschland im Oktober 2017 die gleichgeschlechtliche Ehe gesetzlich verankert wurde, gelten Schwule und Lesben endgültig als anerkannt (auch wenn die gesellschaftliche Entwicklung der gesetzlichen teilweise noch hinterherhinkt, wie die Zahlen der Antidiskriminierungsstelle des Bundes zeigen[125]). Weil sie die Beziehungen ihrer Eltern in der Regel nur bedingt als Vorbild für ihr eigenes Liebesleben heranziehen können, tendieren Schwule und Lesben dazu, nicht auf traditionelle Geschlechterrollen zurückzugreifen. Wenn von der Stellung beim Sex über die Frage außerehelicher Affären bis zur Verteilung der Hausarbeit sehr wenig durch gesellschaftliche Konventionen oder die Biologie geregelt ist, muss – oder kann – zwischen den Partnerinnen bzw. Partnern ein Vielfaches mehr verhandelt werden, als das in Heterobeziehungen häufig der Fall ist. Auch in der Frage, ob und wie sie Kinder haben möchten, können Schwule und Lesben nicht auf Bekanntes, Tradiertes oder rein biologisch Determiniertes zurückgreifen. Vor ihnen liegt ein unbekanntes Gebiet, für das sie ihr eigenes Kartenmaterial erstellen.

Die Jacob-Campe-Bernhards erproben eine Familie, die in dieser speziellen Form ziemlich einzigartig ist: Da wären zum einen Annemarie und Katrin Jacob, Anfang dreißig und seit sieben Jahren ein Paar. Da wären weiter Konrad Campe und Torsten Bernhard, jeweils 33, seit elf Jahren zusammen. Konrad und Katrin kennen sich schon seit Katrins Geburt, sie sind Geschwister. Zusammen haben die beiden Paare zwei Kinder, die blondgelockte Ella und den kleinen Albrecht, knapp anderthalb Jahre und acht Monate alt.

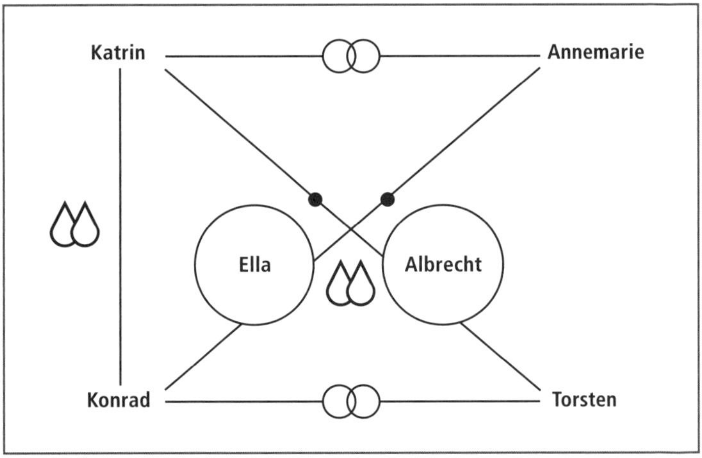

Das sieht kompliziert aus und wird es im Alltag mitunter auch. Vor allem aber wirft das Modell der Jacob-Campe-Bernhards eine ganze Reihe von Fragen auf: Wie viele Eltern kann ein Kind haben? Welche Rolle spielen die Gene im Gefühls- und Familienleben? Sind homosexuelle Paare fortschrittlicher in Sachen Gender-Fragen? Sind sie in Sachen Familiengründung sogar eine Art Avantgarde?

Es war Katrin, die vor mehr als drei Jahren die Initialzündung für die Familiengründung gab. Ihr Kinderwunsch war von Anfang an sehr viel ausgeprägter als der ihrer Freundin Annemarie. Für beide kam eine Adoption oder Samenspende allerdings nicht in Frage. Sie wollten einen Vater, der Teil der Lebenswelt ihres Kindes sein würde, aber sowohl die heterosexuellen als auch die schwulen Männer in ihrem Freundeskreis, denen sie eine mögliche Vaterschaft angetragen hatten, fürchteten die Verantwortung, die eine Regenbogenfamilie bedeutet hätte – so der Begriff für diese Art von queerer Elternschaft, der seit 2009 im Duden steht.

Blieben Torsten und Konrad. Katrin hatte in einem Gespräch mit ihrem Bruder mal eher nebenbei in den Raum geworfen, man könne doch vielleicht zu viert Kinder haben. Genauso flapsig – aber in Katrins Erinnerung sehr entschieden – erteilte ihr Konrad damals eine Absage. Er fühlte sich, so sagt er heute, seiner Schwester zu nah, gleichzeitig empfanden Torsten und er ihre Beziehung zu dem anderen Paar nicht als eng genug, um ernsthaft über einen derart lebensverändernden Schritt nachzudenken.

Nichtsdestotrotz begannen die vier, fortan mehr Zeit miteinander zu verbringen – möglicherweise auch, weil da bereits unbewusst die Idee der Familiengründung in ihnen allen arbeitete. Nach ein paar Monaten waren aus den beiden Paaren Freunde geworden, die regelmäßig zusammen ins Kino gingen, einander besuchten und gemeinsam kochten. Bei einem Abendessen zu viert stellte Katrin die entscheidende Frage. Sie druckste ein wenig herum und bat die Männer dann um ein Gedankenexperiment. Ob sie sich vorstellen könnten, ein gemeinsames Kind zu bekommen. Vorsorglich schoben Annemarie und Katrin hinterher, dass sie keine prompte Antwort erwarteten. Torsten und Konrad sollten weder am gleichen Abend ablehnen noch sofort zustimmen.

Das nächste Weihnachtsfest feierten sie alle gemeinsam mit den Eltern des Geschwisterpaares. Als Geschenk übergaben Torsten und Konrad den Frauen eine Postkarte. Auf einer Seite war ein großes Fragezeichen aufgemalt, auf der anderen stand: »Ja!« Sie umarmten einander, und sobald die Eltern ins Bett gegangen waren, begannen die vier, über Babynamen zu diskutieren.

Genau wie Konrad hat sich auch Torsten immer Kinder gewünscht. Gleichzeitig wusste er nie, wie sich dieser Wunsch als schwuler Mann mit unstetem Musikerjob würde erfüllen lassen. »Plötzlich aber stellte sich unsere Konstellation als eine glückliche Fügung heraus«, sagt er heute. »Ich dachte, wenn wir zu viert sind, könnte das auch mit meinem Job hinhauen.«

Die Frauen entschieden, dass Annemarie das Kind austragen sollte, weil sie als angestellte Psychologin nach der Babypause sicher einfacher in ihren Job würde zurückkehren können. Alle vier waren sich absolut darüber einig, nicht mit dem Partner des anderen schlafen zu wollen. Blieb die private Insemination, die sogenannte Bechermethode, bei der sich die Frau das Sperma selbst einführt. Es brauchte nur ein einziges gemeinsames Abendessen in der Wohnung der Männer und eine mit Konrads Sperma gefüllte Spritze, die vom einen ins andere Zimmer gereicht wurde, dann war Annemarie schwanger.

Ein paar Wochen später heirateten beide Paare, am selben Tag. Mit dem Kind hätten die Verpartnerungen (um die es sich damals, vor der »Ehe für alle«, noch handelte) nichts zu tun, das sagen sie übereinstimmend. Sie seien nur spießig veranlagt, Heiraten gehöre für sie einfach dazu.

Gar nicht so spießig war man dagegen im katholischen Krankenhaus, in dem Ella zur Welt kam. Dort hatte die Belegschaft keinerlei Probleme damit, dass sich vier Eltern im Kreißsaal befanden.

In Deutschland gibt es derzeit etwa 14 000 Kinder, die mit gleichgeschlechtlichen und verheirateten Eltern zusammenleben, dazu kommen noch einmal die Kinder der ungezählten nicht miteinander verpartnerten oder verheirateten Regenbogeneltern. 90 Prozent dieser Regenbogenfamilien sind Mütterfamilien, in denen Kinder also mit der Mutter bzw. den Müttern in einem Haushalt leben, der biologische Vater aber lediglich den Status eines Samenspenders bis entfernten Onkels hat. Einem im Jahr 2009 vom Bundesministerium für Justiz veröffentlichten Forschungsbericht zufolge sind Kinder aus Regenbogenfamilien, die also meist mit zwei Müttern aufwachsen, in der Regel psychisch stabiler als Kinder aus Heterokonstellationen – bis auf einen Punkt: in Bezug auf ihre Beziehung zum Vater.[126] Grundsätzlich vergrößert sich mit der Anzahl der Eltern auch das Konfliktpotenzial, doch gerade Konstellationen von zwei Elternpaaren, zwei Müttern und zwei Vätern, können von vornherein ausgeglichener und somit besonders konfliktarm sein – und somit besser für die Kinder. Je mehr konstante Beziehungspersonen diese zur Verfügung haben, desto besser.

Die ersten zwei Wochen im Leben ihres Babys nahmen Konrad und Torsten Urlaub und quartierten sich in der Wohnung der Frauen ein. Katrin, sie ist Musiktherapeutin, war zu diesem Zeitpunkt arbeitslos, hatte also ohnehin genug Zeit zur Verfügung, bei Annemarie und dem Baby zu sein.

Besonders Torsten setzte die Erfahrung der Geburt emotional zu – so sehr, dass er mehrere Tage nicht sprechen konnte, ohne vor Rührung in Tränen auszubrechen. »Das hat mir gezeigt, dass es für einen Mann unwichtig ist, ob er der genetische Vater eines Kindes ist oder nicht.« Mitzuerleben, wie es aufwächst, das ist für ihn der Faktor, der Bindung schafft. Zehn Monate nach Ellas Geburt bezogen die fünf vor allem auf Wunsch der Männer eine gemeinsame Siebenzimmerwohnung. In den Monaten nach der Geburt hatten Konrad und Torsten gemerkt, dass sie durch die räumliche Distanz weitaus weniger Zeit mit Ella verbrachten, als sie sich das gewünscht hatten. »Es ist die Herausforderung vieler Regenbogeneltern, aus einer typischen Situation des Getrenntseins zusammenzuwachsen, bis dahin, dass neue Lebensmodelle mit Eltern-WGs, zusammengelegte Wohnungen mit gemeinsamer Küche etc. entwickelt werden oder es sogar zu einem paarähnlichen Zusammenleben kommt«, so einer der Herausgeber des »Regenbogenväterbuchs«. Und weiter: »Der Weg der Regenbogenfamilien besteht also in der Überwindung des Getrenntseins hin zur Etablierung eines Gefühls von Gemeinsamkeit.«[127]

In der neuen, weitläufigen, gemütlich eingerichteten Wohnung, in der ich sie besuche, gibt es alles doppelt: Erwachsenenschlafzimmer, Wohnzimmer, Bäder, Kinderzimmer. Lediglich die Wohnküche mit dem großen Holztisch teilen sich die Paare. Hier findet jeden Abend das gemeinsame Essen statt, ein fixer Termin, bei dem der kommende Tag geplant wird, aber auch Differenzen zur Sprache kommen. Dem Ton und den vielen Ich-Formulierungen der Unterhaltung merkt man an, dass hier vier Leute sitzen, die etwas über gewaltfreie Kommunikation wissen. »Wir müssen viel öfter als andere Paare ganz offen über alles reden«, fasst Konrad die besondere Herausforderung ihrer Konstellation zusammen. »Jede Irritation muss wahrgenommen und angesprochen werden.« Für die Männer gehörte Ella seit dem Zusammenzug ebenso zum Alltag wie für die Frauen. Torsten und Konrad rissen sich regelrecht darum, das Kind baden oder mit ihm spazieren gehen zu dürfen, was Annemarie und Katrin die Möglichkeit für spontane Unternehmungen verschaffte.

Kurze Zeit später zeugten Katrin und ihr Schwager Torsten das zweite Baby, nach der bewährten Prozedur. Mehr Nachwuchs war immer Teil der Familienplanung gewesen, die Überlegung lautete: Zwei Kinder, die sich die Aufmerksamkeit vierer Erwachsener teilen, werden weniger begluckt und wachsen gesünder heran als ein Einzelkind.

Bis es so weit war, kümmerten sich hauptsächlich Katrin und Konrad um Ella. Katrin war nach wie vor arbeitslos, Konrad in Elternzeit. Weil die wachsende Familie ihr Einkommen brauchte, ging Annemarie wieder arbeiten, wenn auch ungern. Sie hatte das Gefühl, ihrem Arbeitgeber mehr zur Verfügung zu stehen als ihrem Kind. »Es ging nicht anders, und trotzdem hatte ich das Gefühl, Ella zu vernachlässigen«, sagt sie, und es treibt ihr immer noch Tränen in die Augen.

Albrecht kam ein gutes Jahr nach Ella auf die Welt. Die Geburt kann nicht nur in Regenbogenfamilien ein emblematischer Moment sein, in dem deutlich wird, wie die Eltern ihre jeweilige Rolle in der Familie verstehen. »Im Moment der Geburt wird deutlich, welchen Grad von Intimität die Eltern untereinander zulassen«, heißt es im »Regenbogenväterbuch«. »Die Art und Weise der Geburt formuliert das Commitment der Eltern. Je distanzierter es ist, desto deutlicher wird die anstehende Beziehungsarbeit, falls ein distanziertes Verhältnis nicht eh schon das Commitment ist.«[128]

Direkt nach Albrechts Geburt erlebte Annemarie eine irritierende Situation: »Ich hatte das Gefühl, Torsten und ich stünden in Konkurrenz zueinander.« Torsten ist der biologische Vater des Neugeborenen, sie aber ist die Person, die der Mutter Katrin am nächsten steht. »Als wir zusammen in den Wickelraum gingen, habe ich mich Torsten gegenüber zurückgenommen. Ich habe ihm Albrecht in die Arme gelegt und mir gesagt, er soll das jetzt mal machen. Ich habe noch genug Zeit.«

Die Zeitfrage stellt sich bei den Jacob-Campe-Bernhards auch in einem anderen Bereich: dem der Hausarbeit. Im Allgemeinen gilt, dass die Zeit, die vor allem Frauen dafür aufbringen, sich trotz allerlei neuer Gerätschaften und effizienter Services in den vergangenen Jahrzehnten genauso wenig verringert hat wie die, die Eltern mit ihren Kindern verbringen. Ein Beispiel aus den USA, das mit der Situation in Deutschland vergleichbar ist: Im Jahr 1965, so die Autorin Hanna Rosin, als viele Frauen also vor allem innerhalb der eigenen vier Wände arbeiteten, gingen sie durchschnittlich 9,3 Wochenstunden lang einer bezahlten Arbeit nach und wandten 10,2 Wochenstunden für die Kinderbetreuung auf. 2008, da viele Frauen in Voll- oder Teilzeit einem Beruf nachgingen, waren es paradoxerweise 13,9 Stunden für die Kinderbetreuung. Erfreulicherweise hat sich auch die Zahl der Stunden, die Väter mit ihren Kindern verbringen, in den vergangenen 30 Jahren fast verdreifacht – allerdings von bescheidenen 2,5 auf 7 Stunden.[129] Ungenannt bleibt, wie viele

Stunden davon für das bloße Hin- und Herkutschieren zu Spielverabredungen, zur Kita, zur Schule, zum Nachhilfeunterricht und zu den Hobbys draufgehen – für das permanente »Helikoptern« also, während Kinder früher viel mehr sich selbst, ihrer Fähigkeit, sich allein zu beschäftigen, und auch einer sich gelegentlich einstellenden Langeweile überlassen wurden. Will sagen: Ein Mehr an Kinderbetreuung bedeutet nicht automatisch, dass diese Zeit auch von allen Beteiligten als zufriedenstellend erlebt wird.

Legt man unter diesen Bedingungen neben der Versorgungs- und Erwerbsarbeit auch Wert auf ein Leben als Paar oder Einzelmensch mit Interessen jenseits von Job und Familie, stellt sich die Frage, wo die Luft dafür herkommen soll. Da leuchtet die Idee, die Kindererziehung, den Haushalt und das Erwirtschaften des Haushaltseinkommens auf mehr als zwei Köpfe und Konten zu verteilen, unmittelbar ein.

Fürs Einkaufen, Kochen und Putzen gibt es bei den Jacob-Campe-Bernhards klare Absprachen und Regeln, auf deren Einhaltung alle achten. Was die Finanzen angeht, wird die Miete ebenso wie alle Fixkosten paarweise geteilt. Die finanziellen Einbußen desjenigen Familienmitglieds, das sich gerade in Elternzeit befindet, gleichen die anderen drei aus.

Annemarie zeigt mir das Planungstool. Der elektronische Familienkalender verzeichnet ein halbes Dutzend unterschiedlich eingefärbter Flächen. Sie zeigen die persönlichen Termine eines jeden Familienmitglieds an, die Krabbelgruppe, das Babyschwimmen, die Kinderarzttermine, die Wochenenden, an denen Annemarie zu Hause arbeitet, Torstens Auftritte, Konrads Promotionstermine, dazu die Geburtstage von Großeltern und gemeinsamen Freunden und die Verfügbarkeit der vier gemeinsam genutzten Transportmittel: des alten Opels, der übertragbaren Monatskarte für Straßenbahn und Bus, eines Fahrradanhängers für beide Kinder und eines für größere Transportlasten wie den Lebensmitteleinkauf. Das Ganze gleicht einem Sudoku der Schwierigkeitsstufe 3, und ich ahne, welche Koordinationsleistung der Alltag dieser, genau wie jeder anderen größeren Familie, darstellt.

Auch wenn der Stellenwert genetischer Verbindungen bei den Jacob-Campe-Bernhards auf dem Prüfstand steht, können sie den Einfluss der Biologie nicht leugnen. Die Stillbeziehung schweißt die leiblichen Mütter eng an ihr jeweiliges Kind, besonders Albrecht schreit oft über Stunden und lässt sich dann ausschließlich von Katrin beruhigen. »Da ist ein unsichtbares Band zwischen uns, etwas Einzigartiges«, sagt sie.

Die Verwandtschaft zwischen Katrin und Konrad macht ihre jeweiligen leiblichen Kinder – also Katrins und Torstens Sohn Albrecht und Konrads und Annemaries Tochter Ella – zu Cousin und Cousine. Doch sie wachsen als Geschwister auf und sollen von Außenstehenden möglichst nicht einem bestimmten Elternpaar zugeordnet werden können. So wollen die Paare eine Ungleichbehandlung der Kinder, aber auch der jeweiligen nicht biologischen Eltern, vermeiden. Vom Gesetz her teilen sich die leiblichen Eltern das Sorgerecht für ihr gemeinsames Kind – ganz so, wie es normalerweise getrennt lebende Eltern tun. Der jeweilige Partner bzw. die Partnerin hat eine Vollmacht, mit der sie beispielsweise beim Kinderarzt Entscheidungen treffen können. In Deutschland gibt es derzeit keinerlei Rechtsmodell für eine Mehrelternschaft, also eine, die mehr als zwei rechtliche Elternteile umfasst. Lesbische Paare, die mit einem Mann ein Kind zeugen, greifen meist auf die seit 2005 eingeführte, teure und zeitaufwendige Stiefkindadoption zurück, um die Co-Mutter und eingetragene Lebenspartnerin bzw. Ehefrau der Mutter zur gleichberechtigten Erziehungsberechtigten zu machen. Bei heterosexuellen Ehepaaren hingegen gilt der Ehemann automatisch als der Vater des Kindes; Homosexuelle werden hier also diskriminiert. Zudem muss der biologische Vater das Kind zur Adoption freigeben – und damit sämtliche Rechte an ihm unwiderruflich aufgeben. Das macht ihn fast unweigerlich zum eher passiven Elternteil. Eine Alternative dazu ist das Modell des aktiven, eingetragenen Vaters mit Sorge- und Umgangsrecht sowie Unterhaltsverpflichtung.

In Kindergarten und Schule soll bei den Jacob-Campe-Bernhards jeder Elternteil als vollwertig anerkannt werden. Anders als in vielen Regenbogenfamilien wird hier daher kein Unterschied in der Ansprache zwischen Eltern und Co-Eltern gemacht. Es gibt nur Mamas und Papas. Wenn die Situation eine Unterscheidung verlangt, wird vor den Kindern von »Mama Katrin« und »Mama Annemarie«, von »Papa Torsten« und »Papa Konrad« gesprochen.

Katrin und Konrad sind so etwas wie das Gravitationszentrum der Konstellation, in der sechs Personen immerhin 15 verschiedene Beziehungen zueinander pflegen – als Paare, Geschwister, biologische Eltern, Co-Eltern, Schwager und Schwägerin. Während Annemarie gern offen und oft emotional über ihre Empfindungen spricht, empfindet Torsten ihr ständiges Psychologisieren aus jeder Laune heraus als ein Problem.

In Regenbogen-Konstellationen kommt es zwangsläufig zu der etwas kuriosen Situation, dass schwule Männer Beziehungsarbeit mit oft gleich zwei lesbischen Frauen leisten müssen und andersherum. Der Autor Alexander Schug sieht in queeren Familien daher manchmal einen erstaunlichen Sexismus am Werk, »bei dem gleichzeitig uralte heteronormative Familienleitbilder reproduziert werden: Männer können eh nicht mit Kindern umgehen, die Kinder gehören zur Mutter, der schwule Vater kann eh keine Verantwortung übernehmen, weil er ja dauernd feiern geht etc.«.[130]

So hart sind die Konfliktlinien bei den Jacob-Campe-Bernhards bei Weitem nicht, und die Geschwister sind es, die im Streitfall zwischen ihren jeweiligen Partnern vermitteln. Auf die Möglichkeit einer Trennung eines der beiden Paare angesprochen, sagt Katrin, dass die enge Verwandtschaft zwischen Konrad und ihr als Schutzfaktor wirke: »Wir können uns nicht einfach scheiden lassen.« Das hält die Familie zusammen.

Diese Bruder-Schwester-Konstellation hat einen ähnlichen Effekt wie eine Hochzeit in Fällen, in denen Scheidung keine Option oder nur um den Preis gravierender ökonomischer und sozialer Konsequenzen zu haben ist: Sie steigert die Frustrationstoleranz der Partner. Es werden Mittel und Wege (in diesem Fall in Gestalt von Geduld und offener Kommunikation) gefunden, wie man es trotz allem miteinander aushalten kann. Es hängt schlichtweg zu viel an der Beziehung, als dass man sie allzu leichtfertig hinwerfen könnte. Ohne damit nun zum Beispiel arrangierte Ehen romantisieren oder sich vergangene Zeiten und ihre Zwänge zurückwünschen zu wollen, wäre es eine Überlegung wert, zu fragen, inwiefern man diese Verbindlichkeit und den Willen zur Unverbrüchlichkeit heute noch gewährleisten kann.

Seit Albrechts Geburt ist etwas Routine ins Familienleben eingekehrt. Ella geht in die Kita, Annemarie, Torsten und

Konrad gehen ihren Jobs nach, Katrin ist nach wie vor arbeitslos und verbringt den Großteil ihrer Zeit mit Albrecht. Als sie vor einiger Zeit am Ende ihrer Kräfte war, weil der über Monate hinweg keine Nacht durchschlief, berief sie den Familienrat ein. Nun verbringt das Baby die Nächte regelmäßig im Zimmer der Männer, die Frauen bekommen wieder mehr Schlaf.

Annemarie plant ihre Arbeitswoche so, dass sie zweimal wöchentlich etwas Besonderes nur mit ihrer leiblichen Tochter Ella unternimmt. Sie gehen dann zum Schwimmen oder in den Zoo. Torsten und Konrad arbeiten unter der Woche und halten sich, wo immer möglich, das Wochenende frei. Annemarie ist das ganz recht so. »Würden die Jungs drei Nachmittage in der Woche etwas mit Ella unternehmen, würde mir das nicht passen. Da sind Frauen und Männer wahrscheinlich verschieden.« Davon, dass sich die Männer um Albrecht reißen, wie sie es bei Ella getan haben, kann keine Rede sein. Das zweite Kind und seine Regungen sind lange nicht mehr so aufregend, wie das alles beim ersten war.

Nicht nur in ihrem Bedürfnis, Zeit mit den Kindern zu verbringen, unterscheiden sich die Paare auffallend, sondern auch im Maße, in dem sie die Kindererziehung als befriedigend erleben. Es sind die Frauen, die sich den Kindern zum Großteil widmen. Dabei empfinden weder Katrin noch Annemarie die Mutterrolle als reduzierend. Annemarie hat sich gerade für einen Monat krankschreiben lassen. Nach Auseinandersetzungen mit ihrem Chef sucht sie einen neuen Job. Gäbe es Geld dafür, würde sie lieber zu Hause bleiben. »Ich brauche keinen intellektuellen Ausgleich. Ich will den Kindern gerecht werden«, sagt sie schulterzuckend.

Auch Katrin wäre gern bei Albrecht, bis der mindestens drei Jahre alt ist, obschon sie weiß, wie wichtig die Kita und der Kontakt mit gleichaltrigen Kindern für seine Entwicklung sind. Ihren Job vermisst auch sie nicht.

Für Torsten kommen nicht einmal ein paar Monate Elternzeit in Frage. Dabei fürchtet er nicht nur, den beruflichen Anschluss zu verlieren: »Ich brauche meine eigene Erfüllung und gehe ein, wenn ich den ganzen Tag nur mit dem Kind verbringe.« Demnächst wird er eine Woche allein in Urlaub fahren, um neue Songs zu komponieren. Obwohl Konrad die Elternzeit rückblickend als wichtig für seine Beziehung zu Ella ansieht, ist er froh, zurück im Job zu sein. »Man organisiert seinen Alltag und wartet, dass das Kind groß wird«, fasst er seine Elternzeit unsentimental zusammen.

In diesem Aspekt sind die Jacob-Campe-Bernhards vielleicht in größerem Maße traditionell, als man es aufgrund ihrer Konstellation vermuten könnte. Um es mit den Worten Eva Illouz' zu paraphrasieren, wird in homosexuellen Beziehungen das Geschlecht nicht in einen Unterschied und dieser nicht in Ungleichheit übersetzt.[131] Diese Beziehungen basieren dann auch nicht auf dem Geschlechterunterschied zwischen reproduktiver und ökonomischer Arbeit, wie sie charakteristisch ist für die traditionelle heterosexuelle Familie. Einfacher ausgedrückt: Anders als in heterosexuellen ist in homosexuellen Beziehungen die geschlechtliche Arbeitsteilung, das heißt die Rollenverteilung in Sachen Hausarbeit und Kindererziehung, viel weniger stark vorgezeichnet. In einer lesbischen Beziehung kann in vielen Fällen ausgehandelt werden, welche Frau das Kind austrägt, ob sie eventuell stillt und daher in der ersten Zeit zu Hause bleibt – und wer weiter arbeiten geht.

In der schwul-lesbischen Viererkonstellation der Jacob-Campe-Bernhards tritt der Geschlechtsunterschied doch wieder hervor: Die Frauen kümmern sich mehr um die Kinder, während es den Männern wichtiger ist, arbeiten zu gehen. Repräsentieren homosexuelle Paare mit Nachwuchs auf den ersten Blick eine ganz neue Art, Elternschaft zu denken, funktioniert diese jedoch, wie die Kulturwissenschaftlerin Christina von Braun feststellt, »nach demselben Raster wie heterosexuelle Elternschaft«.[132] Denn auch queere Neueltern sind meist in einer klassischen Heterofamilie aufgewachsen und übertragen das, was sie dort kennengelernt haben, auf ihre eigene Familiensituation mit Baby.

Der von der Organisation Promundo alle zwei Jahre herausgegebene Report über die globale Rolle von Vätern in der Care-Arbeit kommt zu dem Ergebnis, dass Väter jeden Tag mindestens 50 zusätzliche Minuten ihrer Zeit in die Kindererziehung und Hausarbeit investieren müssten, um ihren Gesamtanteil daran auf 50 Prozent zu bringen.[133]

Dabei existiert nicht einmal in der Hälfte aller Länder der Welt (konkret in 48 Prozent) eine bezahlte Elternzeit. Und selbst da, wo es sie wie in Deutschland gibt, nutzen sie Männer sehr selten. 85 Prozent aller Väter in sieben der untersuchten Länder geben an, sie würden »alles« tun, um sich in den ersten Wochen, Monaten und Jahren mehr um ihre Kinder kümmern zu können. Aber nur die wenigsten tun es dann auch tatsächlich, obwohl es ihr Lebensglück nachweislich steigern würde. Weil diese Arbeit als eines Mannes nicht würdig betrachtet wird – und zwar von ihnen selbst, ihren Arbeitgebern und sogar ihren Partnerinnen.

Auch die Jacob-Campe-Bernhards erscheinen auf einmal gar nicht mehr so avantgardistisch. Der Unterschied zur herkömmlichen Kleinfamilie besteht hier lediglich darin, dass die Paar- und die Elternbeziehungen voneinander entkoppelt sind und sich deshalb leichter miteinander vereinbaren lassen. Zwei Elternpaare ermöglichen es sich wechselseitig, auf unkomplizierte Art und Weise, für einige Zeit für sich zu sein. Wenn Katrin und Annemarie am Abend zusammen ins Kino gehen wollen, steht im Kühlschrank abgepumpte Milch für Albrecht bereit, ein Zimmer weiter wohnen zwei Väter, die sich um die Kinder kümmern. Diese wiederum erleben zwei Elternpaare, die tendenziell weniger gestresst sind und sich Zeit für ihre jeweiligen Bedürfnisse nehmen können, sie haben doppelt so viele enge Bezugspersonen und erwachsene Ansprechpartner als Kinder in einer herkömmlichen Kleinfamilie mit zwei Eltern – und dennoch Stabilität und Kontinuität in der Betreuung.

Zur Herausforderung, die das Zusammenleben von vier Erwachsenen darstellt, sagt Torsten: »Wir wollen alle mit den Kindern zusammen sein, also muss man sich arrangieren.« Auch für Konrad bedeutet das Leben mit zwei kleinen Kindern und drei anderen Erwachsenen vor allem mehr Zeit- und Kraftaufwand für die Organisation des Alltags. »Andererseits ist es natürlich gut, dass wir vier Erwachsene sind. Verglichen mit Paaren in regulären Zweierbeziehungen sind wir nicht permanent unausgeschlafen und haben geradezu luxuriös viel Zeit.«

Das Problem der nervlichen Überlastung durch die Anforderungen, die die moderne Existenz zwischen Familie, Job und einem Rest Freizeit, der jungen Eltern noch bleibt, darstellt, scheinen die Jacob-Campe-Bernhards wie nebenbei gelöst zu haben. Vier Eltern haben weniger Stress als zwei.

Dass sich eine Regenbogen-Konstellation nicht immer

so glücklich oder auch nur so unaufgeregt fügt wie bei den Jacob-Campe-Bernhards, davon kann Sven erzählen.

Mit Mitte dreißig spürte er, ein sanfter und reflektierter schwuler Mann, einen Kinderwunsch aufkommen. Über einen Verein für Regenbogenfamilien traf er ein lesbisches Paar, das sich ebenfalls ein Kind wünschte – und einen sozialen Vater dazu. Die drei ließen sich, so empfehlen es einschlägige Ratgeber, ein Jahr Zeit mit dem Kennenlernen und besprachen die gemeinsame Familiengründung in allen denkbaren Details. Die Idee war, dass das Kind mit den Frauen leben, aber häufigen und regelmäßigen Umgang mit Sven haben würde. Die drei setzten eine Art Manifest auf, das alles regelte: von der Höhe der Zahlungen, die Sven den Frauen für die Alltagskosten des Kindes zukommen lassen würde, bis zur Frage, wie sie mit sich einstellenden Konflikten umgehen wollten. Was auch darin stand: »Es ist ausdrücklicher Wunsch aller Parteien, dass das Kind in ihm einen Vater hat, der am Erziehungs- und Entwicklungsprozess aktiv teilnimmt.«

Die Höhe des Kindesunterhalts ist dabei von Sorgerechtsfragen genauso unberührt wie davon, ob das Kind in einer ehelichen, unehelichen oder in einer freundschaftlichen Beziehung auf die Welt kommt. Es zählt allein, welcher der beiden biologischen Elternteile das Kind betreut, also tagtäglich anfallende Kosten hat, an denen sich der andere Elternteil beteiligen soll. Selbst wenn das Kind im Wechselmodell bei den Eltern lebt, also bei beiden Parteien zu gleichen Teilen, kann bei großen Gehaltsunterschieden zwischen den Elternteilen Unterhalt fällig sein. Abhängig vom Alter des Kindes und dem Einkommen des unterhaltspflichtigen Elternteils liegt die Höhe des Kindesunterhaltes derzeit etwa zwischen

330 und 800 Euro. Berechnet wird sie anhand der sogenannten Düsseldorfer Tabelle[134], die jedoch lediglich eine Empfehlung darstellt und kein bindendes Gesetz. Sven und die beiden Frauen vereinbarten, dass er die Kitagebühr und Geld auf ein separates Konto zahlen sowie sich an größeren Anschaffungen für das Kind beteiligen würde.

Kurze Zeit später wurde eine der beiden Frauen durch Svens Samenspende schwanger. Das Kind, eine Tochter, ist heute vier Jahre alt und lebt zunächst wie geplant bei seinen Müttern. Sven jedoch sieht das Kind lediglich einmal in der Woche; auf einem Bildschirm, wenn er mit ihm videotelefoniert, wenn er im Beisein einer Aufpasserin vom Jugendamt ein paar Stunden mit ihm spielen darf, und zuletzt einmal pro Woche beim Kindersport. Dieses Umgangsrecht hat er anwaltlich erstritten. »Ich weiß nicht, was passiert ist«, sagt er und wirkt verzweifelt, »aber irgendwas hat die beiden Frauen gegen mich aufgebracht.«

Schon kurz nach der Geburt sei es ihm vorgekommen, als könne er nichts mehr richtig machen. Erschien er mit einer Zeitung zum verabredeten Sonntagsspaziergang mit dem Kind, warfen ihm die Frauen vor, er wolle lesen, statt sich auf das Mädchen zu konzentrieren. War seine Tochter am Tag nach einem Treffen mit ihm erkältet, hatte er es in den Augen der Frauen ganz sicher angesteckt. »Dann haben sie mir das Kind nach und nach entzogen.« Seit die biologische Mutter des Mädchens behauptet hat, Sven habe sie im Streit geschubst, treffen sich die drei Erwachsenen nur noch vor dem Familiengericht. Als Sven, ebenfalls wie anfangs vereinbart, das Kind zur Stiefkindadoption durch die Co-Mutter freigab – in der Hoffnung, dass die Frauen ihm im Gegenzug mehr Umgangsrechte zugestehen würden –, entzogen sie ihm das Kind noch weiter. Er sagt, erst als er sich einen Anwalt nahm, wurde er von den Frauen ernst genommen. Die Adoption konnte er jedoch nicht mehr rückgängig machen.

Sven hat das nicht nur von ihm ersehnte Kind mitgezeugt und leidet darunter, dass er nun nicht wie vereinbart mit ihm umgehen kann. Er hat keinen Einfluss darauf, wie ihn die Mütter dem Mädchen gegenüber darstellen, und hofft, irgendwann ein besseres Verhältnis zu seiner Tochter aufbauen zu können. Die nennt ihn »Papa«. Bis heute zahlt er den monatlichen Kindesunterhalt auf ein Konto ein, auf das seine Tochter mit 18 Jahren Zugriff haben wird.

Die Frauen haben mit der Geburt ihres Wunschkindes den Dritten im Bunde wieder ausgeschlossen und sich einstweilen in die Kleinfamilie zurückgezogen. In diesem Fall heißt die eben: Mutter, Mutter, Kind. Sven haben sie in die Rolle des bloßen Samenspenders gedrängt – eine überzählige Person, von der man am liebsten hätte, dass sie verschwindet.

Das erinnert nicht zufällig an den vierfach oscarnominierten Hollywoodfilm »The Kids Are All Right« aus dem Jahr 2010, in dem die beiden jugendlichen Kinder eines lesbischen Paares ihren bis dahin anonymen Samenspender ausfindig machen. Der biologische Vater bringt die denkbar bürgerliche Normalität der Regenbogenfamilie dermaßen aus dem Gleichgewicht und stürzt die Ehe der Frauen in eine so große Krise, dass er am Ende mit den Worten »Das ist nicht deine Familie« wieder aus derselben ausgeschlossen werden muss. »Anschaulich zeigt dieser Handlungsgang also«, so der Kulturwissenschaftler Andreas Bernhard, »dass immer dort, wo es um assistierte Empfängnis geht, sofort das Problem der Aufrechterhaltung und Überschreitung poröser Familiengrenzen verhandelt wird.«[135] Weil diese Familie ohne »natürliche« Zeugung entstanden ist, muss ihre Einheit später auf einer symbolischen Ebene umso stärker performt werden. Häufig spielt sicherlich auch eine Rolle, dass queeren Eltern von der Gesellschaft die Legitimation als »richtige« Eltern abgesprochen wird, die Außenkräfte also Zweifel sähen, die in der Familie selbst umso entschiedener zerstreut werden müssen.

Das kann funktionieren, muss es aber nicht. Nachdem auch die Co-Mutter ein Kind von einem Samenspender bekommen hatte, trennten sich die Frauen. »Die Phalanx ist gebrochen«, sagt Sven. Es sieht so aus, als dürfe er seine Tochter in Zukunft öfter sehen. Die leibliche Mutter braucht, so seine Vermutung, als Alleinerziehende schlicht Hilfe.

Die Entwicklung macht ihn froh, gleichzeitig appelliert er an Queers mit Kinderwunsch, sich vor der Gründung einer Regenbogenfamilie über die Verantwortung klar zu werden, die es bedeutet, ein Kind die Welt zu setzen. Auch die Autoren des »Regenbogenväterbuchs« plädieren dafür, dass alle Beteiligten ehrlich zu sich selbst und zueinander sind, dass sie offensiv mit ihren Wünschen und Hoffnungen umgehen und klären, wie viel Verantwortung, Zeit und andere Ressourcen sich alle zutrauen. Eltern sollten immer versuchen, Konflikte zu lösen. »Ein Mittwochnachmittag, oder allgemeiner gesagt, wenige Stunden Kind in der Woche ohne zusätzliche Extrazeiten wie zumindest Feiertage oder Ferientage, das wird dem Kind nicht gerecht«, schreibt Eberhard Schäfer, Gründer des »Väterzentrums Berlin«, das Väter und Mütter berät.[136] Schäfer kritisiert die allzu bescheidene Haltung vieler schwuler Männer in Bezug auf die Wochen, Tage und Stunden, die sie mit ihren Kindern verbringen. »Dem Vater kommt das vielleicht zupass, aber dem Kind wird so wenig Zeit gewiss nicht gerecht! Das Kind, es will, verdient und es braucht – mehr Vater!«[137]

Die Geschichte der Jacob-Campe-Bernhards stand ganz am Anfang meiner Beschäftigung mit dem Thema Familie und war die Initialzündung zu diesem Buch. Als ich die Eltern nochmals kontaktiere, um sie ihr Familienporträt autorisieren zu lassen, hat Torsten eine wichtige Ergänzung: »Es kommt ein wenig so rüber, als würden wir Papas – ganz nach klassischem Rollenverständnis – möglichst viel an Erziehungsarbeit und gemeinsamer Zeit mit den Kindern an die Mamas abgeben.« Das nage an ihm. »Bis auf wenige Ausnahmen oder Übergangsphasen haben wir aber immer 50 Prozent der Care-Arbeit übernommen«, sagt er. »Wir hatten fast von Anfang an, zumindest seit die Kinder tagsüber außer Haus betreut wurden, einen festen 50/50-Wochenplan. Selbst unser Hauptjahresurlaub ist im zweijährigen Rhythmus getaktet, abwechselnd mit und ohne Kinder.« Mit zwei Schulkindern im Haus, die im Alltag schon sehr selbstständig seien, machten Unterhaltungen und gemeinsame Unternehmungen nun tatsächlich großen Spaß. »Vielleicht ist *das* ja typisch Mann, dass wir mehr Bezug zu den großen Kindern haben und uns bis dato keine vorherige Phase zurückwünschen.«

Die Jacob-Campe-Bernhards sind derzeit in einem Baugemeinschaftsprojekt aktiv, in zwei Jahren werden die sechs umziehen – in zwei unmittelbar benachbarte Wohnungen.

Vom Glück der Single-Mütter

Warum weniger Eltern manchmal mehr sind

Genau wie Queers bekommen längst auch Single-Frauen Nachwuchs. Trotzdem zählt das Dasein als alleinerziehender Elternteil für die meisten Menschen nach wie vor zu den Situationen im Leben, die man sich nicht aus vollem Herzen aussucht, sondern in die man eher hineingeschubst wird. Kaum jemand träumt davon, mal mit einem oder mehreren Kindern zusammenzuleben, ohne die zweite Person, die zum Werden dieser Kinder beiträgt, oder einen anderen Erwachsenen, der eine Elternrolle übernimmt. Zu hart erscheint so ein Leben, besonders solange die Kinder noch klein sind.

Laut Statistischem Bundesamt waren 2019 in Deutschland 19 Prozent aller Familien solche mit einem Elternteil – also fast jede fünfte. Das betrifft 2,3 Millionen Kinder. 90 Prozent der Alleinerziehenden sind Frauen.[138] In Berlin bestehen sogar 27,6 Prozent der Familien aus lediglich einem Erwachsenen.[139] Zahlen darüber, wie viele sich bewusst für dieses Leben entschieden haben, existieren nicht. Dabei werden Ein-Eltern-Familien im Allgemeinen als etwas Defizitäres wahrgenommen. Ein Plan ist nicht aufgegangen, eine Familie zerbrochen. Damit geht häufig eine schwierige ökonomische Situation einher. Alleinerziehend sein gilt als Armutsrisiko. Die Hälfte aller Väter von Kindern alleinerziehender Frauen zahlt keinen Unterhalt. Laut Statistischem Bundesamt waren 2018 im früheren Bundesgebiet mehr als 40 Prozent der in Alleinerziehenden-Haushalten lebenden und in den neuen Ländern samt Berlin sogar 44,5 Prozent dieser Personen armutsgefährdet. Das heißt, sie hatten nur 60 Prozent des mittleren Haushalts-Nettoeinkommens zur Verfügung. 40 Prozent von ihnen waren auf Hartz IV angewiesen. Zum Vergleich: Bei Paaren mit zwei Kindern im Haushalt gilt »nur« jedes zehnte aufgrund seines geringen Einkommens als von Armut bedroht.[140]

Auch wenn konservative Kräfte es gern so darstellen: Alleinstehende Mütter sind kein modernes Phänomen. Im Wien der 1850er- und 1860er-Jahre soll zum Beispiel jedes zweite Kind unehelich auf die Welt gekommen sein; in Mitteleuropa waren zu dieser Zeit in etwa zehn bis 20 Prozent aller Kinder »illegitim«. Der Historiker Rainer Beck spricht in der Phase des Übergangs von traditioneller Gesellschaft zum industriellen Kapitalismus sogar von einer »Ära der ledigen Mütter«.[141] Im französischen Code Civil von 1804 formulierte der Gesetzgeber ganz explizit: »Die Suche nach der Vaterschaft ist verboten.« Diese Neuerung – die Einführung des Maternitätsprinzips – verschob von da an für mehr als 100 Jahre die Verantwortung für ein Kind (und vor allem dessen Erbansprüche) vom Vater auf die Mutter. Auf einmal waren es nicht mehr die Männer, die »Bastarde« in die Welt setzten, sondern die Frauen. Man schob ihnen – und allein ihnen – die Verantwortung für den Nachwuchs zu, und das wirkt bis heute nach.

Selbst der als recht progressiv geltende Familientherapeut Jesper Juul schrieb zum Thema Elternteile: »Mit einem kann man gut überleben, mit zwei kann man wunderbar leben.«[142] Überleben ginge also gerade so, ein gutes Leben sei dagegen leider nicht drin. Ein Befund, der genauso deprimierend ist wie dieser Radio-Hit aus dem Jahr 2017: »Wenn sie tanzt« von Max Giesinger. Ein gefälliger Song über eine erschöpfte Mutter mit 50-Stunden-Woche, die sich heimlich fragt, wie es gewesen wäre ohne Kinder: »Wenn sie tanzt, ist sie woanders / für den Moment, dort, wo sie will.« Das Stück ist eine Ausbruchsfantasie aus der lauwarmen Hölle des Alltags als Alleinerziehende. Einem Alltag, den man, wenn man das so hört, wirklich niemandem wünscht.

Doch wer, wie ich selbst noch vor Kurzem, der Meinung ist, dass alleinerziehend sein nun wirklich das Letzte ist, was man sich erträumt, wird von Julika und Maria schnell eines Besseren belehrt. Sie sind glückliche, vollends absichtlich Alleinerziehende, und zwar in dem Sinne, dass sie für ihre Kinder tatsächlich ständig und immer alleinverantwortlich sind. Und seit ich sie kenne, denke ich, dass das unter bestimmten Umständen die einfachere Aufgabe ist, als ein Kind zu zweit großzuziehen.

Ein sonniger Herbstnachmittag auf dem Spielplatz. Inmitten von lärmenden Kindern, anderen Müttern und ein, zwei Vätern erzählt Julika ihre Geschichte so offen und für alle Umsitzenden deutlich vernehmbar, wie es nur jemand tut, der über viel Selbstbewusstsein verfügt und nichts zu verbergen hat. Julikas Sohn Bela, gerade drei Jahre alt geworden, rennt über den Spielplatz, vertieft sich ins Sandbuddeln und kommt nur zurück, um seine gesammelten Kastanien herzuschenken.

Julika war 31, als sie auf einer mehrmonatigen Neuseelandreise schwanger wurde, bei einem One-Night-Stand. Eigentlich nahm sie die Pille, hatte die Packung vor der Abreise aber nicht finden können. Das Kondom rutschte ab, sie nahm gleich am nächsten Tag die Pille danach. Vergebens. »Schwanger nach einem One-Night-Stand. Ich hatte das Gefühl, ein schlechtes Klischee zu sein, und saß jeden Tag heulend am Steuer meines Mietwagens«, erzählt sie. Der Mann machte von Anfang an deutlich, dass er wegen des Kindes nicht auf die andere Seite des Erdballs ziehen würde. Als sie ihrer Mutter am Telefon unter Tränen von der Schwangerschaft erzählte, stimmte die so gar nicht in Julikas Klagelied ein, sondern freute sich im Gegenteil sehr. Sie kannte das Leben als Alleinerziehende sehr genau, hatte sie Julika doch selbst ohne Partner oder Partnerin großgezogen. »Meine Mutter kennt mich und hat sich da keine Sorgen gemacht. Ich habe es mir ja auch selbst zugetraut – wobei ich niemand bin, der kritische Stimmen hört, wenn er sie nicht hören will«, räumt Julika ein. Außerdem wollte sie, die Kinderpsychologie studiert hat, immer Kinder haben, am liebsten vier. »Ich hätte nur nicht gedacht, dass es so ungeplant passieren würde. Meine bisherigen Beziehungen waren immer kurz. Ich dachte also, dass ich sowieso mal Single-Mama werden würde, vielleicht mit Mitte dreißig und einem schwulen Freund. In einer Beziehung hätte ich mir und dem Kind bis 36 die Chance gelassen, in einer *normalen* Konstellation aufzuwachsen.« Jetzt war es eben anders gekommen. Julika sagt, sie habe nie auch nur darüber nachgedacht, das Baby nicht zu bekommen.

Zurück zu Hause, recherchierte sie zum Thema Alleinerziehende und fand keinerlei positive Erfahrungsberichte.

Erst zwei Freundinnen in ähnlichen Situationen konnten ihr Mut machen. »Durch die hatte ich das Gefühl, dass das schon alles wird.« Als Journalistin verdiene sie genug Geld für zwei, und mental sei sie sowieso bereit gewesen für ein Kind.

Ihre Mutter war bei der Geburt dabei, danach war Julika auf sich allein gestellt. Das erste Jahr sei hart gewesen. Nicht einmal duschen habe sie gekonnt, ohne dass Bela im Raum war. Einsam habe sie sich nie gefühlt, »aber in den ersten Wochen dachte ich abends schon: Wenn ich jetzt nicht mit jemandem rede, werde ich verrückt. Dann habe ich Bela in den Kinderwagen gepackt und mich mit jemandem getroffen. Dann war's gut.« Sie war froh, gute Freunde zu haben, viele neue kamen hinzu. Der Alleinerziehenden-Verband, den sie für Frauen in ihrer Situation gegründet hat, zählt inzwischen 700 Mitglieder.

Julika hat sich möglichst früh um Hilfe bemüht. Als Bela zweieinhalb Monate alt war, engagierte sie jemanden, der mit dem Baby im Kinderwagen spazieren ging und Julika ein wenig Zeit für sich selbst verschaffte. Kurze Zeit später fand sie die Babysitterin, die bis heute regelmäßig auf Bela aufpasst und auch oft auf Reisen mit dabei ist. Vier bis fünf Monate im Jahr ist Julika wegen ihres Jobs in der Welt unterwegs. Sie ist flexibel in ihren Arbeitszeiten und verdient nach wie vor genug Geld, um Bela jeden Tag um halb vier aus der Kita zu holen, den Rest des Tages mit ihm auf dem Spielplatz oder im Kindercafé zu verbringen oder Freundinnen und Freunde mit Kindern zu treffen. Streit um Betreuungszeiten, den Haushalt und Erziehungsfragen kennt sie genauso wenig wie ausbleibenden Sex.

Vor Kurzem musste sie auf eine arbeitsintensive und anstrengende Kurzreise und ließ ihren Sohn das erste Mal für zwei Nächte in der Obhut der Babysitterin. Ich frage Julika, ob sie ihr Kind vermisst habe. »Das wäre doch egoistisch. Es geht ja ums Kind, und solange es dem gut geht, sollte die eigene Befindlichkeit keine Rolle spielen«, sagt sie. »Zum einen klagen Mütter über Überforderung, gleichzeitig wollen sie ihre Kinder nicht mal deren eigenen Vätern anvertrauen. Das verstehe ich nicht.« Familie, die einspringen könnte, hat sie nicht in der Nähe, ihre Freundinnen und Freunde haben selbst Kinder oder seien doch nicht ganz so gern bereit, sich um Bela zu kümmern, wie sie in der Schwangerschaft angekündigt hätten. »Alle Hilfe, die ich habe, ist bezahlt.« 400 Euro kostet sie die Betreuung ihres Kindes im Monat. Und sie ist froh, dass Bela jetzt so selbstständig ist, dass er seinen Namen und seine Adresse kennt – für den Fall, dass er mal in der Menge verloren geht.

Weder sie noch ihr Kind kennen es anders, als es ist. Hier ist keine Beziehung zerbrochen, kein Traum von einer Familie geplatzt, das Kind war erwünscht und wird ganz offensichtlich geliebt. All das trägt sicherlich viel dazu bei, dass Julika mit ihrem Leben so zufrieden wirkt.

Und selbst wenn sie es nicht zu jedem Zeitpunkt ist, was ziemlich wahrscheinlich ist: Wo wäre das Problem?

Als eine Freundin der US-amerikanischen Autorin und damals zweifachen alleinerziehenden Mutter Katie Roiphe zu bedenken gibt, dass Roiphes Kinder angesichts ihrer Scheidung, der zwei verschiedenen Väter, der Jahre, die sie allein verbracht hat, vielleicht okay wirkten, es aber möglicherweise nicht seien und der Schaden so tief liege, dass er sich nicht gleich zeige, entgegnet Roiphe: »Vielleicht kann es Kinder in gewisser Weise resilienter oder *okayer* machen als konventionell behütete Kids, wenn sie beobachten, wie kompliziert oder unperfekt das Leben sein kann. Vielleicht betrachten die Kinder von Single-Müttern diese zu einem früheren Zeitpunkt als echte Menschen statt als vorgestanzte Cartoon-Figuren, und vielleicht kann diese frühe Einsicht ihnen später im Leben helfen.«[143]

Die Psychologin Mathilde Brewaeys vom Medizinischen Zentrum der Freien Universität in Amsterdam hat 128 Mütter mit Kindern im Alter zwischen anderthalb und sechs Jahren zu ihren jeweiligen Lebenssituationen befragt: 59 von ihnen befanden sich in Heterobeziehungen, die anderen 69 waren Alleinerziehende, die sich entschieden hatten, ein Kind zu bekommen, ohne dass es einen sozialen (zusätzlich zum auch in dieser Konstellation notwendigen biologischen) Vater dazu gab. Mit Hilfe psychologischer Standardtests zum Verhalten der Kinder und Untersuchungen des sozialen Umfelds der Ein-Eltern-Familien fand Brewaeys heraus, dass sich alle befragten Mütter etwa in gleichem Maße gestresst fühlten. Die alleinerziehenden Mütter allerdings verfügten über ein viel größeres soziales Netz, das sie im Alltag unterstützte und den nicht vorhandenen Partner oder die nicht vorhandene Partnerin zumindest teilweise ersetzte.[144]

Noch interessanter und um einiges überraschender ist ein anderer Befund: Laut einer 2019 veröffentlichten Studie der Soziologinnen Joanna Pepin, Liana C. Sayer und Lynne M. Casper verwenden liierte Mütter in den USA im Durchschnitt täglich 2,95 Stunden auf die Hausarbeit – und damit ganze 32 Minuten mehr als Single-Mütter. Dieser Unterschied gilt allerdings nur für Frauen in Heterobeziehungen. Der Grund sei, so die Forscherinnen, dass Mütter in Beziehungen mit größerer Wahrscheinlichkeit »Gender performen«, also kochen, Wäsche waschen und putzen – ganz so, wie es das Stereotyp von der »guten« Frau von ihnen verlangt, ohne darin ausreichend Unterstützung von ihren Partnern zu verlangen und/oder zu bekommen. Die Zeit, die die Frauen andernfalls zur freien Verfügung hätten, wird in Beziehungen zu einer Haushaltsressource.[145] Und das nicht unbedingt immer auf Betreiben der Männer. »Ich würde liebend gern die Muffins für die Kita-Geburtstagsfeier unserer Tochter backen«, sagte neulich ein Bekannter zu mir. »Ich backe sehr gern und lasse mir dieses Terrain ungern streitig machen. Aber meine Freundin lässt mich nicht.« Denn Muffins backen gehört zu ihrer Vorstellung von guter Mutterschaft, genau wie ein allzeit sauberer und geschmackvoll ausgestatteter Haushalt.

Mein Bekannter könnte darauf bestehen, die Muffins selber zu backen, aber wer braucht in einer Beziehung mit zwei arbeitenden Erwachsenen und einem kleinen Kind noch einen zusätzlichen Konflikt? Das Fazit der Zeitaufwands-Studie lautet: »Sie zeigt, dass Männer nicht zwangsläufig in einer Art und Weise zur Hausarbeit beitragen, dass sich im Haushalt Gleichberechtigung einstellt«[146], so die Forscherinnen, die ironischerweise herausfinden wollten, wie viel mehr Hausarbeit alleinerziehende Mütter erledigen.

Dazu passt, was eine gute Freundin mir einmal erzählte: Vor der Geburt ihrer Tochter dachte sie immer, dass es rein kräftemäßig auf jeden Fall zwei Menschen brauche, um ein Kind durch die ersten Monate und Jahre zu bringen. »Aber dann hat mein Freund mich dermaßen alleingelassen mit der Verantwortung und Sorge für unsere gemeinsame Tochter, dass ich gemerkt habe: Ich schaffe das alles ganz allein.« Nach der Trennung sei ihre Arbeitsbelastung sogar gesunken. Diese Erkenntnis hat die Autorin Hanna Rosin in ihrem Buch »Das Ende der Männer und der Aufstieg der Frauen« beschrieben, in dem sie u.a. analysierte, dass Frauen heute viel weniger von der Ehe bekommen, als es Männer gemeinhin tun. Viele Frauen stehen ohnehin auf eigenen Beinen und brauchen nicht noch jemanden, um den sie sich kümmern müssen.

»Als Single-Mütter sind wir Autokratinnen in unseren winzigen Republiken«, schreibt Katie Roiphe in »The Power Notebooks«, ihrem Buch über Liebe und Macht. »Männer werden in diesem Kontext außergewöhnlich, unnötig, ein interessanter Luxus. Die Idee, einen zu beherbergen, erscheint exzentrisch oder bahnbrechend, auf jeden Fall aber extrem.«[147]

Mehr Zeit, weniger Hausarbeit: so viel also zu einem der überraschenden Vorteile des Single-Mütter-Daseins. Nach den Nachteilen ihres Modells gefragt, muss Julika lange nachdenken, und trotzdem fällt ihr nicht viel ein. Wenn sie mit Gepäck am Flughafen stehe und Bela wegrenne, vielleicht? »Ich habe aber auch ein cooles Kind. Da gibt es sicher anstrengendere.« Bela sei offen, was andere Leute angeht, und stelle sich leicht auf neue Betreuungspersonen und -situationen ein. »Ich habe auch ein gutes Gespür dafür, wen er mag, und suche die Leute dementsprechend aus. Ich bezahle lieber einen Babysitter, den er gernhat, als ihn bei einer Freundin zu lassen, bei der er sich nicht wohlfühlt.« Am liebsten würde Julika von ihrer derzeit Drei- in eine Vierzimmerwohnung ziehen und einer Studentin ein Zimmer zum Wohnen gegen drei Mal wöchentliches Babysitten am Abend zur Verfügung stellen. Nicht damit sie arbeiten kann, sondern um auszugehen. »Anders habe ich gar keine Chance, Männer zu treffen.«

Und Männer lernt sie – anders, als sie früher dachte – viele kennen. »Ich habe mehr Dates als jemals zuvor. Obwohl ich verstehen könnte, wenn jemand von meinem Kind abgeschreckt wäre. Aber wenn ein Mann davor Angst hat, ist er sowieso kein Typ für mich. Ich habe ein neues Selbstbewusstsein. Mein Leben ist interessant, es ist vollständig, und ich bin auch noch eine coole Mutter!«

Bald werden Julika, Bela und ein Au-pair fünf Wochen in Neuseeland verbringen. Julika zahlt der jungen Frau Flug, Unterkunft und ein Gehalt, sie kennt Leute in Auckland, wird dort arbeiten und ausgehen – und Bela soll auch Zeit mit seinem Vater verbringen. Dem hat Julika viel Zeit und Raum gelassen, sich an den Gedanken zu gewöhnen, dass er jetzt ein Kind hat. Sie versicherte ihm, dass sie kein Geld von ihm wolle, hat Bela seinetwegen einem Vaterschaftstest unterzogen, hat ab und zu Fotos von dem Kind geschickt, hat zugunsten der guten Beziehung sogar auf den Unterhaltsvorschuss verzichtet, den der deutsche Staat sich per Klage beim säumigen Vater wiedergeholt hätte[148] – alles, damit Bela irgendwann erfahren kann, woher er stammt. Julika sagt, für sie sei es das Schlimmste, ihrem Kind sagen zu müssen, dass es zwar einen Vater hat, ihn aber nicht sehen kann.

Mit dem Kontakt zum Vater hat sie die Triangulierung ermöglicht, also das im klassischen psychoanalytischen Verständnis grundlegende Hinzutreten einer dritten Person zur dyadischen Beziehung zwischen Mutter und Kind. In den meisten Fällen ist das der Vater, der neueren Lehrmeinungen zufolge als gleichwertig neben der Mutter betrachtet wird. Die Triangulierung kann aber prinzipiell durch jede dritte Person im Nahbereich des Kindes übernommen werden, etwa auch durch eine Vaterfigur oder Co-Mutter. Sie hilft dem Kind bei der Ablösung von der Mutter (und später von der Abhängigkeit von den Eltern als bedingungslos geliebte Personen) und ist damit ein wichtiger Schritt in der Autonomie-Entwicklung. Entscheidend dabei ist, dass sich die dritte Person von der Mutter unterscheidet, ohne diese dabei in Frage zu stellen, und dass sie andere Lösungsansätze für Probleme bietet.

Unter Experten gilt es als unstrittig, dass die radikale Ausgrenzung eines Elternteils für ein Kind problematisch ist und eine mutter- oder vaterlose Kindheit immer Spuren hinterlässt. Dennoch gilt es als erwiesen, dass Kinder in Ein-Eltern-Familien in keinerlei Hinsicht unter schlechteren Entwicklungsbedingungen aufwachsen und nicht häufiger psychische und soziale Störungen aufweisen als andere Kinder. Oft verfügen sie sogar über bessere soziale Kompetenzen und eine größere psychische Reife als Kinder aus Zwei-Eltern-Familien, sind eher in der Lage, Verantwortung zu übernehmen, zeigen oft eine größere Kooperationsbereitschaft und sind sensibler für gesellschaftliche Diskriminierungen. Zudem verfügen sie über flexiblere Rollenauffassungen von Mann und Frau als Kinder aus traditionellen Familien.[149]

Mittlerweile haben Julika, Bela und der Vater regelmäßig Kontakt, Letzterer entdecke so langsam seine Gefühle für Bela, erzählt Julika. »Unser Aufenthalt in Neuseeland wird ein großer Wendepunkt für uns alle«, sagt sie. Und träumt schon davon, Bela später, wenn er zur Schule geht, in den Ferien in den Flieger zu setzen, damit er Zeit mit seinem Vater verbringen kann.

Es gibt nur eines, worüber Julika sich in ihrer Situation beschwert: die ganz offensichtliche Ungerechtigkeit, dass sie als Alleinerziehende mehr Steuern zahlt als ein verheiratetes Paar mit Kindern, das vom Ehegattensplitting profitiert. Ab einem Jahreseinkommen von 57 052 Euro greift bei unverheirateten Singles wie bei Alleinerziehenden der Spitzensteuersatz von 42 Prozent. »Dieses Land ist steuerrechtlich darauf ausgelegt, verheiratete Frauen finanziell klein- und den männlichen Familienernährer großzuhalten«, so Miriam Hoheisel, Geschäftsführerin des Verbandes Alleinerziehender Mütter und Väter.[150] Das mache einmal mehr deutlich, dass es dem Gesetzgeber nicht darum gehe, Kinder besserzustellen, sondern Traditionen zu wahren. »Ich will nicht, dass der Staat mich bevorzugt«, so die alleinerziehende Mutter und Autorin Michèle Loetzner. »Ich möchte mit meinem Kind nur nicht weiter benachteiligt werden.«[151]

Daneben stört Julika vor allem eines: »Ich würde mir wünschen, dass Co-Parenting[152] und andere alternative Familienmodelle viel normaler werden, damit Frauen ab 30 oder 35 nicht denken, sie müssten mit dem ersten Deppen, der auf sie steht, ein Kind zeugen. Das ist für keinen der Beteiligten gut. Wie viel schöner wäre es, wenn nur Leute ein Kind bekämen, die wirklich Lust haben, sich um es zu kümmern.«

Als Julika das sagt, fühle ich mich ein bisschen gemeint. »Als ich meinen Freund, der keine Kinder wollte, damals verließ, tat ich das für einen anderen. Es war, als wütete eine unbewusste Macht in mir, mit der ich diesen anderen Mann binnen kürzester Zeit ebenfalls entzündete, die uns zueinander führte und aneinander band. Er war ebenso wenig ein Depp wie ich, aber zwischen uns flackerten ständig so viele widersprüchliche Gefühle auf – ich liebte ihn, trauerte aber auch dem nach, den ich verlassenen hatte, er liebte mich, sah sich aber auch zum Samenspender degradiert –, dass ein Kind unsere Verbindung wahrscheinlich nicht befriedet hätte. Im Gegenteil. Nach zehn Monaten des anhaltenden Dramas trennten wir uns. Neulich standen wir Gin Tonics trinkend zusammen an einer Bar und stießen darauf an, dass wir diese intensive, irre anstrengende, aber auch unwirklich schöne Zeit hinter uns gebracht hatten und seither so etwas wie Freunde geworden sind – und eben keine Eltern.«

Julika jedenfalls denkt schon über das zweite Kind nach. Eine Studie des Max-Planck-Instituts für demografische Forschung aus dem Jahr 2015 kam zu dem Ergebnis: Je unzufriedener Eltern mit ihrem Leben nach der Geburt des ersten Kindes sind, desto unwahrscheinlicher ist es, dass sie noch ein zweites Kind bekommen. Es gilt als erwiesen, dass die sinkenden Geburtenraten in Industrieländern nicht ausschließlich mit der Zahl der Menschen erklärbar sind, die gar keine Kinder bekommen, sondern mit der steigenden Zahl von Familien, die sich nach der ersten Schwangerschaft gegen weiteren Nachwuchs entscheiden.[153]

Nicht so Julika. Sie möchte das zweite Kind im Rahmen eines Co-Parenting-Arrangements bekommen, entweder durch die Samenspende eines schwulen Freundes – gefragt hat sie ihn schon – oder durch einen Mann, den sie in einer entsprechenden Online-Community zu treffen hofft. Sie hat sich auf familyship.org registriert, wo sich Menschen jedweder sexuellen Orientierung kennenlernen können, um ohne romantische Absicht zusammen Kinder zu zeugen und großzuziehen. »Getrennte Familien sind doch auch nur Co-Parenting, plus das Gepäck an verletzten Gefühlen, neuen Partnern, Reue und Eifersucht«, sagt Julika und zuckt mit den Schultern.

Vielleicht ist es genau diese Pragmatik, die sie neben ihren nicht zu unterschätzenden Privilegien als gut ausgebildete, gut verdienende Frau mit einem gesunden Kind zu einer glücklichen Alleinerziehenden macht. Gepaart mit einem Sinn für die eigenen Ressourcen, und wie man diese schont, sowie der Bereitschaft, nach kreativen Lösungen zu suchen. »Mütter mit Partnern können hier von Single-Moms lernen, und es würde nicht wundern, wenn sich das viel zu traditionelle und überladene Mutterbild in Deutschland auch dank der Single-Mütter langsam modernisieren ließe«, schreibt die Autorin Christina Mundlos über Single-Frauen, die auf eigene Faust ein Kind bekommen.[154]

Viele von Julikas Eigenschaften als Mutter treffen auch auf Maria zu. Dass ich von ihr kein Jammern zu hören bekommen würde, hatte sie schon vor dem ersten Treffen klargestellt. »Ich finde es anstrengend, wenn sich Leute ständig beschweren. Besonders, wenn es dann noch Frauen sind, die sich als Alleinerziehende bezeichnen, aber einen Vater im Hintergrund haben, der Unterhalt zahlt. Das ist so unfair, auch den Männern gegenüber. Ich bin gern mit meinem Kind zusammen, ich arbeite gern. Ich habe ja keine fünf Kinder, sondern eins.«

Maria macht damit auf einen wichtigen Unterschied aufmerksam: den zwischen allein- und teilerziehend. Für die eigenen Ressourcen, sei es Geld, Zeit oder Kraft, kann es erheblich sein, ob man der oder die einzige Verantwortliche im Leben eines Kindes ist oder ob es einen oder gar mehrere weitere Erwachsene gibt, die sich ganz praktisch und mental an der Erziehung beteiligen – zu welchen Anteilen auch immer. Und das sei hier noch einmal in aller Deutlichkeit gesagt: Sowohl Maria als auch Julika sind auch als Alleinerziehende relativ wohlhabend, während für die meisten Frauen auf der Welt, die Kinder bekommen, nach wie vor eine feste Partnerschaft entscheidend für ihr ökonomisches Wohlergehen ist. Doch auch wenn die beiden Frauen Ausnahmen sind, stellen sie eine Wirklichkeit dar. Eine Wirklichkeit, in der das Alleinerziehendendasein eben auch ein großes Glück sein kann »und nicht nur Hartz IV, Einsamkeit und den Abstieg ins Elend bedeuten muss«, wie die (inzwischen ehemalige) Single-Mom Caroline Rosales in ihrem gleichnamigen Buch schreibt. »Die Freiheit, das Single-Dasein, es birgt Versuchung und Gefahren, aber eben auch einen Splitter vom Paradies.«[155]

Schon tut sich ein neuer Graben auf: zwischen Single-Moms, die das aus freien Stücken, selbstbewusst und häufig durch künstliche Befruchtung geworden sind, und solchen, denen der vermeintliche Makel einer Trennung anhaftet. »Ich habe den Vater meines Kindes verlassen«, stellt Jessica Rose Schrody, eine Single-Mutter aus Los Angeles, im Eltern-Podcast »The Longest Shortest Time« richtig.[156] Sie kritisiert, dass Ratgeber mit Titeln wie »Choosing Single Motherhood – The Thinking Woman's Guide« suggerieren, dass Mütter, die nicht oder nicht mehr mit dem Vater ihrer Kinder zusammenleben, passiv seien und unbedacht gehandelt hätten. Im US-amerikanischen Slang werden diese Frauen auch »Baby Mama« genannt – ein Begriff, der, anders als Single-Mom, Spuren von Unglück, Unterschicht, Armut und Vernachlässigung in sich trägt. Rapperin und Instagram-Star Schrody hat es sich zur Aufgabe gemacht, »Baby Mama« von diesen negativen Konnotationen zu befreien. »Nur weil tatsächlich ein Penis mein Ei befruchtet hat, habe ich nicht irgendwas weniger durchdacht. Ich hatte immer die Wahl.«[157]

Auch Maria bezeichnet sich als Single-Mom. Das Treffen mit ihr findet unter einer Bedingung statt. Sie erzählt ihre Geschichte nur, wenn sie sicher sein kann, dass klar ist: Man kann glücklich alleinerziehend sein. Und ihre Botschaft zeigt Wirkung. Zwei alleinerziehende Frauen haben sie schon auf dem Spielplatz angesprochen und ihr anvertraut, dass sie sich für ihre ungeplanten Kinder entschieden haben, nachdem sie ein Interview mit Maria auf einem Mutter-Blog gelesen hatten. »Beim ersten Mal habe ich fast geweint, weil ich mich so für sie gefreut habe.«

Auf ihr linkes Handgelenk hat sich Maria in verschnörkelter Schrift »Gabrielle« tätowieren lassen, den Namen ihrer Tochter. Ein Punkt dahinter macht daraus eine unverrückbare Feststellung. Ob sie das Kind bekommen würde, stand für sie nie zur Debatte.

Dabei hatte sie sich bis zu dem Moment, in dem sie mit 30 Jahren schwanger wurde, nie Gedanken über Kinder gemacht. »Das war spontan. Der Vater und ich kannten uns, seit wir Kinder waren, waren aber kein Paar. Eines Nachts gewitterte es draußen, er sagte: Ich will ein Baby mit dir, ich sagte, okay, und dann war ich schwanger. Es hat sich richtig angefühlt. Und es hätte funktionieren können.« Nach gut zwei Monaten Schwangerschaft aber war der Mann dann weg, er hatte Angst bekommen. »Für mich gab es zu dem Zeitpunkt schon keine Verwirrung mehr, es war klar: Ich bekomme ein Kind. Das war wunderschön. Und ich hatte überhaupt keine Angst – nie. Ich war alt genug, zu sagen, dass ich ein Kind will, also war ich auch alt genug, um es zu bekommen.«

Maria verdient ihr eigenes Geld, seit sie 20 ist. Sechs Wochen nach Gabrielles Geburt fing sie wieder an, als Regisseurin zu arbeiten. Ob Maria Filme drehte oder schnitt: Gabrielle war immer im Tragetuch mit vor Ort. »Sie hat schnell verstanden, wie wichtig es ist, dass ich arbeite, und bis heute ist sie meistens mit dabei.« Auch Maria hat Glück mit ihrer

Berufswahl und dem Verlauf ihrer Karriere. »Das wäre etwas anderes, wenn ich Anwältin wäre, Ärztin oder Verkäuferin. Natürlich habe ich die ganze Verantwortung, und das fand ich am Anfang auch schwer, aber das bedeutet es eben, Mutter zu sein.« Und es bedeutet, das sagt Maria auch, nie mehr ohne Sorge um das Kind zu sein. Bis an ihr Lebensende. Aber das Kind, sagt sie, mache sie auch frei. Frei von Befindlichkeiten und Luxusproblemen, die sie selbst betreffen.

Aber nicht frei von allen Problemen, auch das ist klar. Es gab eine Zeit, in der sie so wenig verdiente, dass sie sich von Freunden Geld leihen musste. Als Gabrielle mit neun Monaten am liebsten rund um die Uhr an Maria geklebt hätte und ihr in jedes Zimmer folgte, wurde es der Mutter zu viel. Sie rief ihren Bruder an, selbst Vater von zwei Kindern, und bat ihn, für drei Tage zu ihr zu kommen und sich um das Kind zu kümmern. Was er tat. Und er erklärte ihr, dass Babys in diesem Alter umso anhänglicher werden, je mehr sie spüren, dass sie sich krabbelnderweise von der Mutter entfernen können. Kurz darauf gab Maria Gabrielle in die Kita. Ein wenig zu früh, sagt Maria heute, weil das Mädchen noch nicht Ja und Nein sagen oder laufen konnte, aber andernfalls hätte sie den Betreuungsplatz verloren. Länger zu Hause zu bleiben, war nun mal keine Option.

Als Gabrielle dann drei Jahre alt war, meldete sich der Vater und wollte das Kind treffen. Was Maria schön und richtig fand, aber sie knüpfte Regeln an dieses Treffen: Er müsse in regelmäßigen Abständen kommen, alle sechs oder zwölf Wochen, von ihr aus zum Mittagessen, egal. Aber er müsse wiederkommen. Der Vater entschied sich dagegen. »Gabrielle weiß, dass ihr Vater in einem anderen Land lebt und dass es nichts mit ihr zu tun hat, dass er sie nicht sehen will.«

Maria ist es wichtig, dass sie nie schlecht über den Vater spricht. Gabrielle interessiere sich auch gar nicht für diesen Mann, es sei ihr unangenehm, über ihn zu sprechen, weil sie keine Erklärung dafür habe, warum er nicht da ist. Dafür hat sie andere Vaterfiguren in ihrem Leben: Marias bester Freund ist Gabrielles Patenonkel. Als sie ihren ersten Milchzahn verlor, schickte er ein Video und gratulierte. Daneben gibt es noch zwei, drei andere männliche Freunde, die Gabrielle von der Kita abholen und sie gern betreuen, wenn Maria sie darum bittet.

Doch da endet ihr Netzwerk noch lange nicht. Marias Mutter ist seit vielen Jahren tot, ihr Vater wohnt weit weg. »Aber ich habe superviele Freunde mit Kindern, mit denen ich mich ständig mit der Betreuung abwechsle. Gestern war eine Freundin mit vier Kindern auf dem Kinderbauernhof, an einem anderen Tag schlafen drei oder vier Kinder bei mir.« Wenn sie Gabrielle mal nicht von der Kita abholen kann, findet sich jemand, der das Kind mitnimmt. »Ich muss Leute immer eher fernhalten, als dass ich zu wenig Hilfe hätte. Das habe ich mir aufgebaut.« Dann gibt es noch eine alte Freundin, die sie aus Kindertagen kennt und die wie eine zweite Mutter für sie ist, da ist eine Patentante und zudem Marias Schwester, die gleich nebenan wohnt. Zum Dank lädt Maria ihre Unterstützerinnen zum Essen ein oder verschenkt auch mal eine Flasche Champagner. Wenn sie das Gefühl hat, sie würde jemandem zu viel abverlangen, bezahlt sie einen Babysitter. Alle drei Wochen kommt eine Haushaltshilfe zum Putzen, das war schon so, bevor Gabrielle auf der Welt war. Sogar Marias Kinderärztin wohnt im selben Haus. »Als Gabrielle noch ein Baby war, bin ich so oft mit ihr runter in die Praxis gegangen, dass die Ärztin irgendwann sagte, ich solle nur noch kommen, wenn das Kind Fieber hat«, erzählt Maria und lacht.

Sie weiß, dass sie Zeit für sich braucht, und ist, wie Julika auch, gut im Hilfe-Suchen und -Annehmen. Wie Julika sagt auch Maria, sie habe Glück gehabt mir ihrem Kind. Oder ist es vielleicht vielmehr so, dass die Kinder ins Leben ihrer Mütter hineingewachsen sind? »Gabrielle weiß, dass eine Person für unser Leben verantwortlich ist. Das bin ich. Wenn ich das nicht hinkriege, wackelt das ganze Gerüst. Wir müssen zusammenarbeiten.« Maria hingegen weiß, dass sie ab und zu ausgehen muss, sonst bekommt sie schlechte Laune. »Das versteht Gabrielle, und dass sie dann woanders schlafen muss.«

Die Autorin Sarah Menkedick hat ihre Erfahrungen als Mutter in einer Stadt im Südwesten Mexikos mit denen in Pittsburgh im US-Staat Pennsylvania verglichen. Während es in Mexiko mit seinen zahlreichen Parks und öffentlichen Plätzen normal ist, sein Kind mit in eine Bar oder in ein Konzert zu nehmen, existiere in vielen reichen westlichen Ländern, in denen man der Überzeugung anhängt, Kinder bräuchten stets die richtige kindgerechte Stimulation, um sich optimal zu entwickeln, eine regelrechte »Kid Culture«. Die Welt der Kleinen, die aus Kindermuseen, Abenteuerspielplätzen und bunten Erlebniswelten besteht, habe keinerlei Berührung mit der Welt der Erwachsenen, wodurch bei Kindern wie Eltern leicht der Eindruck entstehe, die Welt drehe sich allein um sie. »Kid Culture«, schreibt Menkedick über diese nicht auf den angloamerikanischen Raum beschränkte Spielart der »intensiven Beelterung«, »ist in gewisser Weise ein absurdes, verworrenes Geschenk an uns selbst – das, was wir uns wünschen würden, wenn wir Kinder wären.

Aber wir sind keine Kinder; wir sind Erwachsene, die sich die Kindheit reimaginieren, wir versuchen, uns wieder in sie hineinzuzwängen, weil wir an einem langen, trostlosen Plateau angekommen sind, aus dem es kein Entkommen zu geben scheint.«[158]

Die Autorin Katie Roiphe äußert einen ähnlichen Gedanken, wenn sie sich fragt, ob das ganze Im-Blick-Haben, Steuern und Analysieren auf höchstem Niveau der erschöpften, engagierten, leicht farblosen Eltern, die eilig ihren Autos entsteigen, irgendjemanden glücklicher macht. »Man fragt sich, ob Familienleben heute nicht irgendwie ein Übergewicht auf der Kinderseite hat – was nicht heißen soll, dass wir unsere Kinder weniger lieben sollten. Aber irgendwie ist der Begriff vom Erwachsensein umgemodelt worden und bedeutet heute nur noch: Eltern-Sein. Aber ist es wirklich gut für ein Kind, ständig im Zentrum der Aufmerksamkeit zu stehen? Gibt es nicht auch etwas Beruhigendes an elterlichem Egoismus und an der Vorstellung, dass die Eltern ein eigenes, umtriebiges, rätselhaftes Leben haben, in dem sie manchmal Sachen machen, die nicht nur der Unterhaltung oder dem Vorankommen des Kindes gewidmet sind?«[159]

Gabrielle ist selbstverständlicher Teil von Marias Erwachsenenwelt. Wenn Maria abends mit Freunden essen geht, kommt ihre Tochter mit. »Ich sage nie eine Verabredung wegen ihr ab.« Gabrielle geht dann halt später ins Bett, und Maria bringt sie am nächsten Tag erst um zehn in die Kita. »Oder um elf. Oder gar nicht. Wenn ich am nächsten Tag nicht arbeite, machen wir blau.« Marias Freunde sind auch Gabrielles Freunde, Mutter und Tochter werden immer zusammen eingeladen.

Diese Freiheit und die, zusammen auf Reisen zu gehen,

droht ihr mit Gabrielles Einschulung im kommenden Jahr verloren zu gehen. Das ist die eine Angst, die Maria umtreibt.

An dieser Stelle wird es Zeit, die Stadt als Lebensraum zu würdigen, dessen Infrastruktur und Dichte Frauen wie Männern – nicht nur alleinerziehenden – zugutekommt. Was die New Yorker Autorin Rebecca Traister über unverheiratete Frauen in der Stadt schreibt, gilt genauso auch für Alleinerziehende: »Der Gedanke, dass Frauen von urbanen Wohnräumen das bekommen, was sie – oder Männer – in anderen Zeiten von der Ehe bekamen, ist eine radikale und progressive Neubewertung dessen, was Ehe überhaupt bedeutet. Städte erlauben uns, manche der Dienste auszulagern, die lange ein integraler und gegenderter Aspekt der traditionellen Ehe waren, und sie tatsächlich als Dienste anzusehen, für die wir bezahlen«, so Traister. Kinderbetreuung, Putzdienste, Liefermahlzeiten, Reparaturen und Fahrdienste – all das ist heute, das nötige Geld und Einverständnis mit der tendenziell ausbeuterischen *gig economy*[160] vorausgesetzt, so unkompliziert zu haben wie nie zuvor. Diese Dynamik erlaube es laut Traister vor allem Frauen, in einer nie da gewesenen Art und Weise zu leben. An die Stelle eines Partners, wie er früher für viele dieser Tätigkeiten vonnöten war, sei die Stadt mit ihren Service-Industrien, vor allem aber auch den eng geknüpften Netzwerken aus Freunden und Bekannten getreten.

Was jedoch nicht heißt, dass dieses Netzwerk in jedem Fall zur Verfügung steht – auch das zeigte die Covid-19-Pandemie. Von heute auf morgen galten Kontaktsperren, Kitas und Schulen schlossen, Kinder mussten zu Hause betreut und unterrichtet werden, während Freunde, Bekannte und insbesondere ältere Familienmitglieder über Wochen hinweg nicht mehr getroffen werden konnten. Die rund 692 000 erwerbstätigen Alleinerziehenden mit Kindern unter 13 Jahren, von denen 292 000 in Vollzeit arbeiteten[161], sahen sich in dieser Zeit noch härteren Strapazen ausgesetzt als Familien, in denen sich die Kinderbetreuung und der Heimunterricht neben der Erwerbsarbeit auf zwei oder mehrere Erwachsene verteilte. Weil es sich beim ganz überwiegenden Teil der Alleinerziehenden um Frauen handelt, waren sie es auch, deren Nerven, Gesundheit und Karrieren besonders litten. Die Ungleichheiten, die schon zu Normalzeiten existiert hatten, verschärften sich in diesen Monaten massiv.

Doch zurück zu Vor-Corona-Zeiten und zu Maria, die nicht nur immer über viele Freunde, sondern auch über Dates verfügte. »Es gab ein paar Jungs, die in der Schlange standen und Lust hatten, der Vater zu sein.« Seit etwas mehr als einem Jahr hat sie nun einen Freund, den Gabrielle so langsam als ihren Papa betrachtet. Maria denkt über ein zweites Kind nach, weil sie sich ein Geschwisterkind für Gabrielle wünscht. Aber erst einmal ziehen die drei demnächst zusammen. »Und das ist die größte Herausforderung in meinem Leben: meine Unabhängigkeit zu verlieren und mich auf jemanden einzulassen«, erzählt sie und meint damit: sich romantisch auf jemanden einlassen. Denn Maria hat, wie gesagt, keinerlei Probleme, andere Menschen in ihr Leben zu integrieren.

Zur Baby Shower, einer Art Party fürs ungeborene Kind, kamen damals 60 Leute mit Geschenken vorbei, bei der zweieinhalb Tage dauernden Geburt waren sechs Frauen in Wachablösung an Marias Seite. Als sie aus dem Krankenhaus zurückkehrte, fand sie ihre Wohnung in ein Blumenmeer verwandelt. Sie legte sich mit Gabrielle im Arm aufs Bett, und während sie einschlief, hörte sie ihre Freunde mit den

Champagnerkorken knallen. Für die ersten Wochen hatte ihr Freundeskreis einen Betreuungsplan erstellt, jeden Tag kam jemand mit Suppe vorbei. »Diese Zeit war zauberhaft. Wunderschön.«

Ich frage Maria, was sie über den Ausdruck »Die kleinste Familie der Welt« denkt, wie die Autorin und alleinerziehende Mutter Bernadette Conrad das »spannende Leben allein mit Kind« nennt.[162] Maria schaut erst ein wenig verwirrt und sagt dann, dass sie sich und ihr Kind gar nicht als minimale Kleinfamilie betrachte. »Wenn Gabrielle in der Kita ihre Familie malt, sind das immer ganz viele Leute. Wir sind ein Rudel. Sie und ich und ganz viele drum herum.«

Haben und Sein

Vom Leben in sozialer Ungleichheit

Für Maria und ihren neuen Freund ist es, genau wie für die meisten anderen Paare mit Kinderwunsch, naheliegend, zusammenzuziehen – naturgemäß in eine größere und damit teurere gemeinsame Wohnung. Genau das nicht zu tun, sei vielleicht »nicht die mutigste, günstigste und romantischste Lösung, aber vielleicht ja die am wenigsten nervenaufreibende«, schreibt die teilalleinerziehende Mutter Rilana Kubassa, die mit ihrem Kind in einer Einzimmerwohnung lebt.[163]

Die Statistik bestätigt ihren Befund: Für Berlin stellt der Wohnraumbedarfsbericht von 2019 zum Beispiel heraus, dass für Menschen mit einem Nettoeinkommen unter dem ermittelten Durchschnitt von 2025 Euro in der Stadt längst nicht genügend Wohnungen zur Verfügung stehen. Insgesamt fehlten mehr als 105 000 bezahlbare kleine Wohnungen für eine Person oder eine Person mit Kind. Paare mit durchschnittlichem Einkommen haben es laut des Berichts ungleich leichter, Wohnraum zu finden.

In der Stadt ist eine Wohnsituation für Familien, die nicht im Standardmodell Kleinfamilie zusammenleben wollen, derzeit eher nicht zu haben, wenn sie nicht sogar ganz und gar utopisch ist. Die funktionelle Wohnungsnorm, die vor etwa 100 Jahren nicht zufällig zum selben Zeitpunkt wie die Kleinfamilie entstand, lautet: drei Zimmer, Küche, Bad. Vater, Mutter, Kind. Noch die Anordnung der Steckdosen in einem Altbauzimmer kann darauf verweisen, wo die Architekten das Ehebett mit den zwei Nachtischchen vorgesehen hatten.

»Staatliche Wohnungsbaugesellschaften, Immobilienentwickler und Bauträger fragen viel zu selten, für wen sie eigentlich bauen«, so der Architekturkritiker der *Frankfurter Allgemeinen Zeitung*, Niklas Maak. »Sie ignorieren das Phänomen einer alternden Gesellschaft, die nicht mehr über die gleichen räumlichen und finanziellen Ressourcen verfügt wie frühere Generationen und die sich schon aus ökonomischen Zwängen heraus einschränken muss – und sie ignorieren die Entwicklung zu einer Gesellschaft, in der die klassische Familie nicht mehr die Mehrheit stellt.«

»Drei Monate beträgt die gesetzliche Kündigungsfrist. Ende des Jahres müssen wir hier raus«, heißt es in Anke Stellings Roman »Schäfchen im Trockenen«, der von einer inzwischen in vielen Städten wohlbekannten Geschichte handelt. Die Erzählerin Resi und ihr Mann, »zwei brotlose Künstler mit vier Kindern«, bekommen einen Brief. Der setzt sie davon in Kenntnis, dass ihnen die Wohnung gekündigt wurde, die sie als Untermieter von Frank bewohnen, einem alten Freund Resis.

Der Titel des Buches, »Schäfchen im Trockenen«, bezieht sich auf eine der Phrasen, die Resi in ihrem Freundeskreis zu hören bekommt. Dieser besteht aus Familien, die, anders als Resi und ihre Brut, alle zusammen in einem Baugruppenhaus wohnen. »Nichts währt ewig«, heißt es dort, oder

»Kinder kosten Geld«. »Der Mensch ist des Menschen Wolf.« Und eben: »Man muss seine Schäfchen ins Trockene bringen.« Das, stellt Resi fest, bedeute nicht etwa, »mit dem Schäferhund befreundet zu sein. Sondern den Stall und das Land zu besitzen.«[164]

Die Geburt der Kinder und der darauffolgende Hausbau hat einen entscheidenden Unterschied zwischen den Freunden zutage treten lassen: Die einen haben Privilegien, die anderen nicht. Die einen haben einen Stammbaum, der in Leder gebunden in der Vitrine des Elternhauses steht, die anderen waren die Ersten in ihrer Familie, die Abitur machten. Die einen haben Eigentumswohnungen, die anderen bekommen die Kündigung für die Mietwohnung. Die einen erben, die anderen nicht.

Derzeit wird in Deutschland ein gewaltiger Vermögenstransfer vorgenommen. Laut einer Untersuchung des Deutschen Instituts für Altersvorsorge von 2015 vererbt die BRD-Nachkriegsgeneration im laufenden Zehnjahreszeitraum bis 2024 ganze 3,1 Billionen Euro – mehr als ein Drittel des Nettovermögens aller Privathaushalte. Etwa zwei Drittel davon, also 2,1 Billionen Euro, gehen dabei von der Elterngeneration auf die Kinder über, 205 Milliarden Euro im Jahr.[165] Das sind 57 Milliarden Euro mehr, als die gesamten öffentlichen Bildungsausgaben im Jahr 2019 betrugen. Kaum ein anderes Land verfügt über ein solches Erbvolumen.

Die Eltern, die dieses Vermögen weiterreichen, gehören meist der Generation an, die ihre Berufskarrieren im bundesrepublikanischen Wirtschaftswunderwachstum begann, in sicheren Jobs mit Aussicht auf gute Rente arbeitete und in den 1960er- und 70er-Jahren Wohnungen und Häuser kaufte, die seitdem im Wert gestiegen sind. Diese Immobilien vermachen sie heute zusammen mit Geldvermögen ihren Kindern, deren Erwerbsleben vom Umbau des Sozialstaates, stagnierenden oder sinkenden Löhnen und dem Gebot privater Altersvorsorge geprägt ist.[166]

Was den Wert dieser Vererbungen angeht, gibt es laut der Untersuchung eine eindeutige, die Ungleichheit verstärkende Tendenz, die als »die Gretchenfrage« in Sachen Vererbung bezeichnet wird: ob dabei Immobilien im Spiel seien oder nicht. Ein Nachlass enthalte nicht entweder hohe Geld- oder Immobilienvermögen. Viel eher sei es so, dass, wenn schon Immobilien vorhanden seien, das auch mit hohem Geldvermögen einhergehe. »Das A und O für die Höhe der Hinterlassenschaft besteht also in der Frage, ob eine Immobilie vererbt wird oder nicht.«[167] Das sei etwa in fast der Hälfte der Fälle so.

Wenn Resi auf die herrschende Ungleichheit aufmerksam macht, die zwischen ihr und ihren Freunden herrscht, erntet sie ein achselzuckendes »Selbst schuld«. Sie hätte ja besser studieren, einen anderen Job anstreben, wen anders heiraten und weniger Kinder bekommen können.

Das Argument, man sei selbst schuld, ein Geringverdiener zu sein, ist insofern perfide, weil hinlänglich bekannt ist, dass Einkommen und Vermögen höchst ungleich verteilt sind – mit einer Tendenz zur Verschärfung der Unterschiede. Außer man geht davon aus, dass der Chef der Deutschen Bank mit sieben Millionen Euro Jahresgehalt 200-mal härter arbeitet als, sagen wir, eine Krankenschwester auf der Intensivstation.[168]

Und »selbst schuld« kann auch kaum gelten für die, deren Eltern und Großeltern in der DDR gelebt und gearbeitet haben und somit kaum Wohneigentum erwerben konnten. Wenn sie es doch taten, dann ist es heute durch den geringeren Verkehrswert in diesen Regionen weniger wert als vergleichbare Immobilien im Westen Deutschlands. So konzentrierten sich zwar 22 Prozent aller Erbfälle auf die neuen Länder, aber nur acht Prozent des vererbten Immobilienvermögens. In Mecklenburg-Vorpommern, Sachsen-Anhalt und Sachsen wird pro Erbe nicht einmal halb so viel vermacht wie im bundesdeutschen Durchschnitt, während die Höhe eines vererbten Vermögens in Bayern ganze 46 Prozent höher liegt, als dieser Durchschnitt beträgt. Ein Fazit der Untersuchung: »Hohe Erbschaften fließen eher denjenigen Erben zu, die bereits eigene Vermögen besitzen.«[169] Hinzu kommt, dass ärmere Elternhäuser tendenziell auch kinderreicher sind. Und je kinderreicher die Familie, desto geringer die Erbschaft pro Kind. Zusammenfassend lässt sich etwas vereinfacht sagen: Westdeutsche Akademiker erben größere Summen, Ostdeutsche, kleine Angestellte, Arbeiter und andere Geringverdiener erben und vererben wenig bis nichts.

Das hat weitreichende Folgen. »Die Ideologie, dass man Eigentum bilden soll, ist noch immer vorherrschend«, sagt die Stuttgarter Wohnsoziologin Christine Hannemann in der FAZ. »Doch allein mit redlicher Arbeit schafft man das selbst als Besserverdiener heute nicht mehr. Immer mehr Menschen fühlen sich abgehängt, regelrecht verschaukelt, weil sie das Gefühl haben, nicht mithalten zu können, egal, wie viel sie strampeln.« Der Frust, der durch diesen Eindruck des Abgehängtseins entsteht, reiche bis tief in die bürgerliche Mitte der Gesellschaft und sei dramatisch. Demokratiegefährdend sogar. Der französische Wirtschaftswissenschaftler Thomas Piketty hat gezeigt, dass das Privatvermögen in den meisten Industrieländern des Westens seit Jahrzehnten wesentlich stärker steigt als die Löhne und Gehälter.[170] So werden Gräben gerissen, das gesellschaftliche Fundament bröckelt. Das Geld der Alten entscheidet über das finanzielle Glück der Jungen – oder ihr Unglück.

Die Autorin Julia Friedrichs beschreibt das Leben von Erben als eines »von Gnaden der Vorgängergeneration«[171], und das ist nicht immer glücklich. Auch vielen Erben selbst ist klar, dass sie ihren Wohlstand nicht ihrer eigenen Anstrengung verdanken, häufig finden sie aber keinen scham- und schuldfreien Umgang mit dem Geld, das ihnen die Eltern zu Lebzeiten vererben oder das auf einem Konto, in einem Aktiendepot oder in Form von Immobilien auf sie wartet.

»Keiner wollte sich mehr schämen müssen angesichts ungerechter Verteilung«, so Resi über ihren Freundeskreis, »aber ohne Um- und Neuverteilung blieb nur der Ausweg, das Augenmerk auf die Idee der Schicksalsschmiede, des persönlichen Versagens und ungeschickter Einzelentscheidungen zu lenken.«[172] So entsteht bei den Habenichtsen Neid und Missgunst – oder ihnen wird beides von den Erben unterstellt. Wahlweise wird auch mit einer angeblichen »Opfermentalität« argumentiert.

Häufig kommt es auch einfach nur zu Situationen wie dieser: Ein Bekannter mit überschaubarer Arbeitszeit und ebenso überschaubarer künstlerischer Produktion sucht per Gruppenmail eine Wohnung in Frankfurt, »Kaufpreis bis eine Million Euro«. Die Mail geht auch an diejenigen im Freundeskreis, die mit mehreren Kindern in einer genauso engen wie überteuerten Mietwohnung sitzen. Selbst schuld.

Julia Friedrichs entwirft das Bild einer zufriedenen, gesättigten und antriebslosen Erbengeneration. Ihrer Gesellschaftsanalyse stellt sie eine Songzeile des Musikers Rainald Grebe voran: »Wir werden ihre Häuser erben, aber keine neuen bauen.«

Warum also wird nicht gerechter verteilt? In Deutschland werden Arbeit und Konsum relativ hoch besteuert. Diejenigen, die arbeiten und dieses Geld dann in den Geschäften wieder ausgeben, bezahlen also für die Gemeinschaft. Jede Kartoffel kostet 19 Prozent, jedes Buch sieben Prozent Mehrwertsteuer. Diejenigen, die ihr ebenfalls erarbeitetes, immer häufiger aber ihr bereits selbst geerbtes Geld an ihre Kinder weitervererben, zahlen fast nichts. Pro Kind gewährt der Staat 400 000 Euro steuerfrei, erst bei höheren Summen verlangt er einen Anteil. Der Spitzensteuersatz von 30 Prozent wird erst bei einer Erbsumme in Höhe von 26 Millionen Euro fällig.[173] Im Durchschnitt werden lediglich 2,8 Prozent der Vererbungssumme an Steuern abgeführt, das liegt an den hohen Freibeträgen und weil Eltern ihren Kindern schon zu Lebzeiten Vermögen schenken, es also »mit warmer Hand« vererben. Das geschieht dann absolut steuerfrei. Das jährliche Erbschaftssteueraufkommen trägt damit etwa ein Prozent zum gesamten Steueraufkommen von Bund, Ländern und Gemeinden bei. Gemessen am gesamten Geldvermögen aller privaten Haushalte entspricht es seit Jahrzehnten etwa einem Promille: 0,7 Milliarden Euro im Jahr 1983, 1,6 Milliarden Euro im Jahr 1993 und 4,2 Milliarden Euro im Jahr 2013.[174]

Das derzeitige deutsche Erbrecht stammt aus dem späten 19. Jahrhundert und hat sich seitdem kaum verändert. »Es hat seinen Ausgangspunkt in traditionellen Familienstrukturen«, so der Direktor des Max-Planck-Instituts für Gesellschaftsforschung, Jens Beckert, das heißt, es setzt vor allem auf die Ehe und die »blutsverwandte Sippe«.[175] Und die ist, wie bereits erwähnt, ein Ergebnis der Erbschaftsinteressen der Kirche, die mit dem Verbot der Verwandtenehe dafür gesorgt hat, dass Verfahrensweisen wie Adoption, Polygynie, Scheidung und Wiederheirat nicht länger für Erben sorgten. Bis heute bevorzugt dieses Erbrecht Nichten und Neffen vor dem langjährigen Partner oder der langjährigen Partnerin eines Menschen. Auch hier liegt ein Grund dafür, warum die »Ehe für alle« so ein Gewinn für Schwule und Lesben war.

Weil heute der Großteil der Wähler bereits Rentner sind und viele junge Wähler, also die Kinder dieser Rentner, ebenso wenig Interesse daran haben, etwas an der bestehenden Gesetzeslage zu verändern, bleibt einstweilen alles, wie es ist. Auch die eingangs zitierte Studie des Deutschen Instituts für Altersvorsorge kommt, nachdem das Dilemma ausführlich dargestellt, die bestehende Erbschaftssteuer mit ihren Schlupflöchern als ungerecht bezeichnet und auf der Suche nach der optimalen Erbschaftssteuer eine Art Flatrate diskutiert wurde, zu einem äußerst mutlosen Schluss: »Der Status quo des deutschen Erbschaftssteuerrechts dürfte dem Gerechtigkeitsempfinden der hiesigen Steuerzahler vermutlich eher entsprechen als eine flat rate-Lösung.«[176] Vermutlich, vielleicht aber auch nicht. Kommt wohl darauf an, wen man fragt. Die Einkommenssteuer wird im Übrigen auch von vielen als ungerecht empfunden. Gezahlt wird sie trotzdem.

Der Politikwissenschaftler, Soziologe und Philosoph Christian Neuhäuser fordert dagegen einen Spitzensteuersatz auf Einkommen, Vermögen und Erbschaften von bis zu 100 Prozent und damit eine Obergrenze für Reichtum – im Sinne der Gerechtigkeit, die derzeit »als zentraler Wert sozial negiert« sei. »Die Wahrheit ist, die Reichen haben ihren Reichtum nie verdient. Denn er geht nie nur auf eigene Leistung, sondern immer auch auf unverdiente Talente oder bloßes Glück – wie Erbschaften, Beziehungen – zurück.« Ein hoher Spitzensteuersatz könne, statt die wirtschaftliche Leistung zu senken, sie sogar steigern. Denn wenn das soziale Ungleichgewicht abnehme, erhöhe sich die Bereitschaft, sich für soziale und globale Belange wie die Armutsbekämpfung und den Umweltschutz einzusetzen.[177]

Doch einstweilen bleibt alles, wie es ist: Manche werden reich, indem sie beim Notar ein Papier unterschreiben, die anderen strampeln sich ab und kommen häufig trotz guter Abschlüsse und aufreibender Jobs nicht vom Fleck. Ihren Kindern wird es aller Voraussicht nach genauso gehen.

Denn die Lebenssituation von Kindern ist in Deutschland stark von ihrer sozialen Herkunft geprägt. Je gebildeter und wohlhabender die Eltern, desto gesünder ihre Kinder, je höher der Bildungsstand der Eltern, desto besser die Bildungschancen ihrer Kinder. Nur sieben Prozent der Gymnasiastinnen und Gymnasiasten wachsen bei Eltern auf, die einen Hauptschulabschluss besitzen, und nur zwei Prozent bei Eltern ohne allgemeinbildenden Abschluss.[178]

Die Folge all dessen nennt Jens Beckert die »Entsolidarisierung« der Wohlhabenden. Auf die soziale Ungleichheit reagiere die obere Mittelschicht mit der Vererbung von Vermögen an den eigenen Nachwuchs, im Versuch, ihn vor dem unvorhersehbaren Markt zu schützen. Ein Abschied aus der Solidargemeinschaft.[179] Wer dagegen nichts erbt, bekommt vielleicht besser gleich gar keine Kinder.

Aber bleiben wir noch ein wenig bei den Immobilien. Neben allem anderen, was Elternschaft oft so unerbittlich macht, spielt auch der Städtebau keine ruhmreiche Rolle.

»Städte haben im Grunde ihre Kinder verkauft, indem sie sie gegen Kapital eingetauscht haben«, bringt es der Autor Derek Thompson auf den Punkt. Während Städte einst Familien aller sozioökonomischen Klassen einen Raum boten, seien sie heute mitunter Unterhaltungsmaschinen für die jungen, reichen und meist Kinderlosen.[180] Auch damit kann es zu tun haben, dass in Deutschland ein Großteil der Ehen heute kinderlos bleibt. Die Zahl der Kinder ist in den vergangenen 20 Jahren um 14 Prozent gesunken, sie machen heute nur noch einen Anteil von 16 Prozent der Bevölkerung aus – mit weiter abnehmender Tendenz.[181]

Natürlich bestimmt die Frage, wie familienfreundlich ein Wohnort organisiert ist und ob Kinder überhaupt erwünscht sind, eine Rolle im Familienleben. Wie viel Geld bei Stadt- wie Landbewohnern vorhanden ist, bestimmt mit darüber, wann und unter welchen Umständen jemand eine Familie gründet und wie viele Kinder dann dazugehören. Die Frage, die auch in meinem Freundeskreis immer wieder auftaucht, lautet: Wie können die sich das (das dritte Kind, die Eigentumswohnung bzw. das Haus, manchmal beides) leisten? Auch hier lautet die Antwort so gut wie immer: dank der Eltern.

Dasselbe gilt für Trennungen. »Paare mit einem ökonomisch schwachen Hintergrund trennen sich trotz desolater oder gar kaputter Beziehung häufig nicht mehr, da sie zu Recht befürchten, dass eine Trennung zum finanziellen Ruin der Familie führen würde«, so die Familientherapeuten Ochs und Orban.[182] Oder sie trennen sich, bleiben aber zusammen wohnen. In meinem Bekanntenkreis gibt es drei solcher Fälle: Derjenige Elternteil, der beschlossen hat, auszuziehen, findet schlicht keine bezahlbare Wohnung, die eine gleichberechtigte Betreuung der gemeinsamen Kinder ermöglichen würde. Oft bleibt nur der Rückzug zu den eigenen Eltern, manchmal Hunderte Kilometer weit entfernt vom anderen Elternteil. So hält der Wohnungsmarkt zusammen, was nicht mehr zusammen sein will, es entstehen unfreiwillige Co-Parenting-WGs. Man könnte auch sagen: Zwangsgemeinschaften.

Im Bundesdurchschnitt stehen jeder Bewohnerin Deutschlands 46,7 Quadratmeter Wohnfläche zur Verfügung.[183] Bei Ava, August und mir sind es 23,3 Quadratmeter – also gerade mal die Hälfte. Auch das geht, aber nur, weil wir uns gut verstehen, weil wir nicht immer alle gleichzeitig zu Hause sind und jeder von uns dreien ein eigenes Zimmer zur Verfügung hat. Sobald eine vierte oder gar fünfte Person dazukommt, wird es eng und schwierig, sich zurückzuziehen.

Gleichzeitig werden 40 Prozent der etwa 40 Millionen Haushalte in Deutschland von einer einzelnen Person bewohnt.[184] Viele davon sind ältere Menschen, denen ihre geräumigen ehemaligen Familienwohnungen längst viel zu groß geworden sind, die aber an ihnen festhalten, weil eine passendere Single-Wohnung in vergleichbarer Lage ihre finanziellen Mittel übersteigen würde.

Anke Stellings »Schäfchen im Trockenen« endet mit einem Kapitel, das mit »Opfer« überschrieben ist. Die Familie wird wohl an den Stadtrand ziehen, irgendwo weit jenseits des S-Bahn-Rings, in einen Außenbezirk, in eine Wohnung mit niedrigen Decken. »Es ist okay«, heißt es. »Vielen wird es im Verlauf der nächsten Jahre genauso gehen.« Dabei hatte der von Stelling beschriebene Freundeskreis mal diese Idee vom gemeinsamen Leben, Wohnen und Arbeiten, die irgendwann nicht mehr weiterverfolgt wurden, »das war irgendwie zu schwierig. Also wurden wir der Reihe nach schwanger, zogen paarweise zusammen, sträubten uns vielleicht noch ein bisschen, blieben noch ein paar Monate in der WG oder allein, bis die Logistik dann doch zu kompliziert wurde, das Widerstreben albern, die alten Pläne eingerollt – was gar nicht ging, dazu waren sie längst nicht konkret genug gewesen, es gab keine Vorbilder.«[185]

Nur allmählich »wächst die Einsicht, dass man das Wohnen auch jenseits aneinander gepappter Kleinfamilienzellen organisieren könnte«.[186] Versuche, den veränderten Familienkonstellationen gerecht zu werden, gibt es zum Beispiel in Wien, einer der Lieblingsstädte sozial engagierter Stadtplanerinnen, wo das konfessionell unabhängige »Zentrum für Getrennt- und Alleinerziehende« Single-Eltern mit Kindern günstige Zimmer in Wohngemeinschaften mit Menschen in ähnlichen Lebenssituationen vermittelt. Auf diesem Weg lassen sich für viele Trennungsfamilien gleichzeitig das Wohn- und das Betreuungsproblem lösen.[187] Etwas Ähnliches leistet in den USA die kostenlose Onlineplattform »CoAbode«, deren »Mom-Matching-Service« alleinerziehende Mütter zusammenbringt, die Wohnraum, Ressourcen und emotionale Unterstützung miteinander teilen möchten.[188]

In München-Riem hat eine Architekten-Arbeitsgemeinschaft einen Entwurf für ein von der Genossenschaft »Kooperative Großstadt« gebautes Wohnhaus vorgelegt, in dem Räume innerhalb dreier verschiedener Wohnungstypen miteinander verschmelzen und Rückzugsorte über Nischen, Möbel und Wandscheiben definiert werden. Im als neo-biedermeierlichen Kleinfamilien-Hort verschrienen Berliner Prenzlauer Berg hat ein Architekturbüro ein Haus in eine Baulücke gesetzt, auf dessen siebeneinhalb Etagen sich Wohnungen, Ateliers, Gewerbeflächen, gemeinschaftlich genutzte Gästezimmer und ein Dachgarten verteilen. Die Wohneinheiten sind so flexibel geplant und von mehreren Seiten zugänglich, dass sich etwa von einer 115-Quadratmeter-Wohnung eine autarke 35 Quadratmeter große Wohnung abtrennen lässt – etwa für der Familie entwachsene Kinder, pflegebedürftige Angehörige, Au-pairs, Berufspendlerinnen oder Studenten.[189] Das ermöglicht Co-Living, das den Namen verdient und nicht nur eine teure neue Umverpackung für aneinandergereihte Single-Wohnungen in hochgezüchteten Trendvierteln ist. Es gibt Forderungen, Wohnen als menschliches Grundrecht dem Markt zu entziehen, andere erdenken Strategien, gemeinschaftlich und unter Zuhilfenahme des Erbbaurechts ihren eigenen Wohnraum zu errichten.

Im brandenburgischen Wiesendorf entsteht derzeit in einer Art genossenschaftlichen Baugruppe das erste »KoDorf«, eine Ansammlung von 40 Häusern mit Wohnflächen zwischen 25 und 80 Quadratmetern und großzügigen Gemeinschaftsräumen. Hier soll die Ruhe des Landes mit der zum Arbeiten nötigen Infrastruktur der Stadt verbunden werden, mit Preisen zwischen 135 000 und 330 000 Euro sind die Einheiten vergleichsweise erschwinglich und explizit auch dafür vorgesehen, dass Familien, Wohngemeinschaften oder Freundesgruppen in direkter Nachbarschaft zueinander leben können. Vier weitere KoDörfer in Baden-Württemberg, Hessen und Nordrhein-Westfalen sind in Planung.[190]

Aus dem demografisch überalterten Japan stammen einige Ideen für ein postfamiliäres Wohnen in Clustern, die sich aus Wohneinheiten, Arbeitsräumen, Büros, Werkstätten, Kindertagesstätten und Kollektivküchen zusammensetzen, die die räumliche Grenze zwischen Wohnen und Arbeiten weitgehend aufheben und bei Bedarf wuchern können.[191]

Die US-amerikanische Soziologin und Autorin M.E. O'Brien imaginiert mit Rückgriff auf die Theorien des sozialistischen Denkers Charles Fourier zukünftige, in direkter Demokratie offen organisierte Kommunen mit etwa 200 Bewohnern jedweden Alters und jedweder Herkunft, die sich kooperative Küchen und Kantinen, Kinderbetreuung und medizinische Versorgung teilen. Innerhalb O'Briens Kommune wäre Platz für vielfältige Arrangements, innerhalb derer Elternschaft und romantische Liebe gelebt werden könnten. Die entscheidende Frage, die diese Gemeinschaften des Zusammenlebens zu beantworten hätten, sei diese: »Wie können wir uns umeinander kümmern?«

Auch die Arbeit wäre radikal anders verteilt, als es der seit 100 Jahren übliche und bei seiner Einführung absolut fortschrittliche, heute aber aus der Zeit gefallen wirkende Achtstundentag zulässt. O'Brien ist bei Weitem nicht die Einzige, die an der Sinnhaftigkeit des Status quo zweifelt.

Auch in der deutschen Arbeitswirklichkeit mit ihren Burn-out-Diagnosen und der viel beschworenen Work-Life-Balance-Achtsamkeitsrhetorik werden Rufe nach der 32-, 25- oder gar der 15-Stunden-Woche laut. Und zwar für alle, bei vollem Lohn. Das würde, so die Überlegungen, gleich mehrere grundlegende Probleme auf einmal lösen: Selbst ein um zwei Stunden verkürzter Standard-Arbeitstag würde viele Frauen aus der Teilzeit holen, weil dann sechs Stunden Arbeit auf einmal die neuen 100-Prozent-Stellen wären. Diese Frauen, die meist Mütter sind, hätten bessere Chancen auf Führungspositionen und eine Rente über Hartz-IV-Niveau, Väter hingegen würden sich, so die Hoffnung, mehr für die Familie engagieren.

Die Soziologin und Philosophin Frigga Haug hat ein Modell entworfen, nach dem sich die Zeit, die wir für Arbeit aufwenden, anders denken und aufteilen ließe. Haug veranschlagt zunächst acht Stunden für ausreichenden Schlaf. Von den verbleibenden 16 Stunden verteilt sie jeweils vier auf Care-Arbeit, Erwerbsarbeit, kulturelle Arbeit wie Museumsbesuche, Hobbys und Ehrenämter sowie politische Arbeit wie zum Beispiel das Engagement in Parteien.[192]

Das Versprechen des Kapitalismus lautete einmal, die Menschen reich zu machen und von der Arbeit zu befreien. Der britische Ökonom John Maynard Keynes prognostizierte im Jahr 1930, durch den technischen Fortschritt müsse in 100 Jahren niemand mehr als 15 Stunden pro Woche arbeiten. Davon sind wir weit entfernt. Stattdessen zweifeln viele Menschen daran, dass ihr Job überhaupt irgendeinen nennenswerten Nutzen hat.[193]

Ein nicht geringer Teil der täglich verrichteten Arbeit auf der Welt besteht darin, die anderen nicht bemerken zu lassen, dass es eigentlich nichts Bedeutendes zu tun gibt. Einer britischen Studie zufolge sind Büroarbeiter pro Tag ganze zwei Stunden und 53 Minuten produktiv.[194] Wie Eltern vielleicht am besten wissen, bekommt man in kurzer, stark strukturierter Zeit (während des Mittagsschlafs der Kinder, in den ruhigen Morgen- oder Abendstunden) mehr geregelt als an einem vermeintlich unendlich langen Tag. Die besten Ideen kommen doch meist unerwartet und woanders: beim Spaziergang, unter der Dusche, kurz vorm Einschlafen. Nicht zuletzt Corona hat gezeigt, dass das Homeoffice an sich in vielen, wenn auch längst nicht in allen Berufen kein entscheidendes Problem darstellt – vorausgesetzt, die Kinder sind versorgt.

Laut einer Studie des Instituts für Arbeitsmarkt- und Berufsforschung von 2018 würden 40 Prozent der weiblichen und die Hälfte der männlichen Beschäftigten ihre Stundenzahl gern reduzieren. Und dem »Trust Barometer« von 2020 der US-amerikanischen Kommunikationsagentur Edelman gemäß finden 55 Prozent der Deutschen, dass der Kapitalismus in seiner heutigen Form mehr schadet als hilft.[195]

Ganz abgesehen davon, dass viele der jüngeren Arbeitnehmer von vornherein kein Interesse daran haben, das Arbeits- und Lebensmodell ihrer Boomer-Eltern nachzuspielen.

Der Historiker Yuval Noah Harari schlägt vor, das Spektrum menschlicher Tätigkeiten, die als Arbeit gelten, zu erweitern, um dem Wegfall des Menschen in der Arbeitswelt durch Algorithmen zu begegnen. »Möglicherweise müssen wir einen Schalter in unserem Kopf umlegen und anerkennen, dass Kindererziehung vermutlich die wichtigste und herausforderndste Tätigkeit auf dieser Welt ist. Wenn dem so ist, wird es keinen Mangel an Arbeit geben, selbst wenn Computer und Roboter sämtliche Fahrer, Bankangestellte und Anwälte ersetzen.« Bliebe die Frage, wer für die Bezahlung dieser neu anerkannten und mit Wert belegten Jobs aufkomme. »Da wir davon ausgehen können, dass sechs Monate alte Babys ihren Müttern und Vätern kein Gehalt zahlen, wird die Regierung das vermutlich selbst übernehmen müssen.«[196] Am Ende von Hararis und vieler ähnlich lautender politischer wie ökonomischer Überlegungen steht ein bedingungsloses Grundeinkommen.

Im Juni 2020 entschied das spanische Kabinett, den 2,5 Millionen Menschen im Land, die weniger als das monatliche Mindesteinkommen verdienen, ein Grundeinkommen von mindestens 462 Euro zu zahlen. Manche Familien erhalten so bis zu 1015 Euro. Bewerben können sich alle, die zwischen 23 und 65 Jahre alt sind und mindestens seit einem Jahr legal im Land leben. Das sei »ein großer Schritt im Kampf gegen die Ungleichheit in unserem Land«, sagte Finanzministerin María Jesús Montero.[197]

Als im Mai 2020 in Finnland ein zweijähriges Experiment zu Ende ging, bei dem 2000 zu Beginn arbeitslose Teilnehmerinnen und Teilnehmer 560 Euro im Monat ausgezahlt bekamen, blieben zwar ein paar Fragen offen, besonders die nach dem Langzeiteffekt eines bedingungslosen Grundeinkommens. Aber das Geld hatte bei allen Beteiligten zu weniger Stress, einem zufriedeneren Leben und mehr Vertrauen in ihre Zukunft, die staatlichen Behörden und ihre Mitmenschen geführt. Sie leisteten doppelt so viel Freiwilligen- und andere unbezahlte Arbeit.[198]

Wer weniger Lohnarbeit leisten muss, hat mehr Zeit für Kinder sowie für alte und kranke Menschen, soziales Engagement, Hobbys, Nichtstun. Wer Zeit hat, selbst zu kochen, zu bauen und Dinge zu reparieren, muss weniger konsumieren und deswegen auch gar nicht mehr so viel Geld verdienen. Solche Gedankenspiele (oder noch eindrücklicher sicher solche unfreiwilligen globalen Großexperimente wie in der Zeit der Corona-Krise) rütteln am Fundament der Industrienationen: dem Glauben an ewiges Wachstum.

Zurück zu den Immobilien. Nach Schätzungen des Forums »Gemeinschaftliches Wohnen«, das auch eine Kontaktbörse für Baugruppen betreibt, gibt es in Deutschland derzeit etwa 5000 Wohnprojekte, in denen Menschen sich in Hausgemeinschaften, Baugenossenschaften und Mietshäuser-Syndikaten organisiert haben und auf der Höhe der Zeit zusammenleben.[199] Doch solange es sich nur um vereinzelte

Bemühungen handelt, bleibt der große Wandel aus. »Eine fortschrittliche Familienpolitik müsste daher nicht nur neue Familienmodelle über {eine} rechtliche Anerkennung unterstützen, sondern – weil sie seit jeher ein Querschnittsressort ist – auch Impulse für Stadtplanung und Wohnungspolitik geben«[200], so die Autorin Teresa Bücker.

Wo sind also die Wohnungen und Häuser, in denen, sagen wir, ein Paar mit drei Kindern, eines ohne Kinder und ein Single-Mann gemeinsam einziehen könnten, um ihre Ressourcen, ihre Verantwortlichkeiten und ihren Alltag miteinander zu teilen? Das Leben vieler Menschen lässt sich nicht länger in 100 Jahre alte, leicht überschaubare und planbare, aber statische Einheitsentwürfe pressen, darin gleichen sich die Achtstundentag-Arbeitsnorm, die Standardwohnung und das Kleinfamilienideal. Gefragt sind elastische Lösungen, die sich nach den Menschen und ihren komplexen, sich wandelnden Anforderungen richten – nicht andersherum.

In einem fiktiven Gespräch lässt M.E. O'Brien die in einer Kommune aufgewachsene 17-jährige Kayla Puan im Jahr 2069 zu Wort kommen. Auf die Frage, ob sie sich je gewünscht habe, dass sie mit ihren vier Eltern allein und unabhängiger von den anderen Bewohnern gelebt hätte, antwortet der Teenager: »Nein! Oh Gott, ich verstehe, dass die Menschen früher so gelebt haben, aber es klingt so einsam und so schlimm. Und ich glaube nicht, dass es gut für mich gewesen wäre. Keiner meiner Eltern hat sich für Trans-Dinge interessiert, als ich mein Coming-out hatte, aber sie bekamen von allen hier, mit denen sie arbeiteten und aßen, jede Menge Hilfe. Das mit dem Geld und dem Eigentum hört sich nach einer vollkommen schrecklichen Idee an, und es scheint mir, als wäre es für alle echt miserabel gewesen.«[201]

Ein neuer Generationenvertrag

Die helfenden Hände der Großeltern

Die Menopause stellte Evolutionsbiologen lange vor ein Rätsel. Alle Säugetiere sterben kurz nach dem Ende ihrer Reproduktionsfähigkeit, schlicht, weil sie nicht mehr für den Fortbestand der Art gebraucht werden. Von dieser Regel gibt es nur drei Ausnahmen: die Weibchen der Kurzflossen-Grindwale, die auch nach der Menopause Kälber stillen, Afrikanische Elefantenkühe, die als Leitkühe die Herden anführen, und: Menschenfrauen.[202] Letztere waren für die Geschichte der Menschheit und damit auch der Familie schon immer entscheidend.

Die weiter oben zitierte Studie über die höhere Stundenzahl, die liierte Mütter gegenüber Alleinerziehenden auf den Haushalt verwenden, förderte noch einen weiteren überraschenden Fakt zutage: Auch Frauen, die neben ihrem Partner mit anderen Erwachsenen in einer erweiterten Familie zusammenleben, also etwa Großeltern, Onkel oder Tanten, verbringen weniger Zeit mit Hausarbeit. Was günstige Konstellationen in Sachen einer möglichst geringen Arbeitsbelastung von Frauen mit Kindern angeht, schließen die Forscherinnen, »dass es nicht einfach nur eines weiteren Paares

Hände bedarf, sondern dass es wichtig ist, wem diese Hände gehören«.[203] Wie sich zeigen wird, kommt den Großmüttern im Gefüge junger Familien eine besondere Rolle zu.

Anthropologinnen, Verhaltensforscherinnen und Primatologinnen gehen davon aus, dass der *Homo sapiens* sein großes Hirn der Notwendigkeit verdankt, sozial agieren und kooperieren zu müssen. Demnach hatten in der Zeit der Jäger und Sammler neben nahen Nicht-Verwandten vor allem die Großeltern hohen Anteil an der Aufzucht und Pflege des Nachwuchses. Das aufgrund der komplexen Gefühle und Verhaltensweisen vergleichsweise große Gehirn des Menschen macht es wiederum nötig, dass Babys heute relativ früh – also mit einem Schädel, der gerade noch so durch den Geburtskanal passt – und damit im Vergleich zu anderen Tieren hilflos geboren werden.[204] Und: »Menschenkinder sind nicht nur wie Jungtiere während einiger Wochen und Monate auf Geborgenheit und Zuwendung angewiesen, sondern während mindestens 15 Jahren«, betont der Kinderarzt Remo H. Largo.[205]

Alles deutet darauf hin, dass das für den Menschen charakteristische Muster von Fruchtbarkeit und Sterblichkeit mit der Art und Weise verknüpft ist, wie wir Kinder aufziehen. Denn anders als gemeinhin angenommen, lautet eine Lehrmeinung, dass sich die uns bis heute verfolgende Arbeitsteilung zwischen jagenden Männern und sammelnden Frauen erst mit dem wachsenden Gehirn herausbildeten. Je hilfloser die Kinder, desto schwieriger wurde das Jagen für Frauen. Vieles weist darauf hin, dass jagende Männer ihre Beute nur zu einem kleinen Teil mit Frauen und Kindern teilten, sondern vor allem mit anderen Männern. Die »Großmutter-Hypothese« besagt nun, dass Frauen einander helfen mussten, um das Überleben der Kinder, die nicht gestillt wurden, durch das Sammeln von Nahrung sicherzustellen. Könnten Frauen nun noch nach ihrem 45. Lebensjahr schwanger werden, würden sie sich nur immer weiter um ihre eigenen Kinder kümmern können. Die Anthropologin Kristen Hawkes folgert also, dass es statt der Hilfe *für* ältere Mitglieder der Population »die Mithilfe der post-menopausalen Großmütter ist, die die Altersstruktur der menschlichen Gesellschaften ausmacht«.[206]

Zu einem ähnlichen Befund kam eine finnische Studie, für die die Forscher Familienstammbäume aus der vorindustriellen Zeit auswerteten – einer Zeit, in der aufgrund des rauen Klimas, der schlechten Ernten und häufiger Krankheitsausbrüche ein Drittel der Bevölkerung vor dem fünften Lebensjahr starb. Frauen jedoch, deren Mutter noch lebte, hatten mehr Kinder als diejenigen, deren Mutter bereits verstorben war. Dabei war das Alter der Großmütter entscheidend. Zwischen 50 und 75 waren sie in der Lage, den Müttern viel Arbeit abzunehmen, danach waren sie eher selbst auf Hilfe angewiesen.[207]

Warum aber ist es häufig die eigene Familie, die bei der Kinderversorgung hilft? Für die Evolutionsanthropologin Anna Machin liegt die Antwort in den gemeinsamen Genen begründet. »Indem wir Verwandten bei der Versorgung ihrer Kinder helfen, sichern wir das Überleben der Kinder und damit zugleich das Überleben von Versionen unserer eigenen Gene«, schreibt sie. »Deshalb ist es fast universell so, dass sich nach den Eltern die Großeltern am meisten um die Kinder kümmern.«[208]

Machin hat auch eine evolutionär begründete Erklärung dafür, warum es vor allem Frauen sind, die die Kinder anderer, mit ihnen verwandter Frauen mitversorgen. Demnach entstand vor 1,8 Millionen Jahren, wahrscheinlich gleichzeitig mit der verkürzten Schwangerschaft und dem Stillen, der *Homo ergaster*. Die Frauen dieser prähistorischen Art, die eigentlich ständig entweder schwanger waren oder stillten und sich nebenbei um eine Schar von Kleinkindern kümmerten, seien darauf angewiesen gewesen, dass ihnen jemand dabei half. Fraglich sei nur, ob sie sich an ihre Mütter wandten – auch Evolutionsanthropologinnen könnten nicht mit Sicherheit sagen, ob die Frauen der *Homo ergaster* lang genug lebten, um ihre Enkel kennenzulernen. »Aber wir wissen, dass es irgendwelche weiblichen Verwandten gegeben haben wird«, so Machin. »In der Frühzeit unserer Spezies haben im Zusammenhang mit Kindern die Frauen die gleiche Art von Handlungen getauscht: solche, die mit der Sorge für das Kind und seinem Schutz zusammenhingen.« Männer kooperierten demnach aus anderen Gründen – sie zahlten gewissermaßen in einer anderen Währung. Möglicherweise halfen sie bestimmten Frauen bei der Pflege von deren Kindern, weil das ihre Chancen erhöhte, der nächste Partner der Mutter zu werden. Der Wechselkurs zwischen den beiden Währungen sei sehr schwer zu kalkulieren gewesen, weshalb solche Formen des Austauschs nur dann stattfanden, wenn es unbedingt nötig war. »In der Folge wandten sich Mütter in erster Linie an andere Frauen, wenn sie Hilfe brauchten.«[209] An Schwestern, Cousinen, ältere Töchter und eben auch an Großmütter.

Laut einer Studie entscheiden sich junge Paare in Deutschland heute vor allem dann für ein zweites Kind, wenn sie auf die Hilfe der Großeltern zählen können.[210] Und die Chancen, dass sie diese Hilfe dann auch bekommen, standen noch nie so gut wie heute, zumindest in Anbetracht der Lebenserwartung heutiger Rentner. Sie sind fit, wenn auch bei der Geburt ihrer Enkel häufig älter als frühere Generationen. Die Babyboomer-Generation verfügt zudem über vergleichsweise viel Vermögen und ist mobiler als jemals zuvor. Mehr als die Hälfte aller Eltern in Deutschland nimmt bei der Kinderbetreuung regelmäßig die Hilfe der Großeltern in Anspruch. Jedes dritte Kind unter sechs Jahren wird sogar einmal wöchentlich von einem Großelternteil gehütet. Im besten Fall kommen Tanten und Großonkel, Leih-Omas oder eingeheiratete Quasi-Großeltern hinzu.

Sabine ist so eine Oma, auf die aber das Label »Großmutter« nicht so recht passen will. Sie ist 61 Jahre alt, betreibt eine psychotherapeutische Praxis, läuft in ihrer Freizeit Halbmarathons, singt im Chor und nimmt Klavierunterricht. Sie ist außerdem meine Mutter.

Ich erinnere sie daran, dass sie früher, wenn ich sie anrief und ankündigte, ihr etwas sagen zu müssen, ängstlich fragte, ob ich schwanger sei. Sie erwidert: »Daran kann ich mich überhaupt nicht erinnern. In dem Moment, als du auszogst und selbstständig warst, werde ich nicht mehr ängstlich gewesen sein. Ab 20 hätte ich es okay gefunden. Ich war 22, als ich dich bekam, und fand das nie zu früh. Bis heute nicht.« Allerdings haben meine Eltern uns Kinder in der DDR bekommen, wo es viele Probleme gab – mangelndes Einkommen, um die Kosten eines Familienlebens zu stemmen, ständiger Stress und ein fehlendes soziales Netz gehörten in unserem Fall nicht dazu.

Ersehnt habe sie sich ein Enkelkind nie, sagt meine Mutter heute, »weil ich auch ohne mit meinem Leben sehr zufrieden war«. Aber als mein Bruder vor sechs Jahren etwas bang verkündete, seine Freundin sei schwanger, stieß unsere Mutter einen Freudenschrei aus. Sobald ihre Enkelin das Licht der Welt erblickte, setzte sie sich ins Auto, um sie zu besuchen. »Das Wickeln war mir noch sehr vertraut, das ging wie von selbst«, sagt sie. Im ersten Jahr besuchte sie meinen Bruder, dessen Freundin und das Baby einmal im Monat, um möglichst viele der Entwicklungsschritte ihrer Enkelin mitzuerleben. Jetzt, da diese fünf Jahre alt ist, kommt meine Mutter noch etwa alle zwei Monate zu Besuch. Sie, mein Bruder, seine Tochter und deren Mutter fuhren eine Zeit lang zusammen in den Urlaub, was meine Mutter hauptsächlich schön und erst nach einer Woche ein klein wenig anstrengend fand. Manchmal hütet sie ihre Enkelin auch übers Wochenende, in der Hochphase der Corona-Pandemie tat sie das auch ein paarmal per Videotelefonie, sprach mit ihr und las ihr vor, um meinem Bruder eine Stunde Zeit für wichtige Anrufe zu verschaffen. Ihr zweiter Mann, der selbst keinen Nachwuchs hat und nie mit so kleinen Kindern zu tun hatte, ist jetzt Opa, der, wie er es formuliert, »ohne sein eigenes Zutun in den Genuss einer Enkelin kommt«. Auch er kümmert sich um das Mädchen, wenn es bei ihnen zu Besuch ist. Lägen nicht 200 Kilometer zwischen ihr und ihrem Enkelkind, und wäre sie schon in Rente, würde unsere Mutter noch häufiger babysitten. »Dann würde ich sicher auch öfter um Hilfe gebeten. Ich mache das gern.«

Im Dezember 2017 feierten mein Bruder, seine damalige Freundin, ihre gemeinsame Tochter, unsere Mutter und ihr Mann und unser Vater gemeinsam Weihnachten in Berlin. Ich saß mit meinen in Käsesoße getränkten Taco-Chips und einem Glas Weißwein allein an einem menschenverlassenen Strand im westafrikanischen Ghana in der Sonne und skypte mit ihnen – das war unser Patchwork-Moment. Ich glaube, wir waren in diesem Moment alle zufrieden.

In jenem Winter lebte ich einen Monat lang im Gästezimmer einer drei Generationen umfassenden Frauen-Wohngemeinschaft am Rand der ghanaischen Hauptstadt Accra. Die WG bestand aus einer 28-jährigen alleinerziehenden Mutter, die ein paar Jahre zuvor mit ihren zwei Töchtern, zwölf und vier Jahre alt, aus dem von einem Bürgerkrieg zerrütteten Nachbarland Elfenbeinküste eingewandert war und sich eine Zeit lang als Obstverkäuferin durchgeschlagen hatte, sowie einer Jahrzehnte zuvor nach Ghana immigrierten Mitte 50-jährigen geschiedenen Schweizerin, der Besitzerin des Hauses, in dem sie lebten. Die vier verstanden sich als Familie. Während die Schweizer Oma für den Lebensunterhalt zuständig war und unter anderem für die Schulausbildung der Mädchen aufkam, versorgte die Ziehtochter den gemeinsamen Haushalt, zu dem noch vier Hunde und eine Katze gehörten. Der gleichaltrige Freund der Ziehtochter, der in einer anderen Familie in Accra als Manny (also als männliche Nanny) lebte und arbeitete, kam an seinen freien Sonntagen frühmorgens zu Besuch und blieb, bis er montags wieder arbeiten ging. Wenn das Paar zusammen ausgehen wollte, hütete die Oma die Kinder und brachte der Vierjährigen ein paar Worte Schweizerdeutsch bei. Irgendwann, das stand spätestens seit der Hochzeit der Tochter und ihres Freundes fest, würde das junge Paar mit den Kindern ausziehen und einen eigenen Haushalt gründen. Das gemeinsame Sonntagsfrühstück mit dieser ghanaisch-ivorisch-schweizerischen Wahlfamilie gehört zu meinen schönsten Erinnerungen an diese Zeit.

Meine Bekannte Naa, eine arbeitende und sozial bewundernswert engagierte alleinerziehende Mutter zweier Jungen, die ich ebenfalls in jenen Monaten in Ghana kennenlernte, erfährt Unterstützung von ihrer älteren kinderlosen Schwester und ihrem Vater. Neulich postete sie ein Foto von ihm, auf dem er stolz im traditionellen ghanaischen Gewand posiert. Sie schrieb: »Heute wird mein Vater 70 Jahre alt, er ist vielen ein Vater und eine Mutter. Wenn ihr ihn kennt, schickt ihm einen Gruß und einen guten Wunsch. Ich habe ihn auf meiner Facebook-Seite geblockt. Wir streiten zu viel.« Ich mag, wie viel Wärme und Unverbrüchlichkeit aus ihrem indirekten Geburtstagsgruß an ihn sprach – und dass die Vater-Tochter-Konflikte ihren Gefühlen für ihn nichts anzuhaben scheinen, was es ihr erst erlaubte, sie öffentlich zu machen.

Froh kann also sein, wer auf die Unterstützung der Omas und Opas zählen kann. Wer nicht über ein solch verlässliches Netz verfügt, kann sich mitunter stark im Nachteil sehen. »Karriere machen nur die Frauen, die Unterstützung von ihrer Mutter haben. Der Mann ist völlig unerheblich«, hörte ich von einer zweifachen Münchner Mutter mit Bitterkeit in der Stimme. Doch auch wenn die Großmutter glücklicherweise in der Nähe wohnt, muss das nicht heißen, dass sie Lust auf eine zweite Runde als Kinderbetreuerin hat. Schon zeichnet sich ein neuer Generationenkonflikt ab: Ältere Frauen, die selbst Kinder aufgezogen und daneben unter Umständen fünf Jahrzehnte lang gearbeitet haben, verspüren oft schlicht keine Lust auf die Rolle als günstige Betreuungsperson – Frauensolidarität hin oder her. Angesichts mangelnder Betreuungsangebote oder finanzieller Mittel aber brauchen arbeitende Mütter neben der unbedingten Mitwirkung des Partners oder der Partnerin weitere Unterstützung. Was zur Frage nach Alternativen zu den eigenen

Eltern oder Schwiegereltern führt. Warum etwa bringt man nicht zwei Bevölkerungsgruppen zusammen und lässt sie voneinander profitieren? Kinder brauchen viel Zeit und Aufmerksamkeit – etwas, worüber fitte Seniorenheimbewohner im Überfluss verfügen. Ist es nicht an der Zeit, dies zu institutionalisieren?

Ist es. Mit dem »Nightingale House« in Londons Süden zum Beispiel eröffnete im Jahr 2017 die erste intergenerationale Betreuungsstätte Großbritanniens, in der Kindergartenkinder und Senioren miteinander spielen, singen und essen. Das holt manch alten Menschen aus seiner Isolation oder Lethargie, die Kinder erleben 80- und 90-Jährige, die ihnen freundlich und aufgeschlossen begegnen – und zwar Männer wie Frauen. Das verändert wiederum, wie die Kleinen auf die Welt schauen.[211]

Die Forschung gibt solchen Modellen recht: In zwei Studien der Johns Hopkins University in Baltimore untersuchte man 2013 und 2015 ein Freiwilligenprogramm, in dem ältere Menschen Kinder und Jugendliche mit Schulproblemen beim Lernen unterstützten. Das Ergebnis: Die Senioren waren nach dem Kontakt weniger gebrechlich, weniger vergesslich und seltener depressiv. Die Kinder konnten anschließend besser lesen und zeigten ein besseres Sozialverhalten.[212] Eine Langzeitstudie der Harvard University an 268 ihrer Absolventen zeigte, dass die Qualität sozialer Bindungen die Lebenserwartung eines Menschen exakter voraussagt, als es der Sozialstatus, die medizinische Vorsorge oder die Gene tun.[213]

Das Zusammentreffen von Alt und Jung hat darüber hinaus auch soziale Effekte: »Intergenerationaler Austausch fördert in hohem Maße den gesellschaftlichen Zusammenhalt«, so Andreas Kruse, Professor für Gerontologie an der Universität Heidelberg.[214]

Nach der 2019 veröffentlichten »Men's-Care«-Studie glaubt ein nicht unerheblicher Anteil der Männer und Frauen in 23 Ländern überall auf der Welt noch immer, dass »das Windelnwechseln, Baden und Füttern von Kindern die Verantwortung der Mutter bzw. Frau sein sollte«.[215] Dem setzt die Anthropologin Hawkes entgegen: »Kindererziehung ist nichts, das Mütter allein machen.« Mehr noch: »Der Versuch, die Kleinfamilie ins Zentrum der Geschichte zu stellen, macht es für alle Beteiligten schwer.«[216]

Das Nanny-Dilemma

Eine kleine Geschichte der Kinderbetreuung

Im Oktober 2012 erstach die Nanny Yoselyn Ortega, 50, in der wohlhabenden New Yorker Upper West Side die beiden ihr anvertrauten Geschwister Lucia, 6, und Leo Krim, 2.

Vier Jahre später erschien in Frankreich der Roman »Chanson Douce«, in dem die Autorin Leïla Slimani diesen absoluten elterlichen Albtraum verarbeitete. Das Buch verkaufte sich allein im Jahr seines Erscheinens mehr als 600 000-mal und wurde in Dutzende Sprachen übersetzt – im Deutschen erschien er 2017 unter dem Titel »Dann schlaf auch du«. Slimani schuf mit dem Buch das Psychogramm einer Beziehung, die bis dato selten thematisiert wurde: die zwischen einer Mutter und der Nanny ihrer Kinder. Sie rührte damit an Urängste.

Die Geschichte handelt von Myriam und Paul Massé, einem jungen Pariser Paar, das eine Nanny für seine Kinder Adam und Mila sucht, damit Myriam wieder in ihrem Beruf als Anwältin arbeiten kann. Myriam und Paul wollen jemanden, der »schuftet, damit wir schuften können«. Mit dieser Formulierung bringt Slimani den »patriarchalen Webfehler«[217] auf den Punkt, den die Soziologin Maria Rerrich im globalen System der Sorgearbeit erkennt. Er hat zur Folge, dass wohlhabendere Mütter andere Mütter bezahlen, damit diese auf ihre Kinder aufpassen. Die US-amerikanische Soziologin María Ibarra nennt diese Frauen »emotionale Proletarierinnen«[218], weil sie gegen ein Gehalt authentische Emotionen produzieren, und das fast überall auf der Welt.

Jeder achte Hongkonger Haushalt verfügt mittlerweile über eine Haushaltskraft, bei Familien mit Kindern ist es sogar jeder dritte. Viele davon leben in prekären Arbeitsverhältnissen, die moderner Sklaverei ähneln, und verfügen über keinen legalen Aufenthaltsstatus, was sie zusätzlich von ihren Arbeitgebern abhängig macht. So wird soziale Ungleichheit reproduziert.[219] Im Libanon, wo 250000 oft aus Afrika oder Asien stammende private Haushaltshilfen arbeiten, sterben jede Woche durchschnittlich zwei dieser zumeist Frauen bei dem Versuch, dem repressiven Bürgschaftssystem zu entkommen, das sie auf Gedeih und Verderb an ihre Arbeitgeber bindet.[220] In Deutschland verrichten Putzkräfte in 2,9 Millionen Haushalten Schwarzarbeit – ohne jegliche soziale Absicherung.[221] Durch diese Privatisierung der Fürsorgearbeit sparen sich die betreffenden Staaten die Kosten für die Betreuung ihrer jüngsten und ihrer ältesten Bürger und wälzen sie ab auf die Schultern der Einzelnen.

Dabei kaufen sich wohlhabendere Menschen heute im Grunde all die Dienste, die früher die erweiterte Familie übernahm: Kinderbetreuung, Nachhilfe, außerschulische Freizeitgestaltung, Coaching, Therapie und Altenpflege.

Das hat selbstverständlich auch Auswirkungen auf das Leben in den Heimatländern dieser Menschen: Rund zehn Prozent der philippinischen Wirtschaftsleistung sind den

Geldrücksendungen der zehn Millionen Auslandsarbeiterinnen zu verdanken. Die ehemalige Präsidentin des Landes, Corazon Aquino, nannte sie »die Helden unserer nationalen Wirtschaft«. Jedes dritte Kind auf den Philippinen hat eine »Cell-Phone Mum«, also eine, die nur übers Telefon erreichbar ist.[222]

»Die Versorgungsarbeit im Privaten wird auf der Ebene von Nationen, Hautfarben, Ethnien von oben nach unten weitergegeben«, so Ulrich Beck und Elisabeth Beck-Gernsheim dazu. Es entstehen *global care trains*, also Betreuungs- und Versorgungsketten, die sich über Länder und Kontinente spannen. »Dabei schwinden von Stufe zu Stufe die Chancen für angemessene Versorgung und menschenwürdige Pflege. Bis irgendwann, auf der untersten Stufe, nichts mehr bleibt.«[223] Am unteren, armen Ende – meist in ehemaligen Kolonialländern – bleibt unweigerlich jemand übrig, eltern- und fürsorgelos. Am wohlhabenden Ende stabilisieren die Migrantinnen, die die familiäre Fürsorgearbeit übernehmen, die Geschlechterverhältnisse.

Zurück zu Myriam und Paul: Sie finden schließlich die etwa 50-jährige Louise, eine fähige und liebevolle Frau mit einer eigenen erwachsenen Tochter und jahrzehntelanger Erfahrung als Nanny. Louise macht sich im Haushalt der Massés innerhalb weniger Wochen unentbehrlich: Sie kümmert sich um die Kinder, räumt die Wohnung auf, besorgt Wäsche und Abwasch, irgendwann kocht sie ganze Menüs für die Abendessen unter Freunden, die das Paar auf einmal wieder in der Lage ist zu geben. Einmal fahren sie sogar alle gemeinsam in den Sommerurlaub. Und irgendwann sind die Kinder tot.

Slimani erzählt vom Unvorstellbaren und verzichtet dabei auf einfache Antworten. Die Massés sind nicht reich, nur einigermaßen wohlhabend, die Wohnung ist eigentlich zu klein für fünf Personen. Die Nanny Louise gehört als weiße Französin der Mehrheitsgesellschaft an, während Myriam einen nicht weiter auserzählten Migrationshintergrund hat. Sie schiebt ihre Kinder nicht frühestmöglich ab, sondern sehnt sich nach Jahren, die sie mit ihnen zu Hause verbracht hat, wieder nach Anerkennung für ihre beruflichen Fähigkeiten. Louise ist kein Monster, sondern eine Frau, für deren Einsamkeit, schleichenden sozialen Abstieg, Geldsorgen und eigenes Versagen als Mutter sich keiner interessiert. Bis zum Tod der Kinder macht in dieser Geschichte keiner irgendetwas ganz offensichtlich falsch, und doch tun es alle irgendwie. Weil die Verhältnisse eben so sind, wie sie sind.

Slimani selbst machte auf die eigenartige und höchst ambivalente Stellung der Nannys aufmerksam, als sie in einem Interview davon erzählte, wie ihre Freundinnen die Nannys ihrer Kinder als »Mitglied der Familie« bezeichnen oder als »zweite Mutter« – wohl wissend, dass sie die Mutterrolle keinesfalls an die andere Frau abgeben wollen würden. Eine Frau, von der das Wohlergehen ihrer Kinder und das Funktionieren des gesamten Familienlebens abhängen. Die Beziehung zwischen Mutter und Nanny sei, so Slimani, »die einzige Beziehung, in der man jemanden dafür bezahlt, einen anderen zu lieben. Man sagt zu jemandem: Ich gebe dir dieses Geld, weil ich will, dass du meine Kinder liebst und dass du so zärtlich wie möglich bist und dich um sie kümmerst.« Die Beziehung sei genauso von Intimität und Vertrauen geprägt wie von Macht, Dominanz und Eifersucht. »Als Mutter willst du, dass deine Kinder die Nanny lieben, aber du willst nicht, dass sie sie zu sehr lieben.«[224]

Tatsächlich beschäftigt die Frage, wie sich die Kinderbetreuung organisieren ließe, die (weibliche Hälfte der) Menschheit seit Tausenden von Jahren.

Exkurs: Die Säugamme

Die Nanny, wie wir sie heute kennen (und deren Verbreitung schwer zu greifen ist – zumindest in Deutschland gibt es keinen Verband, der Beschäftigungszahlen bereithielte) –, hat eine historische Vorläuferin, deren Geschichte bis in die Antike zurückreicht: Schon im babylonischen Gesetzbuch aus der Zeit um 1780 v. Chr. tauchen Ammen auf. Bis zu Beginn des 20. Jahrhunderts wurden Säugammen immer dann zum Stillen eingesetzt, wenn deren Mütter nicht dazu fähig oder willens waren, etwa weil sie krank oder verstorben waren, arbeiten mussten oder aber das Stillen rein aus Statusgründen anderen Frauen überließen – Stillen galt, zumal in aristokratischen Kreisen, als grob und unelegant. Der Bedarf war zwischenzeitlich so groß, dass im 13. Jahrhundert in Paris die erste Vermittlungsagentur für Ammen eröffnete.[225]

Die vermittelten Frauen hatten kurz zuvor selbst ein oft illegitimes Kind zur Welt gebracht. Dann wurde zuerst das Pflegekind gestillt, und das eigene lief Gefahr, an Unterernährung zu sterben – wenn es nicht ohnehin gleich ausgesetzt wurde. »Letztendlich erkauften wohlhabende Eltern häufig das Leben ihres Säuglings für den Preis des Lebens eines anderen«, so Valerie Fildes, Autorin einer Geschichte der Kleinkindernährung.[226] Aber auch Kinder, die durch eine Amme betreut wurden, starben überdurchschnittlich häufig – meist an Vernachlässigung.

In Hamburg gab es im Jahr 1724 etwa 4000 Ammen; von den 21 000 Kindern, die 1780 in Paris zur Welt kamen, wurden weniger als 1000 von ihren leiblichen Müttern gestillt und weitere 1000 von einer im Haus lebenden Amme. Der ganz überwiegende Teil wurde aufs Land geschickt und dort von jungen Frauen aufgezogen.

Entscheidenden Anteil am langsamen Abschied von der Säugamme hatte der Philosoph und Pädagoge Jean-Jacques Rousseau, dessen 1762 erschienener Roman »Emile« als Grundlagenschrift der modernen Erziehung gilt und als »eigentliche(r) Anstoß zur modernen Familie«, so die Philosophin und Soziologin Élisabeth Badinter, »das heißt zu der Familie, die auf Mutterliebe beruht«.[227] In dieser Zeit begann man, die Kindheit als einen formativen Abschnitt des Lebens zu verstehen, und entdeckte die Mutterliebe, zu deren Ausdruck das Selbst-Stillen wurde. Es dauert jedoch bis in die 1920er-Jahre, bis das Lohnammentum in Westeuropa ausstarb. In einigen asiatischen Ländern wird es bis heute praktiziert, wiederum vor allem aus Statusgründen.[228]

Ammen bringen – neben der Annahme, es gäbe einen angeborenen, unveränderlichen Mutterinstinkt – unser heutiges Verständnis von Verwandtschaftsbeziehungen ins Wanken. Denn durch die körperliche Nähe zwischen Amme und Säugling war deren Beziehung zwangsläufig enger als die zwischen Mutter und Kind, zumal wenn die Säuglinge für mehrere Jahre ganz in die Obhut der stillenden Frau gegeben wurden. Sowohl im Judentum als auch im Islam besteht die Vorstellung einer Milchverwandtschaft, es herrscht also die Überzeugung, dass durch das Stillen verwandtschaftliche Beziehungen entstehen. Der Koran spricht für Kinder, die von derselben Amme gestillt wurden, ein Heiratsverbot aus.

Das Delegieren der elterlichen Pflichten (was meist vor allem die mütterlichen meint), das Auslagern von Liebe und Verantwortung an eine Person außerhalb der Familie, die für ihre Dienste bezahlt wird, hat also eine lange Geschichte, die viel älter ist, als die der Nanny, wie wir sie kennen. Was die Amme mit ihrem zeitgenössischen Äquivalent verbindet, ist die Tatsache, dass das Verhältnis zwischen der leiblichen Mutter und der Frau, die sich (auch) um das Kind kümmert, ein tendenziell ausbeuterisches ist, das sowohl in feudale Zeiten zurückverweist als auch auf das derzeitige Gefälle zwischen Arm und Reich, zwischen globalem Norden und Süden. Dieses Verhältnis ist es, worauf Slimani auf drastische Weise aufmerksam macht.

Doch gab es im 20. Jahrhundert auch Versuche, die Kindererziehung auf mehreren Schultern zu verteilen und so die geschlechtsbasierten Ungerechtigkeiten aufzulösen, die sich aus ihr ergeben.

Exkurs: Die Kinderbetreuung in Kibbuzim

So plante die russische Kommunistin Alexandra Kollentai in den 1920er-Jahren im Zuge ihrer Forderung nach gleichberechtigten Beziehungen zwischen Männern und Frauen die Vergesellschaftung der Hausarbeit und Kindererziehung. Der amerikanischen Radikalfeministin Shulamit Firestone schwebten 1970 Wohngemeinschaften vor, in denen sich mehrere Erwachsene auf mehrere Jahre zum Zusammenleben mit Kindern verpflichten, sowie »Kindererziehungszentren, die eine Betreuung rund um die Uhr durch Männer wie Frauen gewährleisten sollen«.[229]

Es waren die Kibbuzim in Palästina und später im neu gegründeten Israel, in denen die Idee von einer vergesellschafteten Kindererziehung am umfassendsten umgesetzt wurde.[230] Ab 1909 gründeten zionistische Einwanderer in Palästina genossenschaftliche und kollektiv organisierte Siedlungen, deren Mitglieder gleichberechtigt und ohne Privateigentum zusammenlebten und arbeiteten. Zu Hochzeiten der Bewegung, kurz vor der Gründung des Staates Israel im Jahr 1948, lebten etwa sieben Prozent der jüdischen Bevölkerung in den damals 115 Kibbuzim. Die Siedler stammten in der ersten Phase der Bewegung vor allem aus Osteuropa, von wo sie vor den zunehmenden Pogromen geflohen waren. Die Kibbuzim boten ihnen die verlorene Stabilität und Gemeinschaft, und ihre basisdemokratisch-sozialistische Organisationsstruktur war der Versuch, sich sowohl vom jüdischen »Shtetl« mit seiner religiösen Tradition als auch von der patriarchalischen Familienstruktur zu befreien. Denn die Kibbuzim waren auch ein Aufbegehren gegen die damalige Elterngeneration.

Hier sollte nicht nur ein neuer jüdischer Staat, sondern gleich ein neuer Mensch erschaffen werden. In den durch Landwirtschaft geprägten Dörfern wurde die Arbeitskraft der Frauen gebraucht – und zwar für 50 Arbeitswochenstunden an sechs Tagen der Woche. Da auch sie sich als gleichwertige Mitglieder in die Gemeinschaft einbringen und so von ihrer traditionellen Rolle befreit werden sollten, erfüllten Institutionen wie Wäschereien, Schneidereien, Speisesäle und Kinderhäuser die Haushalts- und Erziehungsfunktionen, die sonst die Frauen übernahmen. Dabei sollte die kollektive Erziehung den elterlichen Einfluss nicht ersetzen, sondern ihn vielmehr ergänzen.

Konkret hieß das, dass die jungen Mütter in den ersten sechs Wochen nach der Geburt eines Kindes von jeglicher Arbeit befreit waren. Im Rahmen eines »Säuglingshauses« konnten sie sich in dieser Zeit in Gesellschaft von drei bis fünf weiteren jungen Müttern ihrem Neugeborenen widmen. Anschließend war ihre Arbeitszeit bis zum sechsten Lebensmonat des Kindes auf vier Stunden am Tag beschränkt, sodass sie fast die gesamte wache Zeit ihres Säuglings mit ihm verbringen konnte. Man ermunterte die Mütter, so lange wie möglich zu stillen, um die Mutter-Kind-Bindung zu stärken.[231]

Die Bindungstheorie geht auf den englischen Kinderpsychiater John Bowlby und dessen Forschungen ab den 1950er-Jahren zurück. Bowlby verwarf frühere Theorien, die den Hunger oder die Abhängigkeit des Kleinkindes als grundlegend für das Band zwischen Eltern und Kind ansahen, vielmehr sei für die gesunde Entwicklung eines Menschen entscheidend, dass er eine tiefe emotionale Verbindung zu engen Bezugspersonen eingehen kann. Auf Bowlby geht das Wissen zurück, dass der Mensch, analog zu allen anderen Säugetieren, mit dem angeborenen Instinkt zur Welt kommt, sich eine Bezugsperson zu suchen, und dieses Verhalten von der Bezugsperson beantwortet wird. Die Bindung ist immer beiderseits.[232] Während der Forscher sich in seinen frühen Untersuchungen fast ausschließlich auf die Verbindung zwischen Mutter und Kind konzentrierte, gilt heute als gesichert, dass das Phänomen ebenso in der Beziehung des Kindes mit anderen Elternteilen wie dem Vater oder der Co-Mutter eine grundlegende Rolle spielt.

Im Kibbuz kamen die Kinder nach dem Abstillen in die Obhut einer Metapelet, einer ausgebildeten Erzieherin, die sich als Mutterfigur um eine kleine Gruppe von Kindern kümmerte.[233]

Einmal dem Säuglingshaus entwachsen, zog das Kind ins Kinderhaus, in dem jeweils vier bis sechs Gleichaltrige in einer Gruppe zusammenlebten, aßen und spielten. Die Zeit zwischen Abendbrot und Schlafengehen, etwa von 17 bis 19 oder 20 Uhr, verbrachten die Kinder im jeweiligen Haus ihrer Eltern, bevor sie zum Schlafen ins Kinderhaus zurückkehrten. Kamen die Eltern tagsüber am Kinderhaus vorbei oder die Kinder am Arbeitsplatz ihrer Eltern, sah man sich auch außerhalb der Besuchszeiten. Am Schabbath und an Feiertagen war der Kontakt zwischen Eltern und Kindern ausgedehnter.

Dennoch: »Alle von uns«, schreibt die 1960 im Kibbuz geborene Yael Neeman in ihrem Memoir, »waren Touristen in den Häusern unserer biologischen Eltern.« Neeman war bereits in der zweiten Klasse, als sie ihren Vater das erste Mal im Pyjama sah. Der hatte sich am Nachmittag schlafen gelegt, als das Mädchen am frühen Abend im Haus seiner Eltern eintraf. »An diesem Tag betrat ich um 17.30 Uhr ohne Anzuklopfen ihr Zimmer (…), und er lag im Pyjama in seinem Bett. Ich rannte nach draußen und schrie, dass mein Vater tot sei.«[234]

Der Vater ist tot, das stimmt im übertragenen Sinne für dessen gesellschaftliche Stellung im Kibbuz. Anders als in den patriarchalisch geprägten Herkunftsfamilien der Kibuzznik war er hier an der Pflege und Erziehung der Kinder beteiligt. »Das bedeutsame Ergebnis ist, daß kleine Kinder sehr an ihren Vätern hängen und sie manchmal offenbar den Müttern vorziehen. Der Vater ist keine autoritative, furchterregende Gestalt mehr, sondern ein enger Freund, der mit dem Kind spielt, spazierengeht und es zärtlich behandelt«, so Ludwig Liegle in seiner Studie.[235]

Die täglich festgelegte Zeit, in der Kinder und Eltern aufeinandertrafen, gehörte allein der Familie, ohne Ablenkung und nebenbei verrichtete Tätigkeiten. In heutigen Begriffen würde man von *quality time* sprechen.

Die kommunistische Organisation der Kibbuzi – die Tatsache, dass die Versorgung jedes Bewohners mit Wohnraum, Kleidung, Nahrung, Krankenschutz und Altersversorgung sichergestellt war – sorgte weiterhin dafür, dass die wirtschaftliche Abhängigkeit zwischen Mann und Frau aufgehoben war. Weder eine Heirat noch eine Trennung änderte etwas am ökonomischen oder sozialen Status der Partner, auch die Versorgung der Kinder war gewährleistet, selbst wenn ihre Eltern sich scheiden ließen oder verstarben. Aus demselben Grund hatte die Zahl der Kinder keinen Einfluss auf den Wohlstand der jeweiligen Familie.

Einige Zeugnisse ehemaliger Kibbuz-Kinder kommen zu einer weniger wohlwollenden Bewertung der vergesellschafteten Erziehung. »Der Druck, sich anzupassen, war unerbittlich«, schreibt Noam Shpancer, der in den 1960ern in einem Kibbuz aufwuchs. »Auf Individualität und Konkurrenz wurde hinabgeschaut«, und weiter: »Jeder emotionale Ausdruck galt als schwach und selbstbezogen. Wir lernten, uns zu betäuben. Ich habe nicht geweint, seit ich zehn Jahre alt bin. Ich würde gern, aber ich kann nicht.«[236]

Über die Jahre veränderten sich die Kibbuzim. Die ideologischen Fundamente erodierten, oft wurde das kollektive Schlafen zugunsten dessen in der Familie aufgegeben – meist auf Betreiben der Eltern, die sich nach ihren Kindern sehnten. Ende der 1980er-Jahre wurden die Kinderhäuser fast überall aufgelöst. Von den gut 270 heute noch existierenden Kibbuzim haben sich die meisten vom sozialistischen Ansatz verabschiedet und sind mittlerweile kapitalistisch organisiert. Die basisdemokratischen Versammlungen sind längst abgeschafft, Bewohner müssen für die Dienste der Wäscherei und des Speisesaals bezahlen; Mitglieder entrichten jedoch, gestaffelt nach ihrem Lohn, eine Gemeinschaftssteuer, mit der das soziale Netz finanziert wird. Und während sie in den vergangenen Jahrzehnten überalterten, sind die Kibbuzim heute wieder beliebt bei jungen Menschen, die nach bezahlbaren Mieten und einer solidarischen Gemeinschaft suchen.[237]

Die Idee der vergemeinschafteten Kinderbetreuung dagegen begegnet einem nur noch sporadisch, etwa in der Literatur.[238] Dabei hat das Konzept nach wie vor viel für sich: Die Aufgabenteilung in der Gruppe statt in der Kleinfamilie senkt die Arbeitsbelastung aller, die Mutter wird von der Verantwortung als primäre Bezugsperson für die Kinder befreit, der Vater davon, der Familienernährer sein zu müssen; die Gleichberechtigung zwischen Mann und Frau steigt proportional mit dem Grad an sozialer Sicherheit und Eingebundensein in die Gemeinschaft jeder und jedes Einzelnen. Wird jedoch das Nähebedürfnis zwischen Eltern und Kindern unterbunden, scheitert die Utopie.

In einer 1964 durchgeführten Studie an 123 Müttern aus 13 Kibbuzim fand man heraus, dass fast alle der Meinung waren, ihre Kinder seien im Kinderhaus gut aufgehoben und glücklich – und dennoch sehnten sie sich nach mehr Kontakt mit ihrem Nachwuchs.[239] Das weist laut der klinischen Psychologin Yael Chatav Schonbrun und der Politikwissenschaftlerin Elizabeth Corey – neben den unzähligen anderen gescheiterten Versuchen, die Work-Life-Balance hinzubekommen – darauf hin, dass der viel beschworene und ermüdende Konflikt zwischen Erwerbsarbeit und Familienleben einfach nicht lösbar sei. Man könne ihn aber als gegeben hinnehmen und ihn als etwas Positives verstehen. »In der Biologie liegt der optimalen Funktionsweise unseres Körpers die ständige Spannung der Systeme zugrunde: Schlafen und Wachen, Einatmen und Ausatmen. Die Struktur des Begehrens selbst – nach Essen, Trinken, Sex oder etwas anderem – erfordert Schmerz und Vergnügen, Spannung und Entspannung, immer und immer wieder.« Die Fähigkeit, eine Rolle zeitweise hinter sich zu lassen und sich in eine andere zu begeben, ermögliche es, Energie und Enthusiasmus für die eben verrichtete Arbeit wiederherzustellen sowie Körper und Geist zu entspannen. Nicht zuletzt verhindere der Druck, sich zeitweise auf die eigene Verantwortung außerhalb der heimischen Sphäre konzentrieren zu müssen, das Helikoptern. Es sei einfacher, sein Kind sich mit sich selbst beschäftigen zu lassen, wenn man eine Deadline zu erfüllen habe. »Geduld mit uns selbst zu haben, wenn wir die Schwierigkeiten der berufstätigen Elternschaft erleben, ist vielleicht das Heilsamste, was wir tun können.«[240]

Auf die Frage, wie sie sich die Kinderbetreuung in einer idealen Welt vorstelle, findet die Schriftstellerin Leïla Slimani, die selbst mit einer Nanny aufwuchs und die für die Betreuung ihrer Kinder ihrerseits auf die Hilfe einer Kinderfrau zurückgreift, keine bessere Antwort als: »Das ist sehr schwer vorstellbar.«[241]

Dabei gibt es längst gut funktionierende Lösungen, auf die auch regelmäßig verwiesen wird. Das sogenannte Nordische Modell, also die Art und Weise, wie Elternzeiten und

Kinderbetreuung in Norwegen, Schweden, Finnland, Dänemark und Island organisiert sind, sorgt seit Jahrzehnten[242] für mehr Gender-Gerechtigkeit und vergleichsweise hohe Fertilitätsraten. Es macht Mütter ökonomisch unabhängig und stellt ein hohes Niveau an sozialer Gerechtigkeit sowie Bildungserfolge bei Kindern sicher. So verfügt Dänemark mit (immer noch bedauernswert hohen) 13,4 Prozent über die geringste Rate an Kinderarmut unter allen OECD-Staaten. In Deutschland sind es aktuell 21,3 Prozent der Kinder, die dauerhaft unter fehlender gesellschaftlicher und kultureller Teilhabe leiden.[243]

Die familienpolitischen Maßnahmen der nordischen Länder unterscheiden sich von Land zu Land, gemeinsam ist ihnen aber eine hohe Qualität der Kinderbetreuung, sei es in Kitas, in den Schulen oder bei außerschulischen Aktivitäten. Alle diese Angebote sind allen Familien zugänglich und für alle erschwinglich, wenn sie nicht gleich kostenlos angeboten werden. So sind in Finnland Kita und Kindergarten ab dem achten Lebensmonat bis zum Zeitpunkt der Einschulung gratis. Grundsätzlich fördern die nordischen Länder eine gerechte Aufteilung der Fürsorgearbeit zwischen den Elternteilen.

Während das Elterngeld in Deutschland für maximal 14 Monate (also 60 Wochen) bei 65 Prozent des vorherigen Verdienstes liegt, wird es in Norwegen 49 Wochen lang in voller Höhe oder 59 Wochen lang in Höhe von 80 Prozent des vorherigen Verdienstes ausgezahlt. Nur die drei Wochen vor und sechs Wochen nach der Geburt sind der Mutter vorbehalten, die restlichen Wochen können die Eltern frei untereinander aufteilen. 15 Wochen der Elternzeit sind dabei für den Partner oder die Partnerin reserviert. In Schweden besteht für Eltern, die sich um kranke Kinder kümmern, ein Recht auf 80 Prozent Lohnfortzahlung. In den größeren Städten des Landes fahren Menschen mit Kinderwagen kostenlos im öffentlichen Nahverkehr.

In der Arbeitskultur der nordischen Länder gelten diejenigen, die nach 16 Uhr noch nicht im Feierabend sind, nicht als besonders fleißig, sondern als schlecht organisiert.[244] Ohnehin zeigen zahlreiche Versuche, dass die Verkürzung der Arbeitszeit, sei es nun auf einen Sechsstundentag oder eine Viertagewoche, zu mehr statt weniger Produktivität führen kann.[245]

In Deutschland dagegen, vor allem in den westlichen Bundesländern, schließen manche Kitas nach dem Mittagessen, weil ein Großteil der Mütter maximal in Teilzeit arbeitet und die Kinder am frühen Nachmittag abholt. Wer sich das nicht leisten kann oder will, muss sich nach alternativen Möglichkeiten der Kinderbetreuung umschauen, die dann häufig einen Großteil des Verdienstes verschlingen – zumal bei Alleinerziehenden. In Norwegen erhalten Alleinerziehende dagegen den doppelten Kindergeldsatz.

Aber auch das Nordische Modell ist, abgesehen von den hohen, sich in starker Besteuerung niederschlagenden Kosten, nicht perfekt. Mit Ausnahme von Island sind Väter auch in diesen Ländern weit davon entfernt, die Hälfte der Elternzeit zu übernehmen. Und die eigentlich progressive Familienpolitik scheint einen Boomerangeffekt auszulösen und eine Art »gläserne Decke« in die Karrierewege von Frauen einzuziehen. Väter nehmen deutlich weniger Elternzeit als Mütter, und Frauen neigen dazu, traditionell gering bezahlte Jobs im öffentlichen Dienst anzunehmen – wegen der besseren Vereinbarkeit von Erwerbsarbeit und Kinderbetreuung.

Haushaltshilfen sind wegen der hohen Einkommensbesteuerung selbst für Gutverdiener kaum erschwinglich, die unbezahlte Arbeit bleibt genau wie ein Großteil der Care-Aufgaben einmal mehr an den Frauen hängen.[246] Das zeigt: Ohne Männer, die wirklich und wahrhaftig daran interessiert sind, ihren Teil für mehr Fairness zu leisten, geht es einfach nicht.

Island ist in der Durchsetzung von Gender-Gerechtigkeit weltweit führend.[247] Einige Kitas, Kindergärten und Grundschulen unterrichten dort bereits seit 1989 nach dem von der Pädagogin Margrét Pála Ólafsdóttir begründeten Hjalli-Modell: Jungen und Mädchen tragen genderneutrale Uniformen und werden getrennt voneinander betreut, Puppen gibt es nur für die Jungen, während die Mädchen zu Herausforderungen angehalten werden, mit denen sie sich ihrer Stärke versichern können. Während das erklärte Ziel in den Jungengruppen lautet, Empathie und das Bedürfnis nach Fürsorge zu stärken, geht es bei den Mädchen darum, Mut und Selbstbewusstsein zu trainieren – auch dahingehend, dass Mädchen deutlich vernehmbar ihre Gefühle äußern, statt sie aus falscher Rücksicht auf andere für sich zu behalten.

»Wenn in einer Gruppe nur Mädchen sind, gibt es nichts Mädchenhaftes mehr. Es ist, als verschwände das Geschlechterstereotyp«, so Ólafsdóttir.[248] Jungen hingegen können sich den als weiblich geltenden Tätigkeiten, wie dem Spiel mit Puppen oder dem Ausprobieren von Frisuren, widmen, ohne als »mädchenhaft« oder »Weicheier« zu gelten. Ólafsdóttir ist überzeugt, dass die natürlichen Stärken der Geschlechter mit den Polen Hilfsbereitschaft und Rücksichtnahme beziehungsweise Wagemut und Eigeninitiative sich schnell in Schwächen – also Selbstmitleid und Opferbereitschaft respektive Aggression bis hin zu Gewalt – verwandeln können, wenn Kinder den ganzen Tag durch das wandeln, was Ólafsdóttir den »rosa« und den »blauen Dunst« gesellschaftlicher Rollenklischees nennt. »Der beste Weg, sich der Gleichheit zu nähern, ist, die Unterschiede anzuerkennen.« Wurde ihr Modell in den Anfangsjahren noch kritisiert, gehören ihre Grundannahmen inzwischen weitgehend zum isländischen Konsens.

Es sind Maßnahmen wie diese, die eines Tages dafür sorgen könnten, dass die hiesigen Versorgungslücken in der Fürsorgearbeit nicht länger die Armen, Schwachen und Marginalisierten dieser Welt schädigen.

Blick über den Tellerrand

Wie Familie anderswo gelebt wird

Aber schauen wir mal über Europa hinaus – dahin, wo Eltern von so einer umfassenden staatlichen Familienpolitik nur träumen können. Ende des Jahres 2017 verbrachte ich drei Monate reisend und schreibend in Burkina Faso und Ghana. Kein einziges Mal während meines Aufenthaltes wurde ich gefragt, welchem Beruf ich nachginge. Stattdessen interessierten sich Zufallsbekanntschaften im Bus oder beim Essen stets umso mehr dafür, ob ich verheiratet sei und Kinder hätte. Die Frage kam meist schon wenige Minuten nach dem Kennenlernen auf. Weil ich mit Kindern nicht dienen konnte, sprach ich dann manchmal von meiner Herkunftsfamilie – die mit, konventionell gezählt, zwölf Personen aus immerhin vier Generationen schon für deutsche Verhältnisse recht überschaubar ist. In Westafrika erschien sie mindestens skurril, wenn nicht sogar traurig winzig.

Der Vergleich der hiesigen kulturellen Gepflogenheiten mit denen in Westafrika kann erhellend sein, um eine Vorstellung davon zu gewinnen, welche anderen Formen des Familienlebens und der Kindererziehung existieren. »Die Selbstverständlichkeit, mit der in ganz Westafrika Kindererziehung von der Gemeinschaft übernommen wird, ist etwas, das für überforderte, verunsicherte, überambitionierte oder auch einfach nur ein bisschen verzweifelte Eltern aus einer beliebigen deutschen Stadt, die ihre Kinder zum alles bestimmenden Mittelpunkt ihres Lebens gemacht haben, sehr heilsam sein könnte«, bringt der Autor Oliver Stolle auf den Punkt, was ich vor Ort auch oft dachte.[249]

Zunächst einmal ist hier wie auch in vielen traditionell lebenden Gesellschaften die Frage, wen man heiratet, keine, die lediglich die beiden Verliebten betrifft – es geht um mindestens[250] zwei Familien und damit mindestens zwei Abstammungslinien, die miteinander verbunden werden. Kinder werden in diesem Zusammenhang genau wie die Ehe weniger als ein biografisches Projekt verstanden, sondern als eine Selbstverständlichkeit, wenn nicht ein Muss.

Weil Kinder nahezu ausnahmslos als großes Glück und entscheidend für ein gelungenes Leben gelten, stellt Unfruchtbarkeit oftmals einen hinreichenden Grund für eine Scheidung dar – oder im Fall des Mannes die Heirat einer Zweitfrau. Neben der Ehe, wie wir sie kennen, existieren zahllose weitere Möglichkeiten, der Kinderlosigkeit zu entgehen. Zum Beispiel: Ist eine Frau, nennen wir sie A, unfruchtbar, oder ist ihr Mann gestorben, ohne einen Sohn zu hinterlassen, hat sie die Möglichkeit, eine andere Frau, B, zu heiraten und einen ihrer männlichen Angehörigen zu bitten, eine sexuelle Beziehung zu Frau B aufzunehmen, damit diese anstelle von A Kinder bekommt. »Wenn eine Frau als Ehefrau keine Kinder haben kann, kann sie sie auf diese Weise als Ehemann haben«, so der ghanaische Bischof Peter Sarpong. Auch sogenannte Geisterehen kommen vor: Stirbt ein verlobter Mann, kann einer seiner männlichen Verwandten die hinterbliebene Verlobte heiraten und gewissermaßen im Namen des Toten Kinder mit ihr zeugen.[251]

Sind sie einmal auf der Welt, verbringen Babys die ersten zwei Jahre ihres Lebens rund um die Uhr in engem Körperkontakt mit der Mutter oder einer weiblichen Verwandten, indem sie in ein Tuch gewickelt auf dem Rücken umhergetragen und nur zum Stillen heruntergenommen werden oder wenn sie ihre Notdurft verrichten (Windeln sind nicht verbreitet). Das kommt dem Bedürfnis des Kindes nach Nähe und Geborgenheit nach und befähigt die Frauen gleichzeitig, bald nach der Geburt zum Beispiel auf dem Markt oder dem Feld zu arbeiten – das Konzept Hausfrau existiert in Westafrika so nicht. Die Möglichkeit, das Kind jederzeit kurzfristig an eine andere Person weiterzugeben, hat zwei Effekte: Es verhindert die Überanstrengung der jeweiligen Mutter – und die Babys legen eine erstaunliche Ruhe und Ausgeglichenheit an den Tag. Tatsächlich saß ich manchmal stundenlang in Gesellschaft mehrerer Neugeborener in engen, heißen Minibussen, ohne dass auch nur eines von ihnen geweint hätte.

In den größeren Städten, in denen eine stetig wachsende Mittelschicht existiert, gibt es mittlerweile auch zahlreiche Kinderkrippen und Kindergärten nach europäischem Vorbild. Meist aber werden Kinder von der erweiterten Familie betreut, getreu dem unermüdlich zitierten ganzen Dorf, das es braucht, um ein Kind großzuziehen.

Und zum Dorf gehören alle, daher kümmern sich auch die Kinder umeinander: Ich habe viele ältere Kinder gesehen, die jüngere in im Freien stehenden Bottichen badeten oder auf dem Weg zur Schule Huckepack nahmen. In den stets gut gefüllten Gruppentaxis und Kleinbussen nehmen sieben- oder achtjährige Jungen einander umstandslos auf den Schoß, um Platz für einen weiteren Fahrgast zu machen. Statt wie bei uns den Fokus auf die bestmögliche Entfaltung des einzelnen Kindes zu legen, geht es in Westafrika viel mehr darum, dass sich das Kind in die Gemeinschaft einpasst. Alle sind für alle da.

Wenn es die Umstände erfordern, ist es daher nicht ungewöhnlich, dass Kinder statt bei ihren Eltern bei Tanten, Onkeln oder Großeltern leben, wobei die Bezeichnungen »Auntie« und »Uncle« weniger die tatsächlichen Schwestern oder Brüder der Eltern bezeichnen, sondern irgendeinen weiblichen bzw. männlichen Verwandten. Ich habe viele Menschen getroffen, die einen Teil ihrer Kindheit bei Verwandten oder Bekannten in anderen Dörfern oder Städten untergebracht waren, sei es, weil ein Elternteil oder beide verstorben waren oder weil es die Ausbildungs- oder Arbeitssituation erforderte. »Zwischen 25 und 30 Prozent der Kinder in Ghana wachsen nicht bei den leiblichen Eltern auf«, schätzt die Sozialanthropologin Erdmute Alber.[252]

Alber hat mehrere Jahre bei den Baatombu in Nordbenin gelebt und deren Konzept von Elternschaft erforscht. Sie stieß dabei auf die Praxis der Kindspflegschaft, die verdeutlicht, dass »im Rahmen der geltenden Normen gute Gründe dafürsprechen, die gegenwärtige euro-amerikanische Vorstellung zu relativieren, dass es für Kinder grundsätzlich das Beste ist, bei den leiblichen Eltern aufzuwachsen«.[253]

Wird bei den Baatombu ein Kind geboren, beglückwünschen sich alle Anwesenden gegenseitig mit der Formel »Wir, welch ein Segen«. Besonders die Großeltern des Kindes, seine Tanten und Onkel erhalten Gratulationen. »Dieses Verhalten basiert auf der Vorstellung, dass das Kind vielen Menschen angehört, in je verschiedener Weise«, so Alber.

»Es gehört nicht nur zu seinen Eltern, sondern ebenso zu Vaterschwester, Mutterbruder, Großeltern sowie zu anderen Onkeln und Tanten. Es gehört zum Klan seines Vaters, wird aber auch als Mitglied der Verwandtschaftsgruppe seiner Mutter angesehen.«[254]

Solange das Kind gestillt wird und seine Mutter noch kein weiteres Baby auf die Welt gebracht hat, lebt es bei ihr. Danach, also im Alter von etwa drei Jahren, wird es in aller Regel von Verwandten in Pflegschaft genommen. Diese tun zunächst ihr Interesse kund, das Kind anzunehmen, und für den Fall, dass die Eltern einverstanden sind, wird es eines Tages abgeholt, neu eingekleidet und lebt bis zu seiner Hochzeit bei dieser oder diesem Verwandten. Mutter-Kind-Bindung oder frühkindliches Erleben spielen bei den Baatombu keine Rolle. »Im Kinderalltag in einem Baatombu-Gehöft ist die Frage, welcher Erwachsene für einen zuständig ist, mit wem man gemeinsam isst oder schläft, wichtiger als die nach der Verortung im Verwandtschaftssystem«, so Alber.[255] Anders als bei einer Adoption würden die biologischen Eltern aber keineswegs »vollständig durch die sozialen Eltern ersetzt, sondern behalten eine Rolle als Namensgeber und auch als Krisenheimat«.[256]

Man geht davon aus, dass sich die Kinder später nicht an ihre biologischen Eltern erinnern. Dennoch wird nicht lange vor ihnen geheim gehalten, dass sie neben ihren Pflegeeltern, die sie als ihre »richtigen« Eltern betrachten, noch ein biologisches Elternpaar haben. Die meisten Kinder wissen spätestens im Grundschulalter, wer diese anderen Eltern sind.

Der wichtigste Grund für die Kindspflegschaft ist das, was Alber »verwandtschaftliche Kohäsion« nennt: Durch die

Zirkulation von Kindern entstanden, ganz ähnlich wie durch strategische Verheiratung in Zeiten vor der Erfindung moderner Kommunikationsmethoden, Verantwortlichkeiten und Allianzen zwischen Familienmitgliedern, die weit entfernt voneinander lebten. »Dies war insbesondere in der vorkolonialen Zeit, als Razzien und Fehden an der Tagesordnung waren, von ausschlaggebender Bedeutung«, so Alber. »In einem sozialen Raum, in dem wenig Kohäsion bestand und kriegerische und gewaltsame Auseinandersetzungen nicht an Verwandtschaftsgrenzen haltmachten, waren Praktiken notwendig, die für Kohäsion und aktive verwandtschaftliche Bindungen sorgten.« Die Kindspflegschaft garantierte friedliche Verhältnisse: Das eigene Kind greift niemand an. Die Baatombu folgen dabei derselben Logik wie die europäischen Adelshäuser im 12. Jahrhundert, als sie untereinander Jungen und Mädchen austauschten, um Allianzen zu bilden.

Daneben hat die Kindspflegschaft eben auch jene bereits erwähnte lebenspraktische Bewandtnis, dass die Kinder bei Krankheit und Tod der Eltern versorgt sind und außerdem jede Frau und jeder Mann zu einem Kind kommt, wenn ihnen ein biologisches aus welchem Grund auch immer verwehrt bleibt. Die Baatombu verteilen die soziale Elternschaft auf mehr als ein oder zwei Personen

Was uns schwer verständlich oder gar grausam erscheinen mag, verdeutlicht, dass es viele Arten gibt, Familie und Zusammengehörigkeit zu verstehen. Sie sind immer auch kulturell bedingt und historisch gewachsen, wir sind immer Kinder unserer Zeit. So wird Verwandtschaft zum Beispiel wie unter der Bevölkerung von Malaysia nach Merkmalen wie gemeinsamem Wohnen (etwa unter der Bevölkerung von Malaysia) oder dem Teilen der Mahlzeiten (zum Beispiel bei den Nuern im Südsudan) definiert. Im Amazonasgebiet gelten Menschen als Verwandte, die denselben Feind haben.

»Die Mehrheit der Menschen auf der Welt geht nicht davon aus, dass sich Verwandtschaft durch Blutsbande konstituiert«, so die Kulturwissenschaftlerin Christina von Braun.[257]

Dementsprechend unterscheidet die anthropologische Forschung heute zwischen verschiedenen Arten des *kinning*, des »Verwandtschafts-Machens«. Der Dreisatz lautet: *nature, nurture and law*, gemeint ist die biologische, soziale und legale Zugehörigkeit von Menschen zueinander, die in eins fallen können, aber nicht müssen. Statt die Familie streng biologisch zu denken, könnte man vielleicht anfangen, diejenigen, mit denen man sein Leben verbringen möchte, als seine *logische* Familie zu verstehen. Nicht unbedingt als Ersatz, sondern als sinnfällige Erweiterung.

Was nun aber passiert, wenn die Grundlagen, auf denen Abstammung und Familie basieren, von vornherein andere als die uns bekannten sind, zeigt ein Beispiel aus Fernost.

Das Volk der Mosuo (manchmal auch Moso genannt) lebt seit mindestens dem 3. Jahrhundert unserer Zeitrechnung im Südwesten Chinas, bis Ende der 1980er-Jahre hatte außerhalb des Landes praktisch niemand von ihm gehört. Heute bewohnen die etwa 30 000 Angehörigen dieser Ethnie ein 80 000 Quadratkilometer großes Gebiet im Bergland nahe der Grenze zu Tibet. Die Mosuo sind so etwas wie das Lieblingsstudienobjekt der Matriarchatsforschung. Denn den Grundpfeiler ihrer Gesellschaft bildet nicht die Kleinfamilie, sondern die »um die Mutter herum aufgebaute Großfamilie«, so die Ethnologin Christine Mathieu. Dieser Clan wohnt in Gemeinschaften aus zehn bis 100 Personen und aus drei bis vier Generationen auf einem Hof zusammen, wobei alle Familienmitglieder mütterlicherseits miteinander blutsverwandt sind: die jungen Frauen und ihre Brüder, deren Mütter und Mutterbrüder und wiederum deren Großtanten und Großonkel mütterlicherseits, die Kinder, Nichten und Neffen.[258]

Dabei sind die Aufgaben innerhalb der Großfamilie klar verteilt: Die Mütter kümmern sich nach der Geburt etwa ein Jahr lang selbst um ihr Baby, bevor sie ihre Arbeit wiederaufnehmen. Zusammen mit den anderen Frauen und Männern ihrer Generation produzieren sie in den familieneigenen Gärten und auf den Feldern die Lebensmittel, die sie selbst verbrauchen und auf dem Markt verkaufen. Die Frauen der älteren Generation sind für die Hausangelegenheiten zuständig, das Zubereiten der Mahlzeiten und die Betreuung der Enkelkinder. In der Regel hat eine dieser Frauen im Alter zwischen 40 und 65 Jahren den Haushaltsvorstand inne. Als Matriarchin verwaltet und verteilt sie den Gemeinschaftsbesitz des Clans zum Wohle aller. Auch die Männer der zweiten Generation, also die Brüder dieser Frauen, betreuen die Kinder und kümmern sich zudem um Transport und Handel der Güter, die der Clan produziert, bauen die Häuser der Mosuo und hüten das Vieh. Die Frauen und ihre Brüder aus der ältesten Generation, also die über 65-jährigen Großmütter und Großonkel mütterlicherseits, sind von der Pflicht zur körperlichen Arbeit entbunden.

Die Kinder der Mosuo, und das ist das eigentlich Interessante, entstammen sogenannten Besuchsehen: Statt zu heiraten und auszuziehen, gehen die Frauen Beziehungen mit Männern anderer Clans ein, ohne dass diese Beziehungen zwangsläufig auf lange Zeit hin angelegt wären – sie können es aber sein. Die Liebesbeziehungen zwischen Männern und Frauen basieren auf beidseitiger Freiwilligkeit und ohne dass irgendeine Art von Besitz an ihrem Zustandekommen oder ihrem Auseinandergehen hängt. »Während die Mosuo das Ideal einer unteilbaren Familie vertreten, halten sie andererseits sexuelle Beziehungen strikt aus der Familie heraus«, fasst Christine Mathieu das Modell zusammen. Schon immer trennen sie die romantische Liebe von der Fortpflanzung.

»Im Frühling kümmerte Dujema sich um meine Ama, als sie meine ältere Schwester Zhema zur Welt brachte«, so die 1966 geborene Mosuo Yang Erche Namu über das Verhältnis ihrer Tante zu ihrer Mutter. Und über den Vater des Kindes schreibt sie: »Dem Brauch der Moso gemäß, besuchte er meine Mutter jede Nacht und blieb manchmal sogar ein paar Tage, um bei bestimmten Arbeiten zu helfen, aber am Ende ging er immer nach Hause, um für seine eigenen Verwandten zu sorgen.«[259]

Die Mosuo leben matrilokal, das heißt, für Männer wie für Frauen bleibt das Mutterhaus ein Leben lang der feste Wohnsitz. Mit Erreichen des 13. Lebensjahres bekommt das Mädchen ein eigenes Zimmer, um männliche Besucher empfangen – und ebenso wieder wegschicken zu können. Was auch immer in diesem Zimmer passiert, ist die Sache des Paares, die Familie übt in dieser Privatangelegenheit keine Kontrolle aus. Alte und Kinder schlafen im Hauptraum des Hauses, die Männer entweder im Gästezimmer oder außer Haus bei ihren jeweiligen Geliebten.

Das Wort »Vater« kennen die Mosuo nicht, denn die Männer sind nicht den Kindern verpflichtet, die sie zeugen, sondern den Kindern ihrer Schwestern. Für diese nehmen sie die Rolle der sozialen Väter ein, kümmern sich um ihre ethisch-moralische Entwicklung sowie die sexuelle Erziehung der Jungen, während die Mütter für die der Töchter sorgen. Die Frauen sehen nicht nur ihre eigenen Kinder als die ihren an, sondern auch die ihrer Schwestern. Wer keine eigenen Kinder hat, kümmert sich mit um die der andern. Statt von zwei Ehepartnern werden Kinder bei den Mosuo also von allen Geschwistern gemeinsam aufgezogen. Ohne eine Institution wie die Ehe, die Frauen und Männer aus ihrer Herkunftsfamilie löst, verbleiben Besitz und Erbe auf immer im Clan. Trennungen und Scheidungen von (Eltern-)Paaren, wie wir sie kennen, kommen so schon allein per definitionem nicht vor.

Zwar steht der Großfamilie in der Regel eine Frau vor, Entscheidungen innerhalb dieser Familie aber werden nach dem Konsensprinzip getroffen: Es wird so lange nach einer Einigung gesucht, bis alle zufrieden sind. Streit oder Gewalt existiert bei den Mosuo nicht.[260]

Das alles klingt verdächtig nach der Fantasie einiger hippiesker Öko-Feministinnen und fast zu idyllisch, um nicht ausgedacht zu sein. Tatsächlich aber ist die Lebensrealität der Mosuo mittlerweile gut erforscht. Bei ihnen handelt es sich nur um eine von einer ganzen Reihe von Gesellschaften auf der Welt, die in veränderlichen Anteilen in matrilokalen und matrilinear organsierten Gesellschaften leben, wie die Minangkabau auf der indonesischen Insel Sumatra, die sich als orthodoxe Muslime verstehen, oder die indigenen Navajo in den USA. Aktuell geht man davon aus, dass die Matrilinearität bei etwa 20 Prozent aller erfassten Ethnien auf der Welt bedeutsam ist. Anthropologen vermuten, dass auch in prähistorischen Jäger-und-Sammler-Gesellschaften die Männer zirkulierten.[261]

Die These allerdings, dass das goldene Zeitalter des Matriarchats irgendwann vom Patriarchat beendet wurde, ist genauso beliebt wie wissenschaftlich unhaltbar und wird, der Geschichtswissenschaftlerin Elke Hartmann zufolge, seit Mitte des 19. Jahrhunderts immer dann bemüht, wenn das Rollenverständnis der Geschlechter zur Diskussion steht, denn: »Das Matriarchat dient immer als Projektionsfläche, um aktuelle Vorstellungen der Geschlechterordnung zu reflektieren.«[262]

Aber die Frauen der Mosuo herrschen nicht – keine Gruppe oder Einzelperson herrscht hier über eine andere. Es handelt sich daher nicht um eine matriarchale Gesellschaft. Auch bei den Mosuo bilden Haus und Hof die Sphäre der Frauen, während die Männer hinaus in die Welt gehen. Die Rollenverteilung zwischen den Geschlechtern ist jedoch nicht besonders strikt, ein Wechsel leicht möglich. »Und keine dieser Rollen ist besser oder schlechter, sie sind einfach so«, schreibt Mathieu, während sie gleichzeitig darauf hinweist, dass Frauen einen großen Teil der körperlichen Arbeit verrichten, während die Mosuo-Männer die Verwaltung und die öffentlichen Ämter dominieren. Dennoch: Der Umstand, dass die Mosuo matrilinear organisiert sind, dass Frauen bei ihnen nicht von vornherein weniger als Männer gelten, sondern sie auf mehreren Feldern des Lebens – dem Familienbesitz, dem Stammbaum, ihrer Sexualität – legitime Trägerinnen von Autorität sind, scheint Frauen und Männer mit besseren Ausgangsbedingungen für eine stabile Familienbildung auszustatten, als es in vielen anderen Teilen der Welt heute der Fall ist.

Auch das Beispiel der Mosuo zeigt, dass auf der Welt durchaus alternative Möglichkeiten existieren, Familie zu denken und zu organisieren. Sie haben »eine außergewöhnliche kulturelle Wahl getroffen: Sie haben weder die sexuelle Freiheit noch die romantische Liebe geopfert, weder die ökonomische Sicherheit noch die Kontinuität ihrer Vererbungslinien«, so Mathieu. Stattdessen haben sie die Ehe verworfen.[263]

Das unabhängige Geschlecht

Die Familien der kinderlosen Frauen

Irgendwann gegen Ende meiner langen Westafrikareise setzte sich in einem brüllend heißen Überlandbus mitten in der Savanne Burkina Fasos eine Frau auf den freien Platz neben mir. Sie musste ungefähr in meinem Alter sein, trug eng am Kopf geflochtene, mit Schmuckperlen versehene Zöpfe, auf ihrem Schoß eine lila Lackhandtasche. Als sie damit fertig war, Nachrichten in ihr Smartphone zu tippen, unterhielten wir uns ein wenig. Sie stellte sich mir als Pélagie vor. Ich wusste inzwischen, dass ein Leben ohne Kinder in dieser Gegend der Welt oft als ein nicht gelebtes gilt und welche Maßnahmen mitunter ergriffen werden, um möglichst jeden Mann und jede Frau mit Nachwuchs auszustatten. Daher fragte ich Pélagie, wie viele Kinder sie habe. Sie antwortete sanft: »Keine. Ich habe keine Kinder und bin nicht verheiratet. Dafür habe ich meinen Job und ein gutes Gehalt. Mein Vater sagt, ich soll tun, womit ich glücklich werde.« Sie erzählte, dass sie für eine Firma arbeite, die mit Mehl handele, und gerade von einer Geschäftsreise zurückkehre.

Es war mir unangenehm, dass ich aus der Gewohnheit der zurückliegenden Monate heraus einfach von einer obligatorischen Kinderschar ausgegangen war. Aber ich freute mich auch für diese Frau – und über ihr offensichtlich selbstbestimmtes Leben. Sie lächelte und zeigte mir, was in kleinen französischen Lettern auf ihrem braun-grün gemusterten Kleid stand, das sie sich zwei Jahre zuvor anlässlich des Frauentages am 8. März hatte anfertigen lassen: »Die Gleichberechtigung der Frauen bedeutet den Fortschritt aller«.

Dieses Buch über die Familie ist ebenso eines über den Feminismus, weil beides untrennbar miteinander zusammenhängt. Und da die Basis vieler Familiengründungen nach wie vor die Ehe ist[264], die wiederum mit einer Hochzeit begangen wird, lohnt sich hier eine nähere Betrachtung.

Die US-amerikanische Sozialreformerin und Frauenrechtsaktivistin Susan B. Anthony formulierte bereits 1877 in ihrer Rede »The Homes of Single Women« einen grundlegenden Gedanken: »Für die Entwicklung der Frau von der Untertanin zur Souveränin muss es eine Zeit des eigenen, sich selbst versorgenden und sich selbst tragenden Zuhauses geben, in dem ihre Freiheit und Gleichheit nicht angefochten werden.« Für Anthony stand fest, dass die für alle Beteiligten vorteilhafte Chancengleichheit zwischen Mann und Frau nur dann erreicht werden kann, wenn Frauen zumindest für eine unbestimmte Zeit nicht mehr heiraten – so lange, bis die Ehe als Institution sie nicht mehr automatisch in ihrer Selbstbestimmung beschneidet. »Wenn Frauen nicht akzeptieren wollen, dass die Ehe Unterwerfung bedeutet, und Männer nur eine Ehe mit Unterwerfung anbieten, kann es keine Alternative geben.«[265]

Eine heute geschlossene Ehe bedeutet nicht mehr zwangsläufig, dass sich die Frau dem Mann unterwerfen muss. (Allerdings stellte der Bundestag erst im Jahr 1997 die Vergewaltigung in der Ehe unter Strafe – durchaus mit Gegenstimmen von 138 Abgeordneten der CDU, CSU und FDP.[266]) Ehefrauen sind dagegen längst selbst in der Lage, ihren Mann oder ihre Frau zu unterdrücken, zudem können sich in jeder Beziehung ungute Machtgefälle jenseits des Ehestatus und der Gender-Kategorien ergeben.

Vor allem aber kann eine Ehe heute – nachdem sie in vielen Teilen der Welt von der Kirche, dem Sex, der Mitgift, der wirtschaftlichen Selbstversorgung und Kindern entkoppelt wurde, eine Verbindung zwischen zwei Partnern im echten Sinne des Wortes sein.

Dennoch: »Wenn vormoderne Ehefrauen als Besitz des Mannes angesehen wurden, sobald sie in den ›Ehestand‹ traten, so gilt in der modernen Liebe, dass wir als Partner einander gehören«, schreibt die Medienwissenschaftlerin Laura Kipnis in ihrer Abrechnung mit der Liebe und zählt all die Dinge auf, die sie als Antwort auf die Frage gehört hat: »Was dürfen Sie nicht tun, weil Sie Teil eines Paares sind?« Die Liste reicht von »Sie dürfen nicht aus dem Haus gehen, ohne zu sagen, wohin« bis »Sie dürfen nicht so schnell fahren; was zu schnell ist, legt Ihr Partner fest«. Kipnis' Aufzählung füllt achteinhalb Buchseiten und endet mit dem Satz: »Als Lohn für all dies winkt die Liebe.« In der heutigen Ehe unterwerfen sich ihr zufolge also statt einem gleich zwei Menschen.[267]

Trotzdem ist eine Hochzeit zwischen Heteros nach wie vor etwas, von dem auch im Jahr 2020 häufig wie selbstverständlich behauptet wird, es handele sich um den schönsten Tag im Leben *einer jeden* Frau – ein Höhepunkt, ein Etappensieg in der Biografie. Schon die Tatsache, dass die Aussage für Männer nicht (oder nicht im gleichen Ausmaß) zu gelten scheint, sollte stutzig machen.

Auch bei oberflächlicher Betrachtung fällt auf, dass die traditionelle und in den vergangenen Jahren wieder beliebter gewordene Hetero-Traumhochzeit mit ihren Ritualen und vorgelagerten Feierlichkeiten nicht nur den Unterschied zwischen den Geschlechtern geradezu beschwört. Nur zwei Beispiele: Die Braut, in jungfräulich reines Weiß gekleidet, lässt sich häufig von einem Mann, ihrem Vater, an einen anderen Mann, ihren zukünftigen Gatten, übergeben wie ein wertvolles, aber auch zerbrechliches Objekt. Auch fast 45 Jahre nach der Änderung des deutschen Namensrechts nehmen immer noch 75 Prozent aller Hetero-Frauen bei der Hochzeit den Namen des Ehemannes an, umgekehrt machen es gerade einmal sechs Prozent der Paare. Weil der Name des jeweiligen Mannes so viel öfter der schönere ist? Weil man das eben traditionell so macht? Oder doch eher, weil der Ehemann und dessen Familie in der Welt »traditionell« höher geschätzt wird?

Das Argument, dass die Ehe das Lebensmodell Hausfrau und Mutter rechtlich und finanziell absichert, greift weniger, seit nach der Reform des Unterhaltsrechts jeder der Ehepartner nach der Scheidung verpflichtet ist, sich seinen Unterhalt selbst zu beschaffen und der Betreuungsunterhalt, der dem betreuenden Elternteil nach einer Trennung oder Scheidung bis drei Jahre nach der Geburt eines Kindes zusteht, auch für nicht eheliche Kinder gilt.[268] Wenn eine Ehe mit Kindern in die Brüche geht, stellt das fast immer die Frau schlechter. Ihr durchschnittliches Einkommen sinkt für meist etwa fünf Jahre um 40 Prozent.[269]

Ein Ehepartner ist heute keine Altersvorsorge mehr. Es gibt kein Gesetz, das Frauen, die nach wie vor die Kinder bekommen und einen Großteil der unbezahlten Sorgearbeit übernehmen, vor Altersarmut schützt. Außer, sie tun es selbst.

Die Autorin Jia Tolentino hat anschaulich beschrieben, dass das aufwendige Theater rund um die Hochzeit wie ein vorgezogener Trostpreis wirken kann für das, was die Frau in der Ehe dann oft erwartet. »Das Paradox im Zentrum der Hochzeit liegt darin begründet, dass sie zwei Versionen der Frau beschwört«, so Tolentino. »Da ist die glorifizierte Braut, die groß und prachtvoll und fast monströs mächtig erscheint, und da ist ihr null und nichtig gemachter Zwilling und ihr Gegenteil – die Frau, die unter der Namensänderung und dem Schleier verschwindet.« Vor dem Hintergrund, dass Ehe für viele Frauen immer noch bedeutet, dass sie mit ihren Bedürfnissen hinter ihrem Mann und ihren Kindern zurücktreten, erscheine die Hochzeit, die oft mit dem feierlichen Kauf des Kleides, einem Junggesellinnenabschied und der großen glitzernden Party einhergeht, wie ein ziemlich schlechter Handel. »Es fühlt sich an wie ein Trick«, so Tolentino. »Ein Trick, der lange funktioniert hat und nach wie vor funktioniert, insofern, als dass die Braut das am umfassendsten gefeierte Bild von Weiblichkeit bleibt – und die Planung einer Hochzeit der einzige Abschnitt im Leben einer Frau ist, in der sie ganz allgemein und bedingungslos dazu ermutigt wird, alles genau so zu machen, wie sie es möchte.«[270]

Nun verzichten heute nicht wenige Frauen auf die Ehe, ohne damit eine politische Erklärung abgeben zu wollen. Wenn sich einfach kein passender Partner finden lässt, hat dies mitunter einen eigentlich erfreulichen Grund: Sie sind immer besser ausgebildet und verdienen mehr Geld als in Frage kommende Männer. Doch Frauen heiraten, anders als Männer, selten »nach unten« und bleiben daher eher Single.

Andere, die durchaus nicht in konservativen Familien leben, träumen dagegen von der Ehe. Wie meine Freundin Ellen. Sie hat zwei Kinder, die sie gleichberechtigt mit deren Vater erzieht, von dem sie getrennt lebt. Ellen möchte keinen weiteren Nachwuchs und sucht auch keinen Ersatzvater für ihre Kinder, aber sie wünscht sich, eines Tages zu heiraten. Nicht, weil sie die Ehe als kirchliche oder staatliche Institution so schätzt oder als »ordentliche« Grundlage für eine Familie versteht, sondern weil Ellen sich nach einem Bekenntnis von jemandem sehnt – nach einem Geliebten, der sie so annimmt, wie sie ist.

Für einen anderen Freund, Niklas, ist die Ehe (oder eine auf Dauer angelegte Beziehung mit der Option auf Kinder) etwas, das ihm einen gewissen Schutz sowohl vor den Zumutungen der tendenziell ausbeuterischen neoliberalen Arbeitswelt verspricht als auch vor den Verführungen eines ganz ähnlich organisierten Partnermarktes, auf dem der oder die Nächste, Bessere immer nur einen Swipe nach rechts entfernt ist.

Für meinen Bekannten Rasmus bedeutet die Ehe (beziehungsweise bedeuten ihm die herrschenden Ehegesetze), dass er einem aus Togo stammenden Freund durch eine Scheinehe mit ihm einen Aufenthaltstitel in Deutschland verschaffen konnte.

Mir bedeutet Ehe in etwa so viel wie das nordamerikanische Familienfest Thanksgiving. Ich verstehe, dass es für viele Menschen eine enorm wichtige traditionelle und emotional aufgeladene Sache ist, aber mir sagt sie nichts weiter. Dazu muss man wissen, dass die Ehe in der DDR der 1980er-Jahre keine bürgerliche Institution war, der man sich unbedingt auf Lebenszeit verschrieb, sondern häufig etwas, das man einging, um zum Beispiel an eine ansonsten nicht zu beschaffende Wohnung zu kommen. Mein Bruder und ich kamen als uneheliche Kinder auf die Welt, unsere Eltern heirateten erst standesamtlich, als ich sechs Jahre alt war und kurz vor der Einschulung stand. Mein Vater nennt das Drängen der gemeinsamen Freunde meiner Eltern als einen Grund zu heiraten. Nach so vielen Jahren der Beziehung habe es freundliche Nachfragen gegeben.

Praktischerweise bekamen junge Paare bei der Eheschließung einen staatlichen Kredit von 7000 Ostmark gewährt, »das hat bei unserer Entscheidung zu heiraten sicher auch eine Rolle gespielt«, sagt meine Mutter heute. Fürs erste Kind wurde dem betreffenden Ehepaar 1000 Mark der Rückzahlsumme erlassen, beim zweiten nochmals 1500 Mark, für das dritte dann 2500 Mark. Man nannte das »abkindern«. Die Ermäßigungen bei der Tilgung galten auch für bereits geborene Kinder der Verbindung. Von dem Geld kauften meine Eltern unter anderem eine Stereoanlage und eine kleine Küchenmaschine, die meiner Mutter bis vergangenes Jahr gute Dienste leistete. Ich erinnere mich an die Hochzeit vor allem als ein großes, von einem heftigen Sommergewitter gekröntes Fest mit vielen Freunden. Unser Familienleben veränderte sie für meine Begriffe kein bisschen.

Historisch betrachtet, hatten Frauen über Jahrhunderte hinweg kaum eine Wahl, ob sie ihr Leben einem Mann und Kindern unterordnen wollten. »Die meisten Frauen hatten abgesehen von der Ehe ganz einfach keine andere Möglichkeit, um zu ökonomischer Stabilität, gesellschaftlich gebilligter Sexualität und Fortpflanzung sowie einem sozialen Status zu gelangen«, sagt die Autorin Rebecca Traister. »Aber das bedeutete gleichzeitig, dass ein Ehemann (und infolgedessen Kinder, manchmal ein ganzer Haufen von ihnen) gleichbedeutend damit war, vom Ehefrauen- und Mutterdasein verschluckt zu werden. Mehr noch: Frauen verloren auf diesem Weg ihre Autonomie, ihre Rechte und die Möglichkeit, im öffentlichen Leben etwas zu erreichen.«[271]

»Fast die einzige Art von Frau, die individuelle Macht erreichen konnte, war die reiche Witwe, der ein soziales Standing zugestanden wurde, da sie verheiratet gewesen *war* und sie daher zur gesetzlichen Erbin von Geld oder Immobilien gemacht, aber ohne einen Vorstand zurückgelassen wurde«, beschreibt Traister eine dritte Möglichkeit, die allerdings auch nicht auf eigener Wahl beruhte. Die reiche Witwe war zudem eine absolute Seltenheit. Stand eine Frau nach dem Tod ihres Mannes ohne Besitz da, war sie fortan auf die Barmherzigkeit und die Hilfe von anderen angewiesen, um ihr Überleben und das ihrer Kinder zu sichern.[272] Im Paris des 18. Jahrhunderts verdiente jede 13. Frau zumindest zeitweise ihren Unterhalt mit Prostitution.[273]

Alleinstehende oder verwitwete Frauen waren in Europa ab dem 15. Jahrhundert massiv gefährdet, als Hexen angeklagt zu werden, weil sie unter dem Verdacht standen, mit dem Teufel im Bett gewesen zu sein. Unzählige von ihnen wurden für extreme Wetterphänomene und andere unerklärliche Unglücke verantwortlich gemacht und auf dem Scheiterhaufen verbrannt.[274] Ähnliches geschieht noch immer: Im Juli 2020 wurde in Nordghana die 90-jährige Akua Denteh beschuldigt, eine Hexe zu sein, und von Bewohnern ihres Heimatdorfes gelyncht.[275]

Es war nicht zuletzt die Antibabypille, im Jahr 1961 in der BRD und vier Jahre später in der DDR eingeführt, die Frauen erstmals in der Geschichte der Menschheit tatsächlich die Wahl ließ: nicht zwischen Keuschheit und dem Zustand nahezu ständiger Schwangerschaft (oder oftmals lebensgefährlichen Abtreibungen), sondern zwischen Kindern und keinen Kindern.

Erst sichere Methoden der Empfängnisverhütung haben den Kinderwunsch hervorgebracht. Vor dem 17. Jahrhundert brachte eine Frau nicht selten bis zu 20 Kinder auf die Welt[276], eine echte Wahl hatte sie nicht. Verhütungsmittel waren zwar zahlreich, aber nicht verlässlich – in vielen Ländern der Welt, in denen Kinder zudem oft die einzig verfügbare Altersversorgung darstellen, ist das bis heute so. Zwar ist oft die Rede von einer ominösen biologischen Uhr, die angeblich im Körper einer Frau tickt, sobald sie sich dem vierten Lebensjahrzehnt nähert. Dabei gilt es inzwischen als erwiesen, dass der Wunsch, Kinder zu haben, mitnichten rein biologisch bedingt oder instinktiv ist. In Wirklichkeit ist er massiv kulturell geprägt und wirkt seinerseits auf die Kultur ein. Frauen, die sich aus freien Stücken entscheiden, keine Kinder zu bekommen, geraten schnell unter Rechtfertigungsdruck und Generalverdacht. Diejenige, die so etwas »Natürliches«, wie sich fortzupflanzen, ablehnt, mit der kann etwas nicht stimmen.

Die sogenannte endgültige Kinderlosenquote, die weiterhin standardmäßig bei Frauen im Alter zwischen 40 und 49 erhoben wird – also in einem Alter, in dem man trotz aller reproduktionsmedizinischen Fortschritte im Großen und Ganzen davon ausgehen kann, dass sie auch keine Kinder mehr bekommen –, lag bei der letzten Erhebung des Statistischen Bundesamtes bei 21 Prozent. Mehr als ein Fünftel aller Frauen in Deutschland bekommen also kein Kind.[277]

»Ich habe immer davon geträumt, die Welt zu erobern,

anstatt die Familienidee abzustauben. Ein Kind hat mich nie so interessiert«, sagt Valentina, eine der Frauen, die ich zu diesem Thema interviewt habe. »Die Vorstellung, ein paar Jahre zu Hause zu bleiben, um ein Kind heranwachsen zu sehen, erschien mir wie eine Gefängnisstrafe. Ich wollte nach China, bevor irgendjemand dahin reiste, nach Hongkong und Vietnam.« Genau das hat sie gemacht. Nach Jahren, in denen sie als Filmemacherin und Autorin in diversen asiatischen Ländern gelebt hat, wohnt Valentina heute in New York.

Dabei hat sie nichts gegen eine Partnerschaft und das Zusammenleben mit einem Mann. Nur wollte sie nie durch die Geburt eines Kindes wirtschaftlich von irgendwem abhängig werden. Sie kann sich gut vorstellen, dass positive weibliche Rollenvorbilder ihre Meinung beeinflusst hätten. »Aber es gab lange entweder die Hausfrau oder die berufstätige Frau ohne Kinder.« Letztere wiederum gab es zuhauf – und sie hatten in Valentinas Augen ein gutes Leben. »Als es dann die Frauen gab, die Kind *und* Karriere hatten, war dieser Lebensentwurf auch immer an einen Mann gebunden.« Über die Kleinfamilie sagt Valentina: »Ich habe kein Interesse daran, mich in ein Schema einzureihen, das Frauen seit Anbeginn der Menschheit verarscht hat.« Ähnlich hat es der Autor Ta-Nehisi Coates formuliert, als er feststellte, dass menschliche Wesen – auch Frauen – im Allgemeinen ziemlich klug handelten, wenn es um ihre eigenen Vorteile gehe. »Wenn es heute weniger wahrscheinlich ist, dass Frauen heiraten, liegt das wahrscheinlich daran, dass die Ehe ihren Interessen nicht mehr so dient, wie sie es früher einmal tat.«[278]

Einmal wurde Valentina in einer langjährigen Beziehung schwanger. Ihr damaliger Partner überließ es ihr, ob sie das

Kind bekommen wollte oder nicht. Sie entschied sich dagegen und hat es nie bereut, im Gegenteil: »Das war zu einer Zeit, in der ich gerade anfing, irrsinnig viel zu arbeiten, und ständig unterwegs war. Das war genau, wovon ich immer geträumt hatte, und ich habe es geliebt. Mit dem Kind hätte ich mich immer gefragt, was gewesen wäre, wenn ich es nicht bekommen hätte.«

Später haben Freundinnen ihr immer wieder den Besuch einer Samenbank nahegelegt – etwas, das für Valentina mangels Kinderwunsch nie in Frage kam. »Aber ich habe mich oft gewundert, dass Frauen, die auf die 40 zugingen und deren Partner noch nicht so weit waren, nicht einfach allein ein Kind bekommen haben. Wenn man das unbedingt will, dann doch am besten allein.« Valentina hat derzeit keinen Freund, dafür ab und zu Affären. »Ich bin auch ohne Beziehung nicht einsam oder auch nur allein – überhaupt nicht. Ich bin gern allein und brauche viel Zeit für mich.«

Ein beliebter Vorwurf an Frauen, die aus freien Stücken und mit Ansage keine Kinder bekommen, lautet, sie handelten egoistisch. Das ist schon insofern eigenartig, als dass kein Mensch Kinder bekommt, weil er oder sie das als einen patriotischen Dienst am Vaterland oder dessen Rentensystem betrachtet. Im Gegenteil: In den wohlhabenderen Ländern der Welt bekommen die Menschen heute aus rein emotionalen Gründen Babys: weil sie annehmen, dass es ihr Glück steigern wird, weil sie wollen, dass etwas von ihnen oder ihren Eltern nach dem Tod in der Welt überlebt, oder weil es sich einfach »richtig anfühlt«. Die französische Psychoanalytikerin und Familientherapeutin Marie-France Hirigoyen formuliert es gar so: »Ein Kind zu haben, ist oft ein Element narzisstischen Erfolgs, denn das Kind ist ein Mittel der sozialen Reproduktion und als Objekt emotionalen Konsums besetzt.«[279]

»Doch ein Kind allein um des Kindes willen zu wünschen, ist ein unmögliches Unterfangen« schreiben die Philosophin Barbara Bleisch und die Rechtswissenschaftlerin Andrea Büchler. »Da nämlich das Kind, bevor es seine Eltern in die Welt bringen, gar nicht existiert, kann es gar nicht um seiner selbst willen gewollt werden.«[280]

Ausgerechnet Singles scheinen die selbstloseren Menschen zu sein – oder schlicht die mit mehr Kapazitäten. Eine 2011 durchgeführte Studie des US-amerikanischen »Council on Contemporary Families« zeigte, dass 84 Prozent der niemals verheirateten Frauen und 67 der niemals verheirateten Männer ihre eigenen Eltern im Alltag unterstützen – im Vergleich zu 68 Prozent der verheirateten Frauen und 38 Prozent der verheirateten Männer. »Es sind die Unverheirateten, mit oder ohne Kinder, die sich mit größerer Wahrscheinlichkeit um ältere Menschen kümmern«, so die Soziologin Naomi Gerstel zu den Ergebnissen der Studie. »Es ist nicht das Kinderhaben, das die Leute isoliert. Es ist die Ehe.«[281]

Valentina kennt den Vorwurf, sie hätte etwas gegen Kinder, nur zu gut. »Mir wurde im Freundeskreis durch die Blume zu verstehen gegeben, dass man mich für eine Kinderhasserin hielt. Aber ich mag Kinder. Ich habe neulich drei Tage lang mit dem 15 Monate alten Sohn einer Freundin gespielt und war verrückt vor Glück. Wir hatten unfassbaren Spaß miteinander.«

Beim Egoismus- und Kinderhasserinnen-Vorwurf (den sich Männer schätzungsweise nicht halb so oft anhören müssen[282]) schwingen zwei Vorstellungen mit: die, eine Frau könnte nur mit Kindern ein glückliches und gelungenes Leben führen; und die, dass Frauen natürlicherweise fürsorgliche, aufopferungsvolle Wesen seien. Dabei sind Mütterlichkeit und Fürsorge nichts Natürliches, sondern ein kulturell bestimmtes moralisches Gebot. »Wir mögen diese ›typisch weiblichen Charakteristika‹ für ›angeboren‹ halten, in Wirklichkeit waren sie die Folge einer spezifischen Struktur der patrilinearen Blutslinie«, beschreibt die Kulturwissenschaftlerin Christina von Braun den Effekt dessen, dass die Töchter der wohlhabenden Schichten ab dem 15. Jahrhundert bei einer Hochzeit zwischen zwei Verwandtschaftsgruppen getauscht wurden. Als zukünftige Mütter galten sie lediglich als »Behältnisse« der Kinder, also der männlichen Erblinien, von denen sie so allmählich ausgeschlossen wurden.[283] Anders formuliert: Frauen sicherten durch die Geburt und Aufzucht von Stammhaltern die Fortsetzung des Stammbaums, ohne darin selbst eine Rolle zu spielen. So blieb ihnen innerhalb der Familien nur noch die (auch nicht unwichtige) Aufgabe, generationenübergreifende emotionale Allianzen zu schmieden und zu pflegen. Ein Bild, das bis heute nachwirkt.

Wer sich nicht zur Mutterschaft berufen fühlt, gilt immer noch schnell als abnormal. So abnormal, dass Valentina heute, noch mit 52 Jahren, gefragt wird, wie es denn mit ihr und Kindern aussähe. Sie sagt, es sei von ihrer Tagesform abhängig, wie sie auf solche distanzlosen Frechheiten reagiere. Manchmal antworte sie nur mit einem ganz bösen Blick.

»Ein Leben ohne Kinder sollte etwas Selbstverständliches sein«, fordert die Autorin und zweifache Mutter Teresa Bücker und schlägt vor, die Wendung »ein Kind haben« gedanklich durch »ein Kind lieben« zu ersetzen. Denn das könne dabei helfen, den Fokus von leiblicher Elternschaft »auf den Wunsch nach einem Kümmern um Kinder zu verschieben und neue Wege zu finden, genau das zu ermöglichen: Kinder lieben und sich um sie kümmern, unabhängig davon, ob man sie selbst geboren oder gezeugt hat«.[284]

Lena, 41 und kinderlos, hat genau das gemacht. Zu ihrem Alltag gehören ganze sieben Kinder im Alter zwischen 3 und 10 Jahren, gerade ist noch ein Neugeborenes dazugekommen. Es handelt sich um die Kinder ihrer langjährigen Freunde – Paare, denen es wichtig war, das Leben, das sie bis zur Geburt ihres Nachwuchses hatten, soweit es ging weiterzuführen, statt auf Jahre in ihrer Kleinfamilie zu verschwinden. »Die dachten sich, warum sollten wir denn jetzt unsere Freundin nicht mehr treffen?«, erzählt Lena. Es ist ja durchaus nicht so, dass Eltern von Säuglingen keine Zeit hätten, sie haben sie nur für gewöhnlich zu anderen Tageszeiten als Menschen ohne Kinder. Die Bedingungen dieser Treffen hätten sich also verändert, es sei auch nicht einfacher geworden, sich zu koordinieren. Aber Lena habe sich darauf eingestellt und sich in der ersten Zeit eben mit den Jungeltern zum morgendlichen Spaziergang im Park verabredet statt abends zum Ausgehen. Dadurch, dass sie diese Kinder von Geburt an kennt, gehört Lena heute zum Alltag dieser Familien. Oft holen sie Lena einfach dazu. Sie wird bei Ausflügen mit eingeplant oder beim Abendessen, sie ist auch schon als Babysitter eingesprungen, damit ein befreundetes Paar für die Geburt des zweiten Kindes zusammen im Krankenhaus sein konnte.

Es scheint, als hätten Lenas Pärchen-Freunde genau das vermieden, was der Paartherapeut Wolfgang Schmidbauer die »manische Symbiose« der idealisierten Zweierbeziehung insbesondere der deutschen Ehe nennt. Auf der Suche nach Halt in unsicheren Zeiten seien die Partner darin stark aufeinander bezogen, distanzierten sich von ihren Ursprungsfamilien und Freundeskreisen und fixierten sich stattdessen auf den gemeinsamen Aufbau in Sachen Haushalt und Karriere. »Das unterscheidet die deutsche Ehe beispielsweise von den Beziehungen in den mediterranen Ländern, in denen die Familien der Partner von Anfang an eine größere Rolle spielen, aber auch eine viel deutlichere Differenz zwischen Männer- und Frauengruppen bewahrt wird.« Das Einbeziehen anderer entlaste ein Paar, Konfliktpotenziale zwischen den Geschlechtern könnten laut Schmidtbauer so entschärft und durch Ironie und Humor gebrochen werden. Auf diesem Weg könnten Freunde genau wie die erweiterte Familie eine Beziehung stabilisieren.[285]

Je älter die Kinder werden, desto mehr werden sie Lena zu Freundinnen und Freunden statt zu bloßen Anhängseln ihrer Eltern. »Sie sind eigenständige Personen, mit denen ich eine eigene Beziehung habe und Dinge unternehme.« Ein achtjähriges Zwillingspaar, zwei Mädchen, hat neulich zum ersten Mal bei Lena übernachtet. Und zwar nur so zum Spaß und nicht, damit deren Eltern mal einen Abend frei hatten. Was auch absolut legitim wäre, aber die Entlastung der Eltern spielt bei Lenas Freundschaften nur eine untergeordnete Rolle. Sie ist einfach gern mit diesen Menschen zusammen, den großen wie den kleinen. Die Zwillinge haben seit Kurzem Lenas Nummer in ihr gemeinsames Tastentelefon eingespeichert, falls sie ihre erwachsene Freundin mal anrufen und etwas fragen wollen.

Ich mag die Idee, dass Kinder Erwachsene in ihrem Leben haben, die nicht ihre und auch nicht die Eltern von jemand anderem sind, die genau deswegen andere Rollenvorbilder sein und manchmal auch eine Art Mittlerposition zwischen

Eltern und Kindern einnehmen können, als Ratgeber, Vertraute oder Verbündete. Für mich war das während meiner Pubertät ein Arbeitskollege meiner Mutter. Uwe war mit Anfang dreißig etwas jünger als meine Eltern damals und etwa doppelt so alt wie ich. Er war schwul, als unsicheres junges Mädchen konnte ich mir bei ihm sicher sein, dass er mich nicht anmachte. Er nahm mich mit auf meine erste Techno-Party und gab mir den schlauen Rat, nicht erst im Morgengrauen nach Hause zurückzukehren. Am Ende des Abends lieferte er mich wohlbehalten zu Hause ab. Meine Eltern schliefen ruhiger, ich hatte mir dank Uwe das Vertrauen meiner Eltern und ein Stück Freiheit erobert – ich durfte ab diesem Zeitpunkt so lange ausgehen, wie ich wollte.

Die Begebenheit war das Gegenteil dessen, was der englische Soziologe Frank Furedi in seinem Buch »Die Elternparanoia« beschreibt. Er hat beobachtet, dass die Solidarität zwischen Erwachsenen in der westlichen Welt im Zerfall begriffen ist, weil sich viele nur noch um ihre eigenen Kinder kümmern, statt andere spontan unter ihre Fittiche zu nehmen, mit ihnen in Beziehung zu treten und sie zu inspirieren.

Als meine Freundin Nora mit ihrem Dreijährigen kürzlich auf dem Spielplatz saß, war da ein kleines Mädchen, das bitterlich weinte. Nach zehn Minuten konnte Nora es nicht mehr mit ansehen und fragte das Kind, ob es Hilfe brauche. Sofort kam dessen Mutter angeschossen und begann, Nora für diese Einmischung in ihre Erziehung zu beschimpfen. So sorgen manche Eltern dafür, dass sich irgendwann wirklich nur noch alle für sich selbst und ihre eigene Brut interessieren. Und dass Kinder das Gefühl vermittelt bekommen, sich mit ihren Nöten und Sorgen an niemanden außerhalb ihrer eigenen Familien wenden zu dürfen, ohne deren Zorn auf sich zu ziehen.

Lena ist für die Kinder in ihrem Freundeskreis jemand, der immer Lust hat, noch etwas zu spielen oder vorzulesen, auch wenn das Essen schon fast auf dem Tisch steht oder eigentlich längst Schlafenszeit ist. »Das bringt mich manchmal in etwas verdrehte Situationen mit den Eltern, die ja versuchen zu erziehen«, erzählt sie und dass sie deswegen auch schon zusammen mit den Kindern ermahnt wurde. »Das habe ich am Anfang gar nicht verstanden: dass ich mich manchmal etwas zurücknehmen muss, um den Moment nicht für alle zu verkomplizieren.«

Den Wunsch nach »eigenen« Kindern, sagt Lena, habe sie nie verspürt. »Als Grundschülerin habe ich einen Text geschrieben, in dem steht, dass ich mal einen Mann und zwei Kinder haben will. Das war das letzte Mal, dass ich so etwas formuliert habe. Aber klar denke ich manchmal darüber nach, mit wem ich Zeit verbringe, wenn ich 60 oder 70 bin.«

Die Einsamkeit im Alter ist ein häufig angeführtes Argument in der Frage, warum es ein Fehler sein könnte, keine Kinder zu bekommen – im Glauben, dass Eltern sich ein Recht auf Fürsorge durch ihre Kinder erwerben, die sie ihrerseits jahrzehntelang versorgt haben. Die Philosophin Barbara Bleisch gibt zu bedenken, dass Eltern zu sein heiße, »sich um sein Kind auch zu kümmern. Allein dafür, dass andere ihrer Pflicht nachkommen, müssen wir ihnen nichts zurückgeben oder dankbar sein. Viele Kinder empfinden dennoch Dankbarkeit, weil ihre Eltern etwa besonders liebevoll waren. Daran ist nichts falsch, im Gegenteil! Aber es ist nicht Ausdruck einer Pflicht, sondern Ausdruck einer gelungenen Beziehung.«[286]

Es wäre vielleicht umgekehrt viel richtiger zu realisieren, dass eigene Kinder nicht vor Alterseinsamkeit schützen. Familien können sich verstreiten oder Eltern und Kinder weit entfernt voneinander leben, um nur mal zwei Gründe zu nennen, warum Nachwuchs keine Garantie auf ein umsorgtes Alter ist. Die Menschen, die zu Tausenden allein in Altersheimen sitzen, sind kaum alle kinderlos. Aus dem Gedanken heraus, dass viele ihre pflegebedürftigen Eltern aufgrund größerer Distanzen nicht regelmäßig besuchen können, sich aber gern kümmern würden, entstehen mittlerweile Tauschbörsen wie AniTa (Angehörige im Tausch), die Familien für gegenseitige Unterstützung in Kontakt bringen.[287]

In einem solchen sozialen Klima berühren dann Geschichten wie die von den vier kanadischen Damen, die 1968 eine gemeinsame Grabstätte auf einem Friedhof in Toronto gekauft hatten und verfügten, dass sie nebeneinander begraben werden wollten statt mit ihren Männern und Kindern. Als 2008 die Letzte der Damen starb, wurde sie neben ihren Gefährtinnen beigesetzt – unter dem Grabstein mit der Inschrift »Friends«.[288]

Als gutes Argument gegen den realen Schrecken Einsamkeit[289] kann meine Großtante Hannelore dienen. Ich nenne sie der Einfachheit halber meine Großtante, in Wahrheit haben wir unsere Beziehung der modernen Patchwork-Existenz zu verdanken: Sie ist die Tante des Mannes meiner Mutter. Hannelore hat gewisse Ähnlichkeit mit Poupette, der aufgeräumten, unerschrockenen und schicken Urgroßmutter des von Sophie Marceau gespielten Teenies in »La Boum«. Hannelore ist 1936 geboren und damit nur ein paar Jahre jünger als meine beiden Großmütter. Mein Verhältnis zu ihr ist aber ein ganz anderes als zu meinen Omas. Müsste ich es auf einen Begriff bringen, würde ich sagen: Es ist freundschaftlicher.

Hannelore hat keine Kinder – eine Entscheidung, die zu ihren Zeiten nur halb so viele Frauen trafen, wie es heute tun. Im Jahrgang 1937 lag die endgültige Kinderlosenquote bei 11 Prozent[290], während nur zehn Prozent der zwischen 1930 und 1945 Geborenen heirateten.[291]

Wenn ich darüber nachdenke, wie ich mir ein gutes Leben mit Anfang, Mitte achtzig unter anderem vorstellen kann, dann in etwa so, wie Hannelore es führt. Das hat nicht unbedingt damit zu tun, dass sie niemanden zu versorgen hat – eventuelle Kinder wären heute selbst schon in Rente, ein Mann wäre, wie die Männer ihrer gleichaltrigen Freundinnen, vielleicht bereits verstorben –, sondern damit, dass sie sich ein, wie ich finde, sehr gutes Leben geschaffen hat. Sie stand im New York der 1960er mit dem Komponisten John Cage auf Privatpartys herum, kaufte sich in den 1970ern eine kleine Penthouse-Wohnung mit Seeblick am grünen Stadtrand, in den 1980ern wurde sie von ihrem Arbeitgeber, einem international agierenden Konzern, bei dem sie als Wirtschaftsprüferin tätig war, als eine von wenigen Frauen in der Führungsetage beklatscht. Seit sie in den 1990ern in Rente gegangen ist, reist Hannelore noch viel entschiedener durch die Welt als vorher, nach Italien, in den Iran und in die Karibik. »Hätte ich geheiratet«, sagt sie, »wäre mein Leben wahrscheinlich langweiliger verlaufen.«

Es ist durchaus nicht so, dass Hannelore in ihrem Leben keine Heiratsanträge bekommen hätte, aber sie hatte immer schon etwas anderes vor: erst ihr Abitur, dann die Wirtschaftsoberschule, die kaufmännische Lehre und ihr Examen, später wollte sie ihr eigenes Geld verdienen. »Dass ich nie geheiratet habe, war letztendlich dem Zufall geschuldet. Aber ich hätte nie irgendwelche Zugeständnisse gemacht, nur um verheiratet zu sein«, sagt sie.

Wenn Hannolore eines nicht ist, dann allein. Da sind ihre fünf Schulfreundinnen, sie nennt sie »die Mumien«, die sie seit mehr als 70 Jahren kennt und die sie nach wie vor einmal im Jahr trifft. Da sind ihre drei Neffen und deren Familien, da bin ich, die mit ihr sonntags regelmäßig einen Gin Tonic auf ihrer Terrasse trinkt, manchmal allein, manchmal mit Ava und August. Da ist ihre Wandergruppe, mit der sie einmal die Woche ins Umland ausschwärmt, da sind ihre Freunde, mit denen sie in die Oper oder ins Theater geht. Da ist ihre Bridge-Gruppe. Da ist ihre Hausgemeinschaft. Als ich während der Frühphase der Corona-Pandemie im März 2020 bei Hannelore anrief, um mich zu erkundigen, ob sie bei irgendetwas Hilfe benötige, sagte sie, ihr sei aufgrund der Kontaktsperre zu anderen Menschen etwas langweilig, was Lebensmittel anginge, sei sie aber überversorgt. Ihre Nachbarn stellten ihr alle paar Tage etwas Selbstgekochtes vor die Tür. Als sie ein paar Tage später überraschend einen Strauß Blumen ohne Absender geliefert bekam, dachte sie zunächst, der stamme von einer alten Flamme, bis sich herausstellte, dass es sich um einen Gruß von einem ihrer Neffen gehandelt hatte. Sie nahm das zum Anlass, ihrerseits fünf Sträuße an Freunde zu verschicken.

Hannelore mit ihrem großen Netzwerk ist durchaus kein Einzelfall. Das Statistische Bundesamt konnte in seinem Datenreport 2018 im Hinblick auf das Thema Einsamkeit und Depressivität keinen Unterschied zwischen Vätern und kinderlosen Männern feststellen. Bei Müttern war die Einsamkeit sogar signifikant stärker ausgeprägt als bei kinderlosen

Frauen. »Das bedeutet, dass die unterschiedlichen soziodemografischen Merkmale der Vergleichsgruppen für eine geringere subjektive Lebensqualität bei kinderlosen Personen verantwortlich sind und nicht das Fehlen von Kindern«, heißt es in dem Report.[292] Mit anderen Worten: Wie einsam man ist, hängt weniger von der Entscheidung ab, ob man sich fortpflanzt, als davon, wie das eigene Leben generell so eingerichtet ist. Geld hilft da, wie immer, sehr. Hannelore hat das Glück, in einer Zeit gearbeitet zu haben, in der die Arbeitsplätze so sicher waren wie die Rente.

Für den Datenreport wurde auch untersucht, mit wie vielen Personen ältere Menschen mit und ohne Kinder enge und sehr enge Beziehungen pflegen. Heraus kam, dass das bei allen Gruppen im Durchschnitt etwa vier Personen sind. Fragt man nach Beziehungen zu Personen, die anders als Kinder, Enkel und Partner nicht zum engeren Familienkreis gehören, berichten kinderlose ältere Frauen zu 87 Prozent und Männer zu 76 Prozent über enge oder sehr enge Beziehungen zu ferneren Verwandten, Freunden und Bekannten. Bei Eltern waren es nur 69 Prozent der Mütter und 58 Prozent der Väter, die über solche engen Beziehungen abseits des engeren Familienkreises verfügten. Auch zahlenmäßig berichteten die Kinderlosen über größere außerfamiliale Netzwerke als Eltern.[293]

Oft heißt es, Verheiratete lebten gesünder und länger als Unverheiratete. Nun, es kommt darauf an. Eine Analyse der Universität Basel, die im Jahr 2004 Daten von 100 000 verstorbenen Schweizern auswertete, zeigte zwar, dass verheiratete Männer fast zwei Jahre länger leben als alleinstehende, weil sie sich zum Beispiel gesünder ernähren und weniger trinken als Single-Männer. Verheiratete Frauen hingegen sterben anderthalb Jahre früher als ihre unverheirateten Geschlechtsgenossinnen. Stefan Felder, Professor für Gesundheitswirtschaft, erklärt den Nachteil der Frauen so: »Die Frauen opfern ihre Gesundheit für die der Männer.«[294]

Dazu kommt aber noch ein anderer Aspekt von Ehe und Familie, auf den schon verschiedentlich, aber nicht genug hingewiesen wurde: Durch das ständige Mehr an unbezahlter Hausarbeit, das sich aus der Care-Arbeit ergebende Zurückstecken im Job und den Mangel an Ruhe und Schlaf leiden sowohl die Gesundheit von Frauen als auch ihr Einkommen – nicht aber die von Männern. Die Karriere-Trainerin Katrin Wilkens hat ausgerechnet, dass eine Frau, die vor der Geburt ihrer Kinder über ein Nettogehalt von 2800 Euro verfügt, als Mutter bis zu 750 000 Euro für ihre Altersversorgung verliert. Ein Unterschied, der langfristig praktisch nicht mehr aufzuholen sei.[295]

Laut einer Analyse der Bertelsmann Stiftung führt die Entscheidung für Kinder bei Frauen in Deutschland zu Einbußen beim Lebenserwerbseinkommen von rund 40 Prozent im Vergleich zu kinderlosen Frauen. Bei Müttern von drei oder mehr Kindern beträgt die sogenannte Motherhood Lifetime Penalty nahezu 70 Prozent.[296] Das Alterseinkommen von Frauen in Deutschland liegt dann auch durchschnittlich 46 Prozent unter dem der Männer; hier klafft eine größere Lücke als in allen anderen OECD-Ländern.[297]

Eine weitere Studie gibt Hannelore recht: Der Verhaltensforscher Paul Dolan, der die Zufriedenheit von Verheirateten und Nicht-Verheirateten, Geschiedenen, Getrennten und Verwitweten verglichen hat, stellte fest: Die gesündeste und glücklichste gesellschaftliche Untergruppe sind Frauen, die nie geheiratet hatten und keine Kinder haben.[298]

»Ab und zu denke ich, dass es nett gewesen wäre, Kinder zu haben«, sagt Hannelore. »Aber ich habe nie bewusst darunter gelitten, dass ich keine hatte.« Dafür hat sie sechs Patenkinder und eine inzwischen 22-jährige »Leih-Enkelin«, deren alleinerziehende Mutter sie viele Jahre mit ihrer Zeit unterstützt hat.

Im Übrigen sind Kinder nicht alles auf der Welt, dem man mit Hingabe begegnen kann. »Einer der Gründe«, schreibt Rebecca Solnit, »warum Mutterschaft hartnäckig als Schlüssel zur weiblichen Identität gilt, ist der Glaube, dass sich nur über Kinder die eigene Liebesfähigkeit befriedigen lässt. Aber neben dem eigenen Nachwuchs kann man doch noch so viel anderes lieben, es gibt so viele Dinge, die Liebe benötigen, und so viel Arbeit, die in dieser Welt mit Liebe getan werden muss.«[299]

Da klingt ein Gedanke an, den die israelische Soziologin Orna Donath im Zuge der von ihr angestoßenen »Regretting-Motherhood«-Debatte über bereuende Mütter geäußert hat: Man soll keine Karriere machen müssen, um keine Kinder kriegen zu dürfen. Oder anders formuliert: Es muss möglich sein, dass auch ein Leben ohne einen Nutzwert als sinnvoll verstanden wird.

Ich glaube, dass jede Frau, die sich heute gegen den vermeintlichen Ideallebensentwurf entscheidet, etwas dazu beiträgt, dass es irgendwann vielleicht wirklich nichts Bemerkenswertes mehr ist, als Frau ohne eigene Kinder durch die Welt zu gehen. »Wir müssen nicht in einer Beziehung sein. Wir müssen nicht heiraten. Wir müssen keine Kinder kriegen. Wir müssen keine Partnerschaft erdulden, die uns nicht froh macht. Wir müssen auch nicht daten. Wir müssen nicht warten, bis er sich meldet. Wir müssen das alles nicht«, schreibt die Autorin Gunda Windmüller in ihrer Streitschrift fürs Single-Sein.[300] Wir müssen das nicht mehr, auch dank derer, die es über Jahrhunderte hinweg *nicht* gemacht haben, oft unter sehr viel schwierigeren Bedingungen als den unseren.

Als die Zwillingsmädchen noch kleiner waren, haben sie am Beispiel von Lena gelernt, dass nicht alle Erwachsenen ein Auto fahren. Manche besitzen stattdessen ein Fahrrad. »Neulich stellten sie fest, dass ich kein Kind habe«, erzählt Lena. »Als man sie kurz darauf fragte, ob sie selbst mal Kinder haben wollen, sagten sie: Nein, wie Lena.« Würde man sie heute noch mal fragen, ob sie sich Kinder wünschen, würden sie vielleicht sagen: »Ja, und zwar neun!« Wie auch immer sie sich später entscheiden, alle von Lenas kindlichen Freunden sehen schon jetzt, dass man als Frau auch ohne Ehe und ohne Kinder ein gutes, sogar ein sehr gutes Leben führen kann. Sie lernen hoffentlich, dass es eine Reihe verschiedener Lebensentwürfe gibt und dass keiner schlechter ist als der andere. Und wenn man sie danach fragt, wer zum Kreis ihrer Familie gehört, kann es passieren, dass sie Lena in einer Reihe mit ihren Geschwistern und Großeltern nennen.

Im Rudel auf dem Land

Die Großfamilie für Liebhaberinnen

Zu den Dingen, über die die meisten Menschen nicht weiter nachdenken, gehört der Umstand, dass die Welt, in der wir leben, in vielerlei Hinsicht auf die Erfordernisse von Zweiergruppen ausgerichtet ist: Hotelzimmer mit Doppelbett, Autos mit Fahrer- und Beifahrersitz, Schultische und Kochrezepte.

Die Psychologen Marianne Pieper und Robin Bauer prägten für die »exklusiv dyadische Struktur von Paarbeziehungen als elementare und ›natürliche‹ Form des Zusammenlebens« den Begriff der »Mono-Normativität«, zu der die meist heterosexuelle Zweierbeziehung, die monogame Ehe und das damit verbundene unangefochtene romantische Glücksversprechen gehören.[301]

Dieses eigenartige Design der Welt wird einem aber wahrscheinlich nur dann bewusst, wenn man zeitgleich mit mehr als einer Person romantisch involviert ist. So war es auch bei Dasha Tsapenko, Chris Cooper und Timothy Liu. Die drei zwischen 1987 und 1992 Geborenen trafen sich an der Universität im niederländischen Eindhoven, wo sie Social Design studierten. Sie wurden zunächst Freunde, begannen dann an einer Fallstudie über das Leben jenseits der Paarbeziehung zu arbeiten und wurden schließlich ein Triple oder Throuple, eine Beziehung zu dritt. Mit ihrem Projekt »His, His & Hers« loten sie eine Nische aus: polyamouröses Design. Als Ausgangspunkt wählten sie Ikea-Möbel, die wie die allermeisten Einrichtungsgegenstände um das Stereotyp des Paares herum geschaffen wurden, und bauten sie so um, dass sie auch für drei Personen funktionieren: Statt eines Tisches, an dem sich zwei gegenübersitzen, entwarfen sie einen in Dreiecksform, statt eines Doppelbettes eines, das mehreren Personen Platz bietet. »Wir wollten zeigen, dass Design offener und inklusiver sein müsste.« Tsapenko, Cooper und Liu stellten ihre Möbel bei der Dutch Design Week aus und kamen so mit verschiedenen Menschen ins Gespräch. »Kinder waren diejenigen, die von unseren Entwürfen überhaupt nicht überrascht waren«, erzählt Tsapenko. »Mir gefällt die Vorstellung, sie sehr früh mit der Idee vertraut gemacht zu haben, dass es noch etwas anderes gibt als das Paar.« Die schönste Reaktion aber bekamen sie von einem Standnachbarn, der sich in seinen Pausen gern in ihr überdimensioniertes Bett legte. Er sagte: »Wenn ich dieses Bett schon früher gekannt hätte, wäre ich eher auf die Idee gekommen, dass es in Ordnung ist, mehrere Partner gleichzeitig zu haben.« So, wie unsere Welt designt ist, diktiert sie uns, wie wir leben. Dasha Tsapenko, Chris Cooper und Timothy Liu arbeiten an der nächsten Entwicklungsstufe von »His, His & Hers«: einer Hochzeit. Mit drei Ringen, einem Kuchen für drei, einem Dreier-Hochzeitstanz.

Erst wenn es ein Bett gibt, in dem mehr als zwei Platz haben, erst wenn es vielleicht sogar eine Hochzeit auch für drei Personen gibt, wird es leichter und ein Stück weit selbstverständlicher, darüber nachzudenken, ob man nicht vielleicht in Liebesbeziehungen mit mehreren Menschen auch glücklich werden und Familien gründen könnte anstatt nur mit einer Person.

»Der Mythos der monogamen Ehe kollidiert mit unseren angeborenen Trieben«, schreiben die Psychologen Christopher Ryan und Cacilda Jethá. »Und ausgerechnet auf diesem brüchigen Fundament gründen wir unsere heiligsten Beziehungen.«[302] Besonders jüngere Menschen erkennen das in letzter Zeit als Problem, für das sie Lösungen suchen und finden. Sie entscheiden sich vermehrt für nicht monogame Beziehungsformen, d. h. für emotionale, nicht aber sexuelle Treue. Das, darüber sind sich auch Anhänger der Polyamorie im Klaren, kann kompliziert werden. Schließlich gilt es als ausgemacht, dass Menschen, die gleichzeitig und offen Beziehungen mit mehreren anderen führen, mehr miteinander reden müssen: über angenehme, vor allem aber unangenehme Gefühle wie Eifersucht, Angst und Neid, über Abmachungen, Regeln und Grenzen. Nicht zuletzt stellt sich die Zeitfrage. Der Tag hat nun mal eine begrenzte Anzahl von Stunden, in denen neben den Intimbeziehungen auch noch Arbeit, Freunde, Familie, Haushalt und Freizeit untergebracht werden wollen. Deswegen herrscht weitgehende Einigkeit darüber, dass eine offene Beziehung mit kleinen Kindern keine besonders gute oder auch nur praktikable Idee ist.

»Im Gegenteil: Das Modell Mutter mit Liebhaber eignet sich vor allem für die ersten Jahre, wenn die Kinder noch sehr jung sind«, sagt Nadja. Sie lebt in einer Beziehung, in der sie genau wie der Vater ihrer zwei Kinder seit Jahren romantische und sexuelle Verhältnisse mit anderen Menschen hat. »Ich kenne viele Leute, die sich mit den Kindern so stressen, dass es für alle ungünstig ist. Eine Liebhaberin oder ein Liebhaber können da helfen.« Um herauszufinden, wie das funktionieren kann, besuche ich sie an einem Samstagnachmittag in ihrem Haus auf dem Land, wo sie, wie Nadja es nennt, »Großfamilie spielen«.

Es fing vor zehn Jahren eigentlich alles ganz harmlos an: Das erfolgreiche Großstadtpaar – sie Schriftstellerin, er freier Lektor – fand dieses baufällige Wochenendhaus inmitten eines Dorfes in der Pampa. Sie kauften es und begannen, es zu renovieren. Bald darauf kam ihnen das Haus aber absurd groß vor: So viel Platz verlangte geradezu nach Kindern. »Also zogen wir her und bekamen welche«, so Nadja. Die beiden Jungen sind heute acht und fünf Jahre alt. Außerdem gab es im Erdgeschoss des Hauses einen alten Laden mit Schaufenster, das auf die Hauptstraße hinausging, und sich daher nicht so gut zum Wohnen eignete. »Also haben wir ein Café aufgemacht.« Dabei war das Dorf eigentlich ausgestorben. Aber vor allem Nadja verfügt über nahezu magische Kräfte, andere Menschen für ihre Sache zu begeistern, und so kamen nach und nach immer mehr Leute aus der Stadt bei ihnen vorbei, manche blieben und zogen zu ihnen aufs Dorf, Platz gab es ja genug, Arbeit auch. Das Kuchenbacken und -verkaufen, das Kaffeekochen und Gästebewirten wurde neben den Kindern und der gemeinsamen Arbeit an Büchern irgendwann zu viel, also gaben sie es an zwei Freundinnen ab, die dann in ein freies Zimmer in der oberen Etage des Hauses einzogen. Irgendwann folgte Nadjas Mutter, eine pensionierte Landschaftsarchitektin, die sich seither gegen Kost und Logis um den Garten und ansonsten um die Mahlzeiten kümmert. Auch Nadjas Vater wohnt inzwischen in einem Nachbarort. Um die Betreuung der Kinder zu regeln, engagieren Nadja und Julius jährlich wechselnde Au-pairs.

Derzeit ist das ein junger Mann, der seiner zweiten Aufgabe, der Oma bei der Gartenarbeit zu assistieren, allerdings weniger nachkommt als geplant, weil er mit seinem Coming-out beschäftigt und viel auf schwulen Dating-Plattformen unterwegs ist, was Nadja und Julius wiederum gutheißen, weil sie sich vorstellen können, dass sich einer ihrer Söhne ebenfalls als homosexuell entpuppt und er so frühzeitig ein Rollenvorbild hat. Das Haus ist heute also voll, die Tür aber steht weiterhin offen, damit ab und zu jemand reinschneien kann.

Nadja und Julius sind ein geradezu typisches Beispiel für die »neuen Landbewohner«, wie sie das Berlin-Institut für Bevölkerung und Entwicklung erstmals in einer im August 2019 herausgegebenen Studie untersucht hat. Dieser zufolge rückt das Landleben neuerdings in den Fokus eines urban geprägten Milieus, das der gestiegene Kostendruck vor allem von Berlin in umliegende ländliche und durch den jahrzehntelangen Bevölkerungsschwund nur noch dünn besiedelte Gegenden treibt. Rund 80 Prozent der ostdeutschen Gemeinden registrieren zwischen 2012 und 2017 einen positiven Saldo in der Gruppe der »Familienwanderer«, was allerdings auch an der hohen Zuwanderung aus dem Ausland liegt. Obgleich Familienwanderer sich durchaus abgeschiedene Gemeinden als Wohnort aussuchen, bevorzugen auch sie die Speckgürtel der Großstädte. So verzeichnen rund um Berlin und Potsdam alle Gemeinden bei den 30- bis 49-Jährigen ein Wanderungsplus von mehr als 15 Personen je 1000 Einwohner. Vor allem in Brandenburg, aber auch im östlichen Sachsen, in der Lausitz und Oberlausitz sowie im Umfeld von Leipzig und Halle/Saale sowie in der Grenzregion zwischen Sachsen und Sachsen-Anhalt findet man zahlreiche neue ländliche Projekte.[303] Viele derjenigen, die in Wissens- und Kreativberufen tätig sind, können ihre Arbeit aufgrund der digitalen Möglichkeiten genauso gut in ihren alten, ausgebauten Gebäuden im Dorf ausüben. Andere, wie Lehrerinnen, Sozialpädagogen, Erzieherinnen und Pflegekräfte, sind vor Ort gefragt und finden dort eine Anstellung. Die »Stadtmüden« verlassen also in dem Moment die urbanen Zentren, in dem sie Kinder bekommen, auf die sie nicht selten ihre eigene Landlust projizieren. Die ländlichen Digitalarbeiter bringen Raumkonzepte und Ansprüche aus der Stadt mit, sie gründen Co-Working-Spaces, Cafés, Kitas und Kulturfestivals. »Die neuen Landbewohner verbessern mit ihrem Einsatz die Lebensbedingungen vor Ort – im Idealfall für alle Dorfbewohner«, heißt es in der Studie. »Man stößt vor Ort immer wieder auf Menschen, die mit ihrem Tatendrang und Ideenreichtum ein Wir-Gefühl erzeugen und anderen zeigen, dass es sich auf dem Land zwar anders als in der Stadt, auf alle Fälle aber gut oder sogar besser leben lässt.«[304]

Die neuen Landbewohner aber haben nicht nur neue Arbeits- und Kulturkonzepte im Gepäck. »Anders als die typischen Familienwanderer gehen sie nicht in der klassischen Kernfamilie hinaus aus der Stadt und ziehen in ein Eigenheim im Speckgürtel«, so die Studie. Sie finden auch neue Formen des Zusammenlebens, auf die ich an anderer Stelle näher eingehe.

Nadja und Julius bohren zudem die Kernfamilie auf. Nicht nur, dass sie hier als eine Art Großfamilie 2.0 leben, es gibt da auch noch die Liebhaber und Liebhaberinnen der beiden. Julius pflegt gelegentliche Affären in der Stadt, Nadjas Langzeit-Lover lebt in seinem eigenen Haus um die Ecke.

Wie viele Paare, die lange zusammen sind, hatten sowohl Nadja als auch Julius immer mal wieder Affären, über die sie nicht sprachen. »Irgendwann habe ich mir aber gedacht, was für ein Quatsch das ist«, erzählt Nadja. »Ständig muss man sich irgendwelche Lügen ausdenken. Das kann eine Zeit lang ganz spannend sein, aber irgendwann kommt man sich damit auch albern vor.« Als sie sich vor fünf Jahren in Benedikt verliebte, erzählte sie Julius davon. Was folgte, beschreibt sie heute als anstrengende Beziehungs- und Kommunikationsarbeit, Julius dagegen benutzt Kriegsvokabular. »Das war ein Prozess von Eroberung und Verteidigung, in dem Einflussgebiete neu abgesteckt wurden. Man taktiert und manövriert, sammelt Kräfte, plant Angriffe, zieht Verteidigungslinien.« Nach einem Jahr war die Waffenstillstandsvereinbarung ausgehandelt: Nadja verbringt seither fünf Tage der Woche bei der Familie und zwei volle Tage bei und mit Benedikt, mit dem Julius immer noch nicht befreundet ist, den er aber als »Friedensvertragspartner« wahrnimmt. Er ist zur gleichen Zeit in der Stadt »ein freier Mann«, wie Nadja das formuliert. Denn irgendwann wurde ihm klar, dass die Beziehung stabiler ist, wenn auch er eine Liebhaberin hat. Die Schwierigkeit für ihn bestehe meist darin, dass die Frauen sich in ihn verlieben und versuchen, ihn aus seiner Beziehung mit Nadja herauszulocken. Wenn er ihren Irrtum bemerkt, beendet er das Verhältnis. Er sucht keine neue Lebenspartnerin. Er und Nadja sehen sich als Verbündete, als unverbrüchliches Zentrum ihrer Großfamilie.

Je länger ich mit den beiden spreche, desto klarer schält sich dieses Bild heraus: Nadja ist eine, der es hilft, die Welt als großes Spiel zu verstehen, bei dem sie mitmachen kann, das sie aber nicht unbedingt ernst nehmen muss. Wobei man sich durchaus fragen darf, ob diese Strategie mit Kindern und der Verantwortung, die sie bedeuten, grundsätzlich noch so gut funktioniert. Nadja gleicht einer Zauberin, der es gelingt, Menschen in sich verliebt zu machen, die sich dann aber manchmal fragt, was anzufangen sei mit den Geistern, die sie rief. Julius ist eine Art sanfter Stratege, einer, der fast mathematisch auf die Ausgeglichenheit der Beziehung achtet. Er sucht bei anderen Menschen vor allem Ideen, eine andere Art von Nähe, Sex. Er hat verstanden, dass die Summe des Glücks größer wird, wenn möglichst viele um ihn herum glücklich sind: die Partner, die Kinder, die Freunde – kurz, alle, die ihn umgeben. Er kann nicht verstehen, dass nicht alle so leben wollen, wie sie das tun.

Auffällig und entwaffnend an Nadja und Julius ist, wie offen sie miteinander umgehen. Nadja hat die Tendenz, sich in ein Netz aus immer mehr Aufgaben einzuspinnen, seien es Männer, Kinder, Projekte oder Häuser. »Aus welchen Grundängsten auch immer brauche ich etwas, das mich davor bewahrt, in diese unfassbare Leere zu fallen, die ich unter mir vermute.« Gleichzeitig und vielleicht genau deswegen stellt sie sich manchmal vor, wie es wäre, auszubrechen. Einfach abzuhauen, Mann, Lover, Kinder, Verpflichtungen – alles hinter sich zu lassen und frei zu sein. Julius weiß das, und es macht ihm keine Angst.

Vielmehr macht es ihm keine Angst *mehr*. Die Zeit, bis sie zur Fünf-zu-zwei-Regelung fanden, bezeichnen sie heute als ihre größte Krise. Nadja spielte damals sogar offen mit dem Gedanken, sich zu trennen. Was folgte, war ein »wahnsinnig langes Rumgeschachere« um die Bedingungen, unter denen sie ihre Liebe und die von Nadja zu Benedikt organisieren können. »Die Krise haben wir vor allem dadurch abgewendet«, erzählt Julius, »dass ich kulant war und sie habe machen lassen, was sie wollte. Ich dachte, wenn sie so viel Zeit mit Benedikt verbringen kann, wie sie will, muss sie sich gar nicht mehr trennen.« Julius bezeichnet diese Erkenntnis als seine Erleuchtung. »Dieses Zugeständnis hat eigentlich meinen Bedürfnissen widersprochen, aber es verlieh mir eine Großzügigkeit, die Nadja erkennen und anerkennen konnte. Von da an ging es weiter.« Julius sieht es so: Dadurch, dass einer von ihnen beiden einlenkte und von seinen Bedürfnissen absah, dadurch, dass er tat, was für ihn kurzfristig schmerzhaft, aber langfristig das Beste für die Beziehung war, rettete er sie.

In der modernen Gutshoffamilie, wie Nadja und Julius sie sich gestrickt haben, verteilt sich die Last der Kinderbetreuung, der Haus-, Hof- und Renovierungsarbeit auf viele Schultern. Die Kinder wiederum haben immer mehrere Ansprechpartner, je nachdem, was sie beschäftigt. Deshalb empfinden sie es auch nicht als problematisch, wenn einer der beiden Elternteile für ein paar Tage oder länger verreisen muss. Nadja und Julius schätzen, dass sie derzeit wöchentlich jeweils eine oder zwei Stunden im Haushalt arbeiten, dafür jeweils etwa 60 Stunden an ihren Büchern und Ideen – erstaunliche und möglicherweise auch etwas beunruhigende Zahlen, wenn man bedenkt, dass die beiden zwei Kinder im Grundschulalter haben. Gleichzeitig sind da eben auch andere enge Bezugspersonen, die ihnen Geborgenheit und Zuwendung geben können.

Das Paar hat sich die Möglichkeit geschaffen, jeweils zwei Tage in der Woche ohne die familiären Verpflichtungen zu sein. Dass alle im Dorf Bescheid wissen, vor allem Nadja sich manchmal beobachtet vorkommt und von Großstadtanonymität träumt, gehört dazu. Die Kinder müssen – Vorteil Dorf – viel weniger betreut werden, als das in der Stadt der Fall wäre. Sie spielen gemeinsam oder mit anderen Kindern im Garten, verbringen die Nachmittage und Abende bei den Nachbarn und kommen zum Essen nach Hause. Zweimal am Tag, darauf legen Nadja und Julius Wert, wird gemeinsam am Tisch gesessen, also in der Großfamilie. Eine Weile haben sie versucht, zumindest ein paarmal in der Woche eine Art Kleinfamilienabend zu viert zu etablieren, gaben das aber schnell wieder auf. Irgendjemand ist halt immer da.

Ihre Kinder kennen das familiäre Zusammenleben, zu dem auch die anderen Beziehungen ihrer Eltern gehören, nicht anders. »Sie sind ja nicht moralisch. Wenn bei uns alles in Ordnung ist, dann ist es das für sie auch. Weil wir nie aufgeregt waren, waren die Kinder es auch nicht«, sagt Julius.

Experten geben ihnen recht; es gilt als erwiesen, dass die Familienstruktur in den meisten Fragen wenig auf die kognitive oder emotionale Entwicklung von Kindern einwirkt. »Die Arrangements können so konventionell oder unkonventionell sein, wie es Ihnen gefällt«, so die britische Psychotherapeutin Philippa Perry, »Eltern können getrennt oder zusammenleben, in einer Kommune oder einer Ménage-à-trois, sie können homo-, hetero- oder bisexuell sein – egal.«[305] Für alle gilt: Die Familie, in die wir hineingeboren werden, ist unsere Definition von Normalität, es kommt allein auf die Qualität der Beziehungen an.

Zugegeben, die Art und Weise, wie Nadja und Julius leben, ist sehr besonders. Auch haben sie Glück mit ihren räumlichen, finanziellen und personellen Umständen: Ihre Landexistenz stellt ihnen den nötigen Platz für ihre Familienkonstellation zur Verfügung. Weil sie zudem vergleichsweise gut verdienen, können sie sich das Haus, Hilfe im Haushalt und zwei Autos leisten. Weil sie als Selbstständige arbeiten – und das auch noch häufig an gemeinsamen Büchern –, verfügen sie über die nötige Flexibilität, die ihr Beziehungsmodell verlangt. »Einer normal arbeitenden Person kann man das wohl nicht unbedingt empfehlen«, sagt Julius.

Die Diskussionen und Verhandlungen, die zu nicht monogamen Beziehungen zwangsläufig dazugehören, nerven, aber sie stärken die beiden. Sie haben das sogar institutionalisiert: auf Spaziergängen rund um den Dorfteich. Ein-, zweimal in der Woche gehen Nadja und Julius für bis zu einer Stunde zusammen raus und sprechen über alles, was anliegt: die Familie, die Kinder, die gemeinsame Firma, ihre Lieben. Danach, sagen sie, sind sie eigentlich immer glücklicher als vorher.

Vielleicht ist es kein Zufall, dass ausgerechnet bei dem Paar, das sich gegen Monogamie und Kleinfamilie entschieden hat, die gemeinsame Bewegung ein wesentliches Beziehungselement darstellt. Bevor die Menschen vor 12 000 bis 10 000 Jahren sesshaft wurden, zogen sie nomadisch und in großen, sippenartigen Verbänden umher und legten jeden Tag große Distanzen zurück. Erst als sie anfingen, sich niederzulassen und Ackerbau und Viehzucht zu betreiben, gründeten sie auch Familien, wie wir sie heute kennen: Vater – Mutter – Kinder. Der Evolutionsbiologe und Pulitzer-Preisträger Jared M. Diamond nennt die Sesshaftigkeit »den schlimmsten Fehler der Menschheit«.[306] Friedemann Karig schreibt in »Wie wir lieben«, seinem Erkundungsbuch über nicht monogame Beziehungen: »Der Übergang vom Jäger und Sammler zum Ackerbauern und Viehzüchter stellt die dramatischste Verhaltensänderung einer Tierart auf diesem Planeten dar, die je beobachtet wurde. Alles – Ernährung, Sozialleben, Gesellschaftsstruktur, sogar die Anatomie – änderte sich grundlegend. Wahrscheinlich also auch die Sexualität.«[307] Denn sobald sich Menschen niederlassen und Privatbesitz anhäufen, wird die Vaterschaft zu einer entscheidenden Sorge – und damit die sexuelle Treue der Frauen. Die Frage, mit wem die »eigene« Frau Sex hat.

Nadja und Julius haben sich gegen die monogame Sesshaftigkeit entschieden und für die Sippe, für den Sex auch. Als ich sie frage, wie sie Weihnachten feiern, sagt Nadja: »Ironisch, aber dennoch. Wir spielen dann Familie mit Traditionen, dabei haben wir alles eben erst erfunden.« Sie feiern mit ihrem Liebhaber Benedikt, dessen Tochter, seiner Schwester, dem Au-pair, Nadjas Mutter, deren Assistentin, mit Julius' Eltern, mit irgendwem, den sie von der Straße aufgelesen haben – »wer halt kann und Zeit hat. Wenn die Gruppe nur groß genug ist, haut alles irgendwie hin.«

Die Grundregel ihrer Beziehung als Paar lautet für die Spielerin und den Strategen: Solange du unsere Sache nicht gefährdest, kannst du machen, was immer du willst. »Uns war immer am wichtigsten, dass unsere Liebe hält«, sagt Julius. Und das tut sie nun schon seit 15 Jahren.

Kinder wollen, Eltern machen

Die Zukunft der Fortpflanzung

Im 1895 erschienenen Buch »Die Störungen der Geschlechtsfunctionen des Mannes« berichtet der Berliner Arzt Paul Fürbringer von einem ansonsten moralisch unzweifelhaften Kollegen, der ihm anvertraut habe, »daß er aus Anlaß der Sterilität seiner Frau fremdes (!), im Brütofen erwärmtes Sperma in den Uterus injiziert habe«.[308] Aus Fürbringers Formulierung lässt sich herauslesen, wie sehr ihn dieser Vorgang empörte – und sicher nicht nur ihn. Im Deutschen Kaiserreich widersprach die Vorstellung einer Samenspende jedem Anstands- und Sittlichkeitsgefühl, nicht zuletzt deshalb, weil der Samen für die Prozedur durch die als sündig geltende Masturbation gewonnen werden musste.

Dabei wurden zu diesem Zeitpunkt schon vereinzelte (aus mangelndem Wissen über den weiblichen Zyklus aber oft erfolglose) künstliche Befruchtungen von Frauen mit dem Sperma ihres jeweiligen Ehemannes durchgeführt. Die Bildung einer Familie außerhalb des Rahmens der Ehe aber war Ende des 19. Jahrhunderts ein ungeheuerlicher Vorgang.

»Theoretisch wäre es einer der größten Triumphe der Menschheit, eine der fühlbarsten Befreiungen des Naturzwanges, dem unser Geschlecht unterworfen ist, wenn es gelänge, den verantwortlichen Akt der Kindererzeugung zu einer willkürlichen, beabsichtigten Handlung zu machen«, schrieb Sigmund Freud nur drei Jahre nach Paul Fürbringers Samenspenden-Anekdote.[309]

Nicht einmal die Dauer zweier Menschenleben später gilt die Samenspende ebenso wie andere, deutlich weitreichendere reproduktionsmedizinische Verfahren als fast normaler Vorgang auf dem Weg zum Wunschkind. Als im Sommer 1978 mit der Britin Louise Brown das erste In-vitro-Baby auf die Welt kam, also der erste Mensch, der jemals außerhalb eines Körpers gezeugt wurde, indem man einen Tropfen Samen und eine in der Petrischale kultivierte Eizelle zusammenbrachte, war die Welt in Aufruhr. Dutzende Reporter versuchten sich mit abenteuerlichen Methoden Zutritt zu dem Krankenhaus zu verschaffen, in dem die Mutter das Kind zur Welt gebracht hatte.[310] Sie verkleideten sich als Handwerker oder Priester, einer inszenierte sogar eine Bombendrohung, um die Patientin bei der Evakuierung enttarnen zu können. Die In-vitro-Fertilisation war eine ähnlich starke Zäsur in der Geschichte der Fortpflanzung wie die Einführung der Pille.

In Deutschland hat sich die Zahl der Kinder, die mithilfe der Reproduktionsmedizin geboren – und also unter Umgehung der Sexualität gezeugt – wurden, zwischen 2001 und 2015 auf fast 25 000 verdoppelt. Der Kreis der Personen, die an der Entstehung eines neuen Lebens mitwirken, hat sich dabei beständig erweitert. Immer stellt sich dabei die Frage, wer zur Familie gehört und wer nicht, welche Kriterien jemanden zum Vater oder zur Mutter machen und wo die ethischen Grenzen dessen liegen, was technisch möglich ist.

In den USA wurde die donogene Samenspende (die auch heterolog – von fremder Herkunft – genannt wird) schon in den 1930er-Jahren regelmäßig durchgeführt, also nur wenige Jahrzehnte nach ihrer ersten medizinischen Beschreibung durch Paul Fürbringer. Dennoch war sie auch damals nicht unumstritten, weil sie das gültige rechtliche Modell der Familie unterlief. So stellte sich die Frage, ob nicht ein Ehebruch vorläge, wenn eine Frau mit dem Samen eines Mannes schwanger wird, der nicht ihr Ehemann ist. Diese Angst vor der Zerstörung des Familiengefüges aus Vater, Mutter und Kind und damit einer vermeintlich natürlichen Ordnung war es auch, die den Samenspender lange zur anonymen Figur machte, deren Identität und oft sogar Existenz in dem Moment vergessen werden sollte, in dem die Substanz erfolgreich überbracht wurde.

In Deutschland formulierte der Bundesverfassungsrichter Willi Geiger noch 1960 mit Blick auf die Entwicklungen in den USA: »Ehe ist die Lebensgemeinschaft zweier Personen verschiedenen Geschlechts, die die Geschlechtsgemeinschaft umfaßt – eine Gemeinschaft, die ihrem Wesen nach nicht zur Erweiterung fähig ist.«

In Großbritannien hatte ein Kind, welches durch eine Samenspende gezeugt worden war, bis vor 15 Jahren kein Recht darauf, die Identität seines biologischen Vaters zu erfahren. »Man kann ohne Übertreibung sagen, dass die Überzeugung herrschte, die Gesellschaft gründe auf dem Fundament der Kernfamilie«, so die Evolutionsanthropologin Anna Machin, »und würde die Identität des Samenspenders bekannt, würde das die Position des sozialen Vaters in der Familie untergraben.«[311]

Seit April 2005 haben britische Kinder das Recht, mit Erreichen des 18. Lebensjahres Informationen über ihren biologischen Vater einzuholen.

Noch 2014 hieß es dagegen in einer Handreichung einer deutschen Kinderwunschpraxis, die der Kulturwissenschaftler Andreas Bernard in seinem Buch »Kinder machen« zitiert, »die sogenannte ›Lebenslüge‹«, also das Verschweigen der erfolgten Samenspende, sei »keine Lüge, sondern nur eine berechtigte Maßnahme, der Familie Zusammenhalt und Lebensglück zu verschaffen«. Andernfalls, so spricht das Merkblatt zukünftige Eltern direkt an, würden die Klienten »in Ihre Familie eine Sprengladung legen, von der Sie nicht wissen, ob und wann sie einmal hochgeht und wen sie trifft«.[312] Aus drastischen Warnungen wie dieser sprach auch die Angst der Ärzte, dass sie eines Tages von den Klageandrohungen Hunderter durch Samenspende gezeugter Kinder zur Herausgabe der Spenderdaten oder zur Zahlung von Alimenten gezwungen werden könnten. Der Gesetzgeber hat inzwischen Rechtssicherheit geschaffen: In Deutschland müssen seit Juli 2018 die Informationen zum jeweiligen Samenspender 110 Jahre lang in einem Register aufbewahrt werden, bei dem Kinder ab ihrem 16. Lebensjahr Auskunft beantragen können.

Dabei wurden in der Frühzeit der künstlichen Insemination bei Engpässen manchmal noch Assistenzärzte oder zufällig in der Praxis anwesende Medizinstudenten zur unkomplizierten, schnellen Samenspende herangezogen. Das Aufkommen von HIV-Infektionen und Aids-Erkrankungen in den 1980er-Jahren und die Möglichkeit, Spermien zu konservieren, hat Samenbanken entstehen lassen, in denen heute die Spender oft mit anonymisierten Biografien und Kinderfotos für den Kauf ihres Eins-a-Genmaterials werben.

In Kalifornien eröffnete schon 1983 die erste Samenbank, die ihre Dienste auch lesbischen Paaren zur Verfügung stellte. In einer solchen Konstellation kommt ein Verschweigen der Samenspende dem Kind und dem Umfeld gegenüber nicht mehr in Frage, was auf lange Sicht – sicherlich gepaart mit einer wachsenden gesellschaftlichen Akzeptanz des Verfahrens – dazu führte, dass Samenspenden über die Zeit zunehmend offener organisiert, das heißt die Spenderdaten nicht länger anonym gehalten wurden. Schon allein durch die Stärkung des Kindsrechts auf Auskunft über den Samenspender ist die anonyme Samenspende heute seltener. Dennoch wachsen, so schätzt es Bernard, 90 bis 95 Prozent der durch Samenspenden gezeugten Kinder in Deutschland ohne die Kenntnis ihres biologischen Vaters auf.

Gleichwohl halten sich einige deutsche Kinderwunschpraxen nach wie vor an die bis 2017 geltenden Empfehlungen der Ärztekammer und behandeln keine lesbischen Paare und Single-Frauen. In den toleranten Niederlanden, im progressiven Dänemark und im katholischen Polen ist man da offener für die Wünsche bzw. Euros von Menschen, die abseits der Heteronormativität leben. Bei der assistierten Empfängnis allerdings helfen deutsche Krankenkassen nur verheirateten Paaren. Für alle anderen ist ein Kind offenbar weiterhin ein Privatvergnügen ohne gesamtgesellschaftlichen Wert.

Die USA preschten auch im nächsten Entwicklungsschritt auf dem Feld der Reproduktionsmedizin voran. Im April 1975 erscheint im *San Francisco Chronicle* eine Annonce, in der sich ein »kinderloser Mann mit unfruchtbarer Ehefrau ein Test-Tube-Baby« wünschte.[313] 181 Frauen meldeten sich, eine der Bewerberinnen wurde vom Samen des Mannes schwanger, ohne dass das Paar die Frau auch nur traf, und im Herbst 1976 kam ein Mädchen zur Welt.

Während dieser Leihmutterschaftsvorgang ohne größere zwischenmenschliche Verwerfungen und mediale Skandalisierung abgelaufen zu sein scheint, konfrontierte elf Jahre später ein berühmt gewordener Fall erstmals eine größere Öffentlichkeit mit einigen der grundsätzlichen Fragen, die sich aus der »Erweiterung der Geschlechtsgemeinschaft« ergaben. Denn im Sommer 1986 kam es zum ersten Rechtsstreit, weil sich eine Leihmutter, die 28-jährige verheiratete dreifache Mutter Mary Beth Whitehead, nach der Geburt weigerte, das von ihr mit Hilfe künstlicher Insemination gezeugte und von ihr ausgetragene Baby wie vertraglich vereinbart an die Auftragseltern abzugeben. Whitehead sagte später, sie sei im Augenblick der Geburt von ihren mütterlichen Gefühlen überwältigt worden und habe entschieden, statt der 10 000 Dollar Honorar das Baby namens Melissa behalten zu wollen. Es folgte ein monatelanges Hin und Her, währenddessen das Kind mal bei der leiblichen Mutter, mal bei den Auftragseltern lebte, dem aus New Jersey stammenden Ehepaar Stern. Zwei Jahre nach der Geburt von »Baby M«, wie Melissa in den Gerichtsakten genannt wurde, kam es zum Prozess. Das Gericht verurteilte die Leihmutterschaft als Handel mit menschlichen Wesen, sprach das Kind aber aufgrund der Umstände (Whitehead lebte in vermeintlich instabilen Verhältnissen, die Sterns kümmerten sich zum Zeitpunkt der Urteilsverkündung schon anderthalb Jahre um das Mädchen) dennoch dem Paar zu. Whitehead durfte das Kind lediglich hin und wieder besuchen.

Wiederum sechs Jahre später, im Jahr 1992, beschrieben Ärzte erstmals die Intrazytoplasmatische Spermieninjektion, kurz: ICSI-Methode, bei der ein einziges Spermium in das Zellplasma einer Eizelle gespritzt wird. Eignet sich die In-vitro-Fertilisation allein für die Überwindung weiblicher Infertilität, reicht beim ICSI-Verfahren eine einzige brauchbare Samenzelle für die Befruchtung. Ab diesem Zeitpunkt können somit etwa 95 Prozent aller unfruchtbaren Männer ein leibliches Kind zeugen. Wie die In-vitro-Fertilisation auch, gilt die ICSI-Methode mittlerweile als eine Variante »natürlicher« Empfängnis – eine, bei der lediglich etwas assistiert wurde – und ist daher gesellschaftlich weitgehend akzeptiert.

Mit der neuen Technik erweitert sich aber auch der Kreis derer, die eine künstliche Befruchtung mit Spendersamen in Anspruch nehmen: Immer öfter sind das Single-Frauen und vor allem lesbische Paare, die heute in Deutschland 92 Prozent der homosexuellen Eltern ausmachen.[314]

Judith Butler thematisiert in ihrem Essay »Ist Verwandtschaft immer schon heterosexuell?« die mancherorts herrschende Befürchtung, dass ausgerechnet der Umstand, dass Schwule und Lesben nun auch menschliche Wesen herstellen, und zwar mit gänzlich »unnatürlichen« Methoden, dazu führen könnte, dass die gesamte Menschheit eines Tages sozialtechnisch behandelt würde. »Man mag sich durchaus fragen, welche technischen Kräfte in der Weltwirtschaft oder welche Konsequenzen des Human-Genom-Projekts im heutigen kulturellen Leben solche Ängste auslösen, aber es erscheint als eine Verschiebung, wenn nicht gar als Halluzination, die Ursache dieser sozialen Bedrohung, wenn es denn eine ist, bei lesbischen Frauen auszumachen, die an einem kalten Wintertag in Iowa Sperma aus Trockeneis ausgraben, weil eine von ihnen gerade den Eisprung hat.«[315]

Will sagen: Mahner vor dem Untergang des Abendlandes denken selten rational und schreiben gern Bevölkerungsgruppen übermäßige Macht zu, die in Wirklichkeit kaum welche besitzen.

Die Kulturwissenschaftlerin Christina von Braun hat darauf hingewiesen, dass der Kampf um die Entkriminalisierung gleichgeschlechtlicher Beziehungen schon genau an dem historischen Punkt um 1900 einsetzte, als die Technologie die biologische Fortpflanzung ins Labor zu holen begann. »Dieser Schritt setzte den Sexualtrieb auf freien Fuß, d.h., er wurde von seiner Fortpflanzungspflicht entbunden, und das kulturelle Regelwerk, das bis dahin über die Sexualität bestimmt hatte, verlor seine Funktion.«[316] Mit anderen Worten: Die Trennung von Sex und Fortpflanzung, die seit Paul Fürbringers Tagen menschheitsgeschichtlich geradezu rasant vorangetrieben wurde, sorgte mit dafür, dass es zunehmend als »natürlich« gilt, wenn auch Schwule und Lesben Kinder bekommen.

Der Anteil der mit Hilfe von Techniken wie IVF und ICSI gezeugter Kinder in Deutschland liegt derzeit bei etwa 2,5 bis 3 Prozent aller Geburten. Das wiederum ist eine der Ursachen dafür, dass die Zahl der Adoptionen zurückgeht. »Wurden im Jahr 1993 noch 8687 Mädchen oder Jungen adoptiert«, so der Datenreport 2018, »waren es im Jahr 2016 weit weniger als die Hälfte, nämlich 3976 Minderjährige.«[317] (Mehr als 60 Prozent davon sind Stiefkindadoptionen, in denen also bereits eine emotionale Beziehung zum Kind und vor allem zu seinem leiblichen Elternteil besteht.) Offenbar also wünschen sich viele Menschen nicht einfach Kinder, sondern »eigene«, das heißt biologische Kinder, und sind dafür bereit, neben erheblichen Kosten auch gravierende, ganz überwiegend die Frauen betreffende körperliche Belastungen wie etwa Hormonstimulationen oder die sogenannte transvaginale Follikelpunktion über sich ergehen zu lassen, ein operativer Eingriff, bei dem die Follikelflüssigkeit im Eierstock mit der sich darin befindlichen heranreifenden Eizelle unter Vollnarkose mit einer Nadel durch die Vagina abgesaugt wird.

»Üblicherweise überschreiten menschliche Eierstöcke im Leben einer Frau niemals die Größe von Walnüssen«, wurde der Schriftstellerin Deborah Feldman mitgeteilt, als sie sich als Eizellenspenderin einer Hormonstimulation unterzog. »Bei den Ihren dürfen wir nun davon ausgehen, dass sie die Größe von – sagen wir – einer Orange annehmen werden.« Woraufhin Feldman sich fragt: »Wenn Eierstöcke naturgemäß niemals die Größe einer Orange erreichen konnten, war es nicht sinnvoll anzunehmen, dass sie dies besser auch nicht tun sollen?«[318]

Im Leihmutterwesen ging man dank dieses Verfahrens jedenfalls bald dazu über, die mit dem Samen des Auftragsvaters befruchtete Eizelle der künftigen sozialen Mutter (oder einer Spenderin) einer anderen Frau – der sogenannten Leihmutter – einzupflanzen, sodass diese nicht mehr länger genetisch mit dem Kind verwandt ist. Das erste durch die sogenannte gestationelle Leihmutterschaft entstandene Kind kam im April 1986 zur Welt, nur wenige Tage vor Baby M. Damit war das Ende der »traditionellen« Leihmutterschaft eingeläutet, bei der immer das Risiko bestanden hatte, dass die in der Schwangerschaft entstandene Bindung der Tragemutter zum Kind und die biologische Verwandtschaft nicht einfach so gelöscht werden konnten. Die neue Technik schwächt, so Andreas Bernard, »die prekäre Einheit von

Schwangerer und Fötus ab«. Die Tragemutter fungiert nun lediglich als Inkubator oder *fetus-sitter*[319] für ein ihr »fremdes« Kind.[320] In der Regel wird bei der Geburt ein Kaiserschnitt durchgeführt, weil die Geburt in der Klinik so besser geplant werden kann. Das in Auftrag gegebene Kind kann zu einem vereinbarten Zeitpunkt an seine neuen Eltern übergeben, das Krankenhausbett zügig neu belegt werden.

Weil für das Gelingen einer Schwangerschaft und ein gesundes Baby allein die Qualität der durch Follikelpunktion gewonnenen Eizelle entscheidend ist und nicht das Alter des Körpers, der das Kind austrägt, können inzwischen auch Frauen jenseits der 50, 60 oder sogar 70 schwanger werden. Man denke etwa an die italienische Rocksängerin Gianna Nannini, die 2010 als allein lebende 54-Jährige Mutter wurde. Nach allem, was man weiß, hält eine Inderin den derzeitigen Rekord als älteste Erstgebärende der Welt. Sie war bei der Geburt ihrer Zwillinge 74 Jahre alt.[321] In Deutschland sind diese betagten Mütter derzeit noch eine kleine Minderheit: Im Jahr 2000 wurden 23 Kinder von Frauen über 50 auf die Welt gebracht, 15 Jahre später waren es 134.[322]

Welche neuen, ganz grundsätzlichen Fragen diese Technologie wiederum aufwirft, verdeutlicht ein Fall aus dem Jahr 1990: Das kalifornische Ehepaar Mark und Cristina Calvert engagierte eine alleinerziehende 29-Jährige als Tragemutter. Der Frau namens Anne Johnson wurden drei Embryonen eingesetzt. Durch eine Reihe von Vertrauensbrüchen und die Forderung der Auftragseltern, Johnson solle zwei der drei Embryonen abtreiben, damit nur ein Kind auf die Welt käme, entbrannte zwischen den beiden Parteien ein Streit. Zwei Monate vor der Geburt dann begann Johnson von der unauflösbaren Verbindung zu sprechen, die sie auch ganz ohne genetische Verwandtschaft zu dem von ihr ausgetragenen Kind spüre. Im Sorgerechtsprozess stellten sich Fragen, auf die es zum damaligen Zeitpunkt keine juristischen Antworten gab: Wer genau ist eine Mutter? Diejenige, von der eine Hälfte des genetischen Materials des künftigen Kindes stammt, oder diejenige, in deren Körper es sich von der befruchteten Eizelle zum Menschen entwickelt? Eindeutiger noch als im Fall von »Baby M« war hier die Mutterschaft auf zwei Personen aufgespalten. Am Ende kam der Supreme Court zum Schluss, dass nach kalifornischem Recht in diesen Fällen diejenige die Mutter sei, »die beabsichtigt hat, das Kind zu zeugen und aufzuziehen«. Hier, und das ist bemerkenswert, zählte in der Frage nach der Elternschaft also erstmals die Intention mehr als die Biologie.[323] Das Urteil war so wegweisend, dass sich in den USA inzwischen die Formulierung *intended parents* für die Auftragseltern durchgesetzt hat.

Es versteht sich fast von selbst, dass all diese Verfahren das traditionelle Verständnis von Familie und Verwandtschaft herausfordern, aber auch die Geschlechterrollen verändern. Konservative Kritiker der »Reproduktion im Zeitalter ihrer technischen Reproduzierbarkeit«, wie Andreas Bernard die Verfahren der assistierten Empfängnis in Anlehnung an den Kulturkritiker Walter Benjamin nennt[324], geben immer wieder zu bedenken, dass sie das Konzept der Familie schwäche, weil nicht mehr länger eindeutig ist, wer von wem abstammt. Lange war es eine Tatsache, dass ein Kind im Körper seiner Mutter heranwächst und von ihr geboren wird. Diese Unverrückbarkeit brachte das römische Recht einst auf die Formel »Mater semper certa est« – »Die Mutter ist immer sicher.« Diese Sicherheit gilt nicht mehr. Leibliche Vaterschaft hingegen lässt sich erst seit dem Aufkommen von Gentests erstmals zweifelsfrei feststellen.

Gleichzeitig kommt es nun, wie gezeigt, immer häufiger vor, dass ein Kind nicht nur *eine* Mutter und *einen* Vater hat. »Diese Techniken bringen fragmentierte Familienkonstellationen hervor; Jahr für Jahr kommen Tausende Kinder zur Welt, die bis zu fünf Elternteile haben«, so Bernard. Denn die Mutterfigur kann sich heute auf drei Personen – die genetische, die biologische und die soziale – aufspalten, die Vaterrolle kann als genetische und soziale Figur doppelt besetzt sein.

Diese neue Wirklichkeit bilden die Gesetze noch nicht vollständig ab. Während es in Kanada seit 2014 möglich ist, vier Personen als soziale Eltern eines Kindes eintragen zu lassen, und in Großbritannien immerhin drei, ist in der Novellierung des französischen Gesetzbuchs, des Code Civil, zwar mittlerweile nicht mehr in heteronormativer Manier von »Vater« und »Mutter« die Rede, sondern von »Elternteil 1« und »Elternteil 2«. Mehr als diese beiden sind jedoch nicht vorgesehen. In Deutschland kämpfte ein Trans*mann, der 2013 dank seiner weiblichen körperlichen Merkmale mit Hilfe einer Samenspende ein Kind auf die Welt gebracht hatte, vor dem Bundesgerichtshof vergeblich darum, als Vater dieses Kindes und nicht als dessen Mutter ins Geburtsregister eingetragen zu werden. Vor dem Gesetzgeber ist jedoch derzeit diejenige Person, die ein Kind gebiert, immer Mutter, selbst wenn diese Person ihrem Pass nach ein Mann ist.

Insbesondere die Leihmutterschaft wirft ethische Fragen auf, die eine globale Perspektive erfordern. Dazu zählt die Frage, unter welchen ökonomischen Bedingungen Samen- und Eizellen »gespendet« und Mütter »geliehen« werden – eine Wortwahl, die verschleiert, dass sich dahinter ein profitorientierter Markt verbirgt.

So ist es einem Großteil der Auftragseltern wichtig, dass ihr Kind ihnen in Haar-, Augen- und Hautfarbe gleicht. Erst der Umstand, dass es seit Mitte der 1980er-Jahre möglich ist, ein Kind durch eine Leihmutter austragen zu lassen, die keinerlei genetische Verwandtschaft zu ihm aufweist, bedeutet, dass der ethnische Hintergrund der austragenden Frau für das Aussehen des Kindes keinerlei Rolle spielt. Das hat wiederum dazu geführt, dass die Leihmutterschaft heute ein globales Geschäft ist, das jährlich geschätzt bis zu zwei Milliarden Dollar umsetzt – während der Umsatz der Reproduktionsmedizin im Allgemeinen schätzungsweise irgendwo zwischen 12 und 25 Milliarden liegt.[325] Dabei sind es keinesfalls nur die Angehörigen der wohlhabenden Schichten, die mit Hilfe der Reproduktionstechniken zu Eltern gemacht werden. Wie die Autorin Laura Briggs feststellt, ist die assistierte Empfängnis auch beliebt »unter Türken in Deutschland, der Mittelklasse in Ägypten und im Iran, Indigenen in den Anden und Menschen aus ganz Afrika und Asien«.[326]

Im Fall der Leihmutterschaft bezahlen häufig Paare bzw. Alleinstehende ärmere Frauen in weniger wohlhabenden Ländern dafür, dass sie deren Kinder austragen. Für wen Geld keine Rolle spielt, der sucht sich eine Leihmutter in Kalifornien, wie 2016 der deutsch-amerikanische Investor Nicolas Berggruen.[327] Die räumliche Distanz zwischen den jeweiligen Wohnorten von Leihmüttern und Auftragseltern wirkt nach der Übergabe des Kindes fast schon nebenbei als willkommene Distanzierungsmaßnahme, nach dem Motto: aus den Augen, aus dem Sinn, aus der Familiengeschichte.

Das Problematische daran verdeutlicht die Geschichte

eines schwulen israelischen Paares, von dem der Podcast »Radiolab« berichtete.[328] Tal Bosidon und Amir Barda wünschen sich Kinder, die biologisch mit ihnen verwandt sind, weshalb eine Adoption nicht in Frage kommt. Die Idee, per Insemination zwei Kinder mit einer befreundeten Frau zu bekommen und diese dann im Rahmen eines Co-Parenting-Arrangements aufzuziehen, scheitert daran, dass die Frau nur ein Kind möchte, nicht zwei. Homosexuellen und alleinstehenden Männern ist Leihmutterschaft in Israel zu diesem Zeitpunkt noch nicht erlaubt (das Höchste Gericht des Landes hat Anfang 2020 eine Gesetzesänderung auf den Weg gebracht), also informieren sich Tal und Amir auf einer Kinderwunsch-Messe in Tel Aviv über die Möglichkeit einer Leihmutterschaft im Ausland. Sie entscheiden sich aus Kostengründen dagegen, eine Frau in den USA zu engagieren, weil das gesamte Verfahren in Nepal schon für die Hälfte des Geldes zu haben ist, etwa 12 000 Dollar für zwei Kinder. Eines soll mit Tals, das andere mit Amirs Samen gezeugt werden. Allerdings bedarf es eines Tricks, der eine Lücke im Gesetz des Landes umgeht: Denn zum damaligen Zeitpunkt ist es nepalesischen Frauen verboten, sich als Leihmutter zur Verfügung zu stellen, nicht aber indischen. Daher kümmern sich in der nepalesischen Hauptstadt Kathmandu Agenturen darum, indische Frauen ausfindig zu machen, die als Leihmütter fungieren können, diese über die Grenze zu bringen sowie sie in der Zeit ihrer Schwangerschaft in sogenannten *shelter houses* unterzubringen und zu versorgen.

Tal Bosidon hat zunächst moralische Bedenken, eine mutmaßlich arme Frau auszubeuten, indem er ihren Körper anmietet. Als das Paar jedoch eine Agentur findet, die angibt, den Leihmüttern umgerechnet 12 000 Dollar Honorar zu zahlen, stimmt er der Prozedur zu. Mit dieser Summe, so seine Argumentation, könnten die betreffenden Frauen ihre Lebenssituation entscheidend verbessern. Als Nächstes suchen die beiden nach einer Eizellenspende – und zwar in der Ukraine. Einem Land, in dem »billige weiße Eizellen« zu haben sind, wie es in der Reportage heißt.

Das Paar entscheidet sich mit Hilfe des Katalogs der Agentur für eine Spenderin mit überdurchschnittlicher Körpergröße, hellbraunen Haaren sowie Augen und einer Nase, die beiden Männern zusagen. Dieses selektive Vorgehen ist beiden ein wenig unangenehm, das Wort »Eugenik« fällt. Schließlich injizieren die Ärzte in der nepalesischen Klinik die israelischen Spermien in die ukrainischen Eizellen, kreieren auf diese Weise einige Embryos und implantieren sie in die Uteri der indischen Leihmütter. Beide Frauen werden schwanger, eine von ihnen mit Zwillingen. Neun Monate später sind alle drei Kinder auf der Welt, und Tal Bosidon und Amir Barda reisen nach Kathmandu, um die Formalitäten zu klären. Sowohl Israel als auch Nepal und Indien müssen die Vaterschaft der Männer anerkennen, bevor diese ihre Kinder mit nach Hause nehmen können. Während ihres wochenlangen Aufenthaltes in einem Hotel vor Ort hören die Männer von einer anderen Leihmutter, sie habe für die gesamte Schwangerschaft nur etwa umgerechnet 3000 statt der von der Agentur zugesicherten 12 000 Dollar erhalten.

Bevor das Paar diesem Hinweis nachgehen kann, bebt am 25. April 2015 in Nepal die Erde. 8800 Menschen sterben, 22 300 werden verletzt. Die beiden Männer finden sich mit den drei Babys auf der Straße wieder, zusammen mit weiteren homosexuellen israelischen Auftragseltern und insgesamt nicht weniger als 24 von indischen Leihmüttern ausgetragenen Babys. »Auf einmal wird deutlich, dass da eine Art Baby-Pipeline zwischen Nepal und Israel besteht«, heißt es in der Reportage. Die Fernsehbilder der gestrandeten Israelis lösen in deren Heimatland eine heftige Debatte über die Praxis der Auslands-Leihmutterschaft aus. Die israelische Regierung holt alle zu diesem Zeitpunkt noch von ihren Staatsbürgern schwangeren Leihmütter aus Nepal ins Land, damit sie in Sicherheit niederkommen können. Nach dem Vorfall schließt Nepal die Gesetzeslücke und verbietet die Leihmutterschaft auch für ausländische Frauen.

Wie sich herausstellt, hatte die von Bosidon und Barda beauftragte Agentur die 12 000 Dollar für den gesamten »Leihmutter-Service« veranschlagt, nicht als tatsächliche Bezahlung der schwangeren Frauen. Deren Honorar betrug zwischen 1000 und 5000 Dollar. In manchen Fällen bekamen die Frauen also umgerechnet rund 920 Euro für neun Monate Schwangerschaft. Macht auf die 24 Stunden des Tages gerechnet einen Stundenlohn von rund 14 Cent. Das reicht selbst in Nepal nicht, um ein Leben grundsätzlich zu verändern. Wohl aber, um zum Beispiel ein Stück Land zu kaufen. Auf der Habenseite steht, dass die indischen Leihmütter in den Monaten der Schwangerschaft in Nepal die Möglichkeit hatten, Besuch von ihren Kindern und Ehemännern zu empfangen. Nahezu alle der im Rahmen der Reportage damals vor Ort befragten Frauen behandelten die Leihmutterschaft wie einen Job, den sie aus freien Stücken angenommen hatten: pragmatisch und selbstbestimmt.

Welcher Aspekt in der Geschichte der beiden Männer und ihrer Babys unterbelichtet bleibt: Es sind allein die Leihmütter, die die Begleiterscheinungen und Folgen einer Schwangerschaft tragen – die schlechte vor- und nachgeburtliche Gesundheitsversorgung in ihren Heimatländern, die Nebenwirkungen des Hormoncocktails, der ihre Zyklen mit denen der Eizellenspenderin synchronisiert, die körperlichen und psychischen Folgen einer eventuell von den Auftragseltern geforderten Abtreibung eines oder mehrerer der Föten, etwa bei einer sich abzeichnenden Behinderung des Kindes oder auch nur einer ungewollten Mehrlingsschwangerschaft, und nicht zuletzt die körperlichen Folgeerscheinungen der streng getakteten Kaiserschnittgeburt. Oft wird den Leihmüttern nur dann die volle Vertragssumme ausgezahlt, wenn die Schwangerschaft planmäßig verläuft. Stößt ihnen oder dem Fötus etwas zu, werden sie nicht oder nicht voll bezahlt. Die gesamte Verantwortung für das physische Wohlergehen des entstehenden Kindes liegt allein bei den Leihmüttern. Dabei ist nicht sichergestellt, dass die Frauen alle medizinischen Gefahren kennen oder auch nur die Einzelheiten der Verträge, die sie unterzeichnen, verstehen, sei es, weil sie nicht lesen können oder kein Englisch sprechen.

Es sind nicht nur die häufig ausbeuterischen Strukturen und der Umstand, dass hier letztendlich ein Mensch gegen Geld den »Besitzer« wechselt, warum die Leihmutterschaft so umstritten ist. Bereits 1987 wiesen die Gender-Forscherinnen Juliette Zipper und Selma Sevenhuijsen auf eine tiefer liegende Quelle des Unbehagens hin, als sie schrieben, dass sich unter dieser Kritik der Kommerzialisierung »die Verteufelung der Mutter verbirgt, die ihr Kind weggibt oder, noch schlimmer, die rational entscheidet, schwanger zu werden, um ihr Kind dann zu verlassen«.[329]

Der Diskurs um die Leihmutterschaft ist in dieser Argumentation nicht nur von der Furcht vor dem technischen

Fortschritt gespeist oder von den unklaren Grenzen der Familie, sondern von der Angst vor einer Welt, in der die Mutter-Kind-Bindung fragil wird – beziehungsweise eines Tages *wieder* so fragil werden könnte, wie sie es vor der Erfindung der Mutterliebe war.

Die Autorin und Aktivistin Sophie Lewis plädiert in der Frage nach der Kommerzialisierung dafür, Leihmutterschaft, die ganz offensichtlich längst eine ausgewachsene Industrie mit Auftraggebern, Auftragnehmerinnen und Vermittlungsagenturen darstellt und innerhalb derer Produkte, nämlich Babys, hergestellt werden, konsequenterweise als vollwertige Arbeit anzuerkennen, als *gestational labor* – Schwangerschaftsarbeit. »Wie im Fall von Sexarbeit auch ist die Frage, ob man für oder gegen Leihmutterschaft ist, im Grunde irrelevant«, so Lewis.[330] Es käme darauf an, die Bedingungen für die Ausübung dieser schweren körperlichen und derzeit weitgehend unregulierten Arbeit so zu gestalten, dass die Frauen, die ihr nachgehen, das selbstbestimmt tun können und in der Lage sind, sich gegen körperlichen wie emotionalen Missbrauch zu schützen. »Leihmutterschaft als produktive Care-Arbeit zu betrachten, löst nicht alle Probleme«, so Lewis, »aber es eröffnet die Möglichkeit, dass Schwangerschaftsarbeiterinnen verhandeln, Sabotage verüben und in Streik gehen können.«

Schließlich geht es in dieser Frage um reproduktive Autonomie als Grund- und Menschenrecht. Wer den Claim »My body, my choice« ernst nimmt, wenn es um Schwangerschaftsabbrüche geht, die übrigens für 25 Prozent der Frauen weltweit nach wie vor ohne Wenn und Aber verboten sind, muss das gleiche Recht auch einer Person zugestehen, die ein Kind für einen anderen Menschen austrägt.

Ein Anfang wäre gemacht, wenn sich statt »Leihmutter« der Begriff »Tragemutter« oder »austragende Mutter« durchsetzen würde. Und wenn anerkannt würde, dass auch eine Tragemutter eine Mutter ist. Die Autorin Angela Garbes verweist in diesem Zusammenhang auf den fötalen Mikrochimärismus, der die besondere Verbindung von Mutter und Kind auf Zellebene beschreibt, da im Mutterleib über die Plazenta ein Zellaustausch zwischen Fötus und Mutter stattfindet. Wir alle beherbergen über viele Jahre hinweg, vielleicht auch unser Leben lang, Zellen unserer Mutter in uns; und auch umgekehrt tragen manche Mütter nach einer Schwangerschaft für den Rest ihres Lebens Partikel des Kindes, das in ihnen herangewachsen ist, in sich.[331] Das darf man durchaus auch symbolisch verstehen.

Schon gibt es in Indien erste Versuche, ein System für eine Art »Fairtrade-Leihmutterschaft« zu entwickeln, das auf Offenheit und Transparenz basiert: im Hinblick auf die Bezahlstruktur, den medizinischen Vorgang und die Beziehungen, die bei einem Leihmutterarrangement entstehen. In Kalifornien müssen Leihmütter heute schon nachweisen, dass sie finanziell unabhängig sind und bereits eigene Kinder haben. Zudem müssen sie ein psychologisches Gutachten vorlegen, und auch über die Auftragseltern wird ein umfassendes Gutachten erstellt.

Einstweilen verbieten viele Länder die Leihmutterschaft zu kommerziellen Zwecken, erlauben sie aber aus »altruistischen« Motiven, das heißt, solange dabei kein Geld im Spiel ist. Das erhöht jedoch die Gefahr, dass Leihmutterschaft weiter unreguliert stattfindet und auf diese Weise die Ausbeutung verschärft. Zum Beispiel in Indien, einem Land, in dem die Kultur der Gabe weit verbreitet ist und das offiziell längst abgeschaffte Kastensystem noch immer in weiten Teile das gesellschaftliche Leben bestimmt, ist es durchaus denkbar, dass eine Frau von einem Ehepaar aus einer höheren Kaste »gebeten« wird, ihr Kind ohne Gegenleistung auszutragen, und die niedrigere soziale Stellung der Frau es ihr verbietet, dem Paar diesen Wunsch auszuschlagen.

In Deutschland ist die Leihmutterschaft genau wie die Eizellenspende und ihrer beider Vermittlung strengstens untersagt, wobei man zumindest bei der Eizellenspende von einer Benachteiligung von Menschen mit Eierstöcken gegenüber denen mit Samenleitern sprechen kann.[332] Allein in 15 der 26 anderen europäischen Ländern jedoch ist sie legal, sodass auch hier ein regelrechter Reproduktionstourismus entstanden ist. Ähnlich sieht es im Nicht-EU-Land Ukraine aus. Inmitten der Corona-Pandemie wurde Mitte Mai 2020 bekannt, dass in einem Hotel am Stadtrand von Kiew insgesamt 51 von Leihmüttern ausgetragene Babys gestrandet waren, deren Auftragseltern wegen der Reisebeschränkungen zu Hause festsaßen und sie nicht abholen konnten.[333] Als wenn es noch ein Argument für ein international einheitliches Regelwerk gebraucht hätte, das Leihmütter und die Kinder, die sie austragen, schützt.

Was dabei selten eine Rolle zu spielen scheint, ist die Perspektive der auf diese Weise entstandenen Kinder. Die Frage, woher sie kommen und von wem sie abstammen, wird unter den Bedingungen der fragmentierten Elternschaft immer schwerer zu beantworten und kann, wie man nicht zuletzt aus der langen Geschichte der Adoption weiß, Identitätskrisen hervorrufen. Was bedeutet es für ein Kind, wenn es mehrere Dutzend Halbgeschwister hat, wie jedes der aktuell 31 Kinder eines Münchners, der schon 17 Müttern seinen Samen gespendet hat?[334] Was macht es mit einem Kind, wenn es nach der Schwangerschaft von seiner biologischen Mutter getrennt wird und damit von dem Herzschlag und der Stimme, die es neun Monate lang gehört hat? Darüber weiß man derzeit nicht viel. Gesichert scheint, dass diejenigen Kinder, die ihre Entstehungsgeschichte von Anfang an kennen und denen sie als positiv vermittelt wird, die gleichen Chancen auf ein glückliches Leben haben wie andere Kinder. Sie haben die Chance, sich auf die Suche nach ihrer biologischen Herkunft zu machen. Eine genetische Verwandtschaft mit den sozialen Eltern ist jedenfalls keine Bedingung für eine stabile Identitätsbildung.[335]

Mittelfristig könnte es sein, dass die Reproduktionsmedizin nicht nur queeren und Hetero-Paaren oder Singles jeglicher Orientierung zu leiblichen Kindern verhilft, sondern in nicht allzu ferner Zukunft eine gesamtgesellschaftliche Funktion erfüllt – eine Menschheitsaufgabe sogar. Mitte 2017 veröffentlichten die Hebrew University of Jerusalem und die Mount Sinai Medical School in New York die Ergebnisse einer groß angelegten Meta-Studie, derzufolge die Spermienkonzentration bei Männern in Nordamerika, Europa und Australien in den vergangenen 40 Jahren um mehr als die Hälfte gesunken ist, ohne dass ein Endpunkt dieser Entwicklung erkennbar sei. »Ich würde sagen, dass wir das Beste hoffen und uns auf das Schlimmste vorbereiten sollten«, so einer der Autoren der Studie. »Und das ist die Möglichkeit, dass wir aussterben könnten.«[336]

Schuld an diesem dramatischen Abfall der Spermienqualität sei die moderne chemische Industrie. »Kurz gefasst haben wir Menschen begonnen, eine ganze Reihe von Stoffen aufzunehmen, die auf unsere Hormone einwirken«, kommentiert der US-amerikanische Journalist Daniel Noah Halpern, »einschließlich und am entscheidendsten auf unser Östrogen und Testosteron.«[337] Diese sogenannten endokrinen Disruptoren umgeben uns, relativ egal, was wir tun. Sie finden sich im Trinkwasser, in Pestiziden, in Plastikflaschen, in Verpackungen von Lebensmitteln, in Kosmetika und in der Farbe, mit der Kassenbons bedruckt werden. Bereits im Uterus beeinflussen diese Errungenschaften des modernen Lebens die Entwicklung der menschlichen Hoden in ihrer Fähigkeit, Testosteron und Spermien zu bilden. Bleibt die Rate des Spermienverfalls unverändert, könnte es in ein paar Jahrzehnten schwer werden, Kinder durch Sex zu zeugen.

Chinesischen Forschern gelang es vor einigen Jahren, Spermien aus embryonalen Stammzellen von Mäusen zu gewinnen. Theoretisch ließen sich eines Tages Spermien auch aus Hautzellen von Frauen gewinnen.[338] Vielleicht sichert die Reproduktionstechnologie also eines gar nicht so fernen Tages den Fortbestand der Menschheit – ohne dass dafür noch Männer vonnöten wären.

Unterdessen schreitet die technologische Entwicklung weiter voran. 2014 gebar das erste Mal eine Frau ein Kind, nachdem ihr der Uterus einer anderen Frau transplantiert worden war. Drei Jahre später kam erstmals ein Baby auf die Welt, das nach dem Austausch des Erbmaterials der mütterlichen Eizelle durch das einer anderen – einem sogenannten Kerntausch – drei genetische Elternteile hat. Weibliche Eizellen lassen sich längst, ebenso wie befruchtete Embryos, zur späteren Verwendung einfrieren. Der Bioethiker und Jurist Hank Greely von der Stanfort University rechnet damit, dass es in 50 Jahren möglich sein wird, einen Fötus in einem künstlichen Uterus heranwachsen zu lassen.

Schon heute sind Unternehmen wie die im US-amerikanischen New Jersey angesiedelte Firma »Genomic Prediction« auf den Plan getreten, die durch IVF-Methode gezeugten Embryonen vor dem Einpflanzen in die Gebärmutter mit sogenannten polygenetischen Tests auf Krankheiten wie Diabetes und Krebs, aber auch auf Kleinwüchsigkeit und geistige Behinderung zu untersuchen. In Deutschland ist die Präimplantationsdiagnostik derzeit nur in Ausnahmefällen zugelassen. Doch nicht nur die Untersuchung, sondern auch die genetische Veränderung von Embryonen ist recht einfach. Denn diese bestehen zunächst aus nur wenigen Zellen; jede Genmodifizierung, die in diesem Stadium erfolgreich durchgeführt werden könnte, würde an alle Zellen des entstehenden Körpers weitergegeben. In der Zukunft wird es in der Frage der Elternschaft nicht mehr darum gehen, ein Kind zu zeugen, sondern um die Suche nach »dem gesündesten Kind, das man sich für Geld kaufen kann«, so Jeremy Rifkin, der Präsident der Washingtoner »Foundation of Economic Trends«.[339]

Es ist also durchaus nicht unwahrscheinlich, dass irgendwann eine wohlhabende Minderheit ihre genetisch auf Gesundheit und Intelligenz hin optimierten Embryonen austragen lässt. Anderen fällt dann die Aufgabe zu, bei der Produktion dieser Kinder zu assistieren – indem sie ihre Zellen verkaufen und Körper verleihen. Ein per Fair-Trade-Arrangement gezeugtes und dank Genoptimierung gesundes biologisches Kind wäre in diesem Szenario dann der größtmögliche Luxus, den es auf der Welt gibt.

Doch wie verändert die Reproduktionstechnik und das Personal, das sie hervorbringt, das Verständnis von Familie und Verwandtschaft? Schwächt sie die Familie, wie es lange

Zeit befürchtet wurde, oder macht sie sie im Gegenteil noch stärker? Die Antwort lautet ganz eindeutig: Es kommt darauf an.

Besonders bei heterosexuellen Paaren kann die assistierte Empfängnis quasi unter dem Radar der öffentlichen Wahrnehmung stattfinden und muss die Ordnung der Familie daher kaum stören. »Der tägliche Zustrom von durch Leihmutterschaft gezeugten Kindern zu Populationen bleibt von vielen unbemerkt, berührt er doch kaum die Oberfläche des Spektakels, das die konventionelle Kernfamilie darstellt«, so Sophie Lewis.[340]

Gleichzeitig scheint sich besonders im Zusammenhang mit der Samenspende und der Möglichkeit, dass ein Mann auf diesem Weg Dutzende, wenn nicht Hunderte Nachkommen zeugen kann, eine neue Vorstellung von Großfamilie zu entwickeln. Das wird etwa anhand der Aktivitäten der »Donor Sibling Registry« deutlich. Die Website verzeichnet momentan rund 68 000 Mitglieder, die hier mit Hilfe der von den Kinderwunschpraxen vergebenen Spendernummern und äußeren Merkmale wie Alter und Aussehen nach eventuellen Halbgeschwistern suchen, die wie sie durch eine anonyme Samenspende desselben Mannes gezeugt wurden. Unter den aufgeführten Praxen und Kliniken befinden sich auch mehr als 100 in Deutschland, die Einträge sind allerdings noch spärlich. In den USA hingegen finden immer wieder große Begegnungen von Samenspendern, ihren zahlreichen untereinander halb verschwisterten Nachkommen und deren sozialen Eltern statt, auf denen körperliche Ähnlichkeiten der Halbgeschwister als Zeichen der sofortigen Verbundenheit zueinander gelesen werden.

Wie bei Jessica Share. »In gewisser Hinsicht gehörte er

für mich schon zur Familie«, schreibt sie in einem Artikel über das Kennenlernen desjenigen Samenspenders, dem sie die Existenz ihrer zu dem Zeitpunkt zwölfjährigen Tochter verdankt; ihre damalige Frau hatte ein paar Jahre zuvor ein weiteres Mädchen mit dem Samen desselben Spenders ausgetragen.

Share hat ihren ursprünglich anonymen Samenspender namens Aaron nicht mit Hilfe der Donor Sibling Registry, sondern dank eines DNA-Heimtests gefunden, mit denen vor allem in den USA mittlerweile Millionen Menschen ihre genetische Herkunft entschlüsseln ließen. Die Ergebnisse können auf einer Website eingetragen und mit den Daten anderer Testnehmer abgeglichen werden. So entdecken manche, dass sie zum Beispiel fünf Prozent isländische Anteile in sich tragen oder dass der Mann, den sie ihr Leben lang für ihren leiblichen Vater gehalten haben, in Wirklichkeit gar nicht genetisch mit ihnen verwandt ist. Wieder andere finden so den Namen des Mannes heraus, der sich als Student ein wenig Geld mit Masturbieren dazuverdienen wollte.

Jessica Share schreibt ihren Samenspender an, der reagiert erfreut, und die beiden verabreden sich zu einem Spaziergang. »Ich kannte ihn schon und wusste, dass er genau wie diese beiden Menschen war, die ich mehr liebe als irgendjemand anderen auf der Welt«, und weiter: »Meine jüngste Tochter hat sein schiefes Lächeln und seine Haar- und Augenfarbe.«[341] Hier deutet sich schon eine echte Romantic Comedy an: Share und ihr Samenspender verlieben sich ineinander und werden ein Paar. Die beiden haben also nicht nur die Sphären Liebe, Sex und Fortpflanzung voneinander entkoppelt, sondern auch noch die Reihenfolge, in der sich beides üblicherweise abspielt, umgedreht.

Share und ihre Tochter ziehen zu Aaron und einem seiner anderen biologischen Kinder, und auch seine Mutter zieht schließlich mit ein. Aus der anonymen Samenspende wird eine große, unordentliche Familie, die weder, wie Share es formuliert, allein auf DNA noch auf Liebe basiert. »Offen zu sein für diese Liebe – das ist es, was eine Familie letztendlich ausmacht. Jeder kann im Schoß dieser Familie willkommen geheißen werden«, lautet das Fazit.

Vor lauter Liebe und liebevollem Chaos übersieht man schnell, wie konservativ diese Erzählung im Grunde ist: Dank eines Gentests ist aus dem einst anonymen Samenspender und genetischen Vater auch der soziale Vater des Kindes geworden sowie der Lebenspartner einer Frau, die nach einer »gescheiterten« queeren nun in einer heterosexuellen Beziehung lebt. Alles in bester heteronormativer Ordnung also. Hier gilt, was Bernard über durch Reproduktionstechniken entstandene Familien sagt, nämlich dass sie »ein seit Jahrzehnten brüchig gewordenes, symbolisch ausgezehrtes Lebensmodell wieder mit neuer Repräsentationskraft versorgt haben«.[342]

Die Reproduktionsmedizin sorgt also für eine Wiederkehr der Familie, wenn auch in veränderter Form. Und diese Form ist auf den ersten Blick voller Widersprüche: Weil die Labortechniken es vielen Menschen erst ermöglichen, Eltern zu werden, werten sie die leibliche Vater- und Mutterschaft auf. So gut wie jeder Mann kann heute zum Vater und jede Frau zur Mutter gemacht werden – ein Mann allerdings nicht zur rechtlichen Mutter.

Das Beispiel des Trans*manns (des »Gebärers«, wie ihn ein Kommentator auf der Suche nach einem passenden Begriff nannte[343]) macht etwas anderes deutlich: Das genaue und menschheitsgeschichtlich junge Wissen um die biologischen Vorgängen bei der Zeugung eines Kindes hat die Geschlechterordnung so stark verändert wie kaum etwas anderes. Schwer vorstellbar, was Paul Fürbringer zu Männern gesagt hätte, die Kinder auf die Welt bringen.

Gleichzeitig wächst durch die Reproduktionsmedizin die Bedeutung sozialer Verwandtschaftsverhältnisse, ob nun in homo-, hetero-, bisexuellen oder anderen Formen der Beziehung. »In jeder von ihnen ist der leiblichen Verwandtschaft – gleichgültig, ob sie natürlich oder reproduktionstechnisch zustande kam – kein langes Glück beschert, wenn sie nicht auch auf einem sozialen Beziehungsgeflecht basiert«, so Christina von Braun. »Die Pluralisierung der Verwandtschaftsdefinitionen bedeutet nicht Verlust von Bindungsfähigkeit, ebenso wenig wie die Blutsverwandtschaft diese garantieren kann.«[344] Die Blutsverwandtschaft, von der die Mehrheit der Menschen ohnehin nicht glaubt, dass sie – anders als Zusammenwohnen oder gemeinsames Essen – Verwandtschaft konstituiert, ist eine weitere Erfindung des bürgerlichen Zeitalters und wurde erst im 20. Jahrhundert zum prägenden Modell der Identitätskonstruktion. Spätestens mit Beginn des 21. Jahrhunderts ist das vorbei.

So trägt auch die Reproduktionsmedizin ihren Teil dazu bei, dass die Familie der Zukunft nicht auf Stammbäumen, sondern auf Werten wie Zuneigung, Vertrauen, miteinander verbrachter Zeit und gemeinsamer Geschichte gründet.

Wir nennen es Familie

Hingebungsvolle Erwachsene, umsorgte Kinder

Ein paar Wochen nachdem Ava, Baby August und ich in unser Zusammenleben hineinkatapultiert wurden, erinnerte ich mich an ein Interview mit Eva Illouz, das ich Jahre zuvor zum Erscheinen ihres Buchs »Warum Liebe weh tut« geführt hatte. Darin geht es vor allem um die heterosexuelle romantische Zweierbeziehung, das »Mittelklasse-Projekt Ehe und Familie«, wie Illouz es nennt.[345] Da am Ende des offiziellen Gesprächs noch ein wenig Zeit blieb, fragte ich sie, wie sie sich die Familie der Zukunft vorstelle angesichts der Unvereinbarkeit der idealisierten romantischen Liebe mit dem in Routinen organisierten Alltagsleben mit Kindern. Sie sagte: »Ich glaube, wir Frauen sollten ganz neue Wege gehen und über gemeinschaftliche Modelle der Kindererziehung nachdenken.«

Als ich sie bat, das auszuführen, entwarf sie ein Szenario, in dem es heterosexuelle Frauen satthaben, dass das Finden eines geeigneten Partners und das Zeugen und Aufziehen von Kindern so stark miteinander verbunden sind. »Stellen Sie sich vier oder fünf Frauen vor, die alle nur ein paar Straßen voneinander entfernt im selben Viertel zusammenleben.

Jede von ihnen geht zur Samenbank und bekommt ein, zwei oder drei Kinder. Die Freuden und Pflichten der Kindererziehung teilen sich diese Frauen untereinander. Gleichzeitig suchen sie sich Partner, gehen in Sexclubs oder tun, was auch immer ihnen gefällt.«[346] Sie sei für die Trennung der beiden Sphären romantische Liebe und Fortpflanzung.

Männer spielten in diesem Szenario eine wichtige Rolle, nicht nur als Samenspender, sondern ebenso als Vaterfiguren – die viele von ihnen ohne Frage sein wollen: ältere Männer, die die Familienphase abgeschlossen haben, schwule Männer oder Männer, die nicht am häuslichen Zusammenleben interessiert sind. »Wir brauchen keine traditionellen Familien, um Kinder aufzuziehen. Kinder brauchen den Umgang mit engagierten, liebevollen und hingebungsvollen Menschen.« Das war genau der Perspektivwechsel, den ich gebraucht hatte.

Ich versuche heute, solch ein liebevoller und hingebungsvoller Mensch für August zu sein. Irgendwann zwischen den Debatten um #MeToo und #mentalload habe ich mich dazu entschieden, die Frauen um mich herum zu unterstützen, durch Aufmerksamkeit, Entschlossenheit und Solidarität.

August, Ava und ich wohnen nach wie vor zusammen, unser Wohn-, Gäste- und Arbeitszimmer ist jetzt Augusts Kinderzimmer. Knapp die Hälfte der Woche verbringt er bei seinem anwesenden und liebevollen Vater. In seiner Kita wurde er in den vergangenen zwei Jahren von einer Tagesmutter und einem Tagesvater betreut, auch seine Oma, sein Opa und sein Onkel passen manchmal auf ihn auf. Er wird nicht in dem Irrtum groß, dass ein Geschlecht besser dazu geeignet wäre, sich um Kinder zu kümmern, als ein anderes. Er liebt es, den kleinen Stoffigel namens Bernardo, den ich ihm zur Geburt geschenkt habe, in einem Tragetuch vor dem Bauch herumzutragen, als Bernardos Papa.

Was anfangs noch sehr rumpelte in unserem Zusammenleben, läuft mittlerweile wie eine gut geölte Maschine. Ava und ich kaufen ein, putzen und kochen ohne feste Pläne und mit gelegentlichen Absprachen – so, wie wir das schon immer getan haben. Glücklicherweise ist unser Empfinden für Ordnung und Sauberkeit nahezu deckungsgleich. Ansonsten hilft Großzügigkeit, immer. Wenn wir zusammen oder mit Gästen essen, bin ich es, die kocht, weil ich wirklich gern am Herd stehe. Ava ist besser im Reparieren von Dingen, mir fehlt dafür oft die Geduld. Dafür fühle ich mich für Wohnungsrenovierungen verantwortlich, während Ava sich um die Gestaltung unseres Balkons kümmert. Und nein, keine von uns geht in Sexclubs.

Was unsere Rollen angeht, ist Ava Augusts Mutter, und ich bin diejenige, die versucht, mitzudenken und zu helfen, wo es geht. Wir konkurrieren weder um Freizeit noch um die Liebe des Kindes. Ich versuche, ihr keine Erziehungstipps oder ungebetenen Ratschläge zu geben. Sie vertraut mir, dass ich schon weiß, wie ich mit August umzugehen habe, und lässt uns unsere Momente zu zweit. Wir drei verbringen so viel Zeit miteinander, wie wir können. Wir laden Freundinnen und Freunde zum Essen ein, unternehmen gemeinsame Ausflüge und machen zusammen Urlaub. Seit drei Jahren gehört August mit auf unsere Weihnachtsgrußfotos.

Ava nennt mich gegenüber anderen manchmal »meine Frau«, was ich sehr süß finde. Ich selbst verstehe mich als irgendetwas zwischen gutem Hausgeist, Live-in-Babysitter, Patentante und Co-Mutter. Wir haben unsere eigene Version von Familie erfunden – halb ironisch, aber immer noch mindestens halb ernst. Und nach keiner Seite hin abgeschlossen.

Augusts erstes Wort war »Mama«, das zweite »Anne«. Zu Beginn hat er meinen Namen auf der letzten Silbe betont, ich habe damals gern behauptet, er habe sich das von einigen der Kinder in unserem Viertel abgeschaut. *Anne* heißt auf Türkisch: Mama.

Es gab eine Zeit, in der er morgens kurz nach dem Aufwachen von seinem Bett aus meinen Namen rief. Jetzt, da August längst laufen kann und groß genug ist, um an die Türklinken zu reichen, kommt er oft in mein Zimmer; wir reden dann über Autos, oder ich lese ihm ein Buch vor. Meine obskuren Stricktiere sind in seinen Besitz übergegangen, so lange, wie er sie gernhat. Ich schätze mich sehr glücklich, ihn aufwachsen zu sehen und ein Teil seines Lebens sein zu dürfen. Neulich, morgens in der Küche, er war ein wenig verstimmt, hat er das erste Mal verlangt, dass ich ihn hochnehme. Dann umarmte er mich, und ich tröstete ihn. Als ich ein paar Tage später von einer kurzen Reise zurückkam, sagte er: »Ich freue mich, dass du wieder da bist.« Ich habe mal irgendwo gelesen, dass Eltern ihren Kindern gegenüber ganz ähnliche Gefühle hegen wie frisch Verliebte zueinander. Ich kann das mittlerweile nachvollziehen.

Unser Zusammenleben ist seine Normalität. Es sind allein wir Erwachsenen, die sich an diese neuen Lebensgemeinschaften gewöhnen müssen. Ava und ich haben neulich unsere Erinnerungen an jene ersten Monate zu dritt miteinander abgeglichen. Abgesehen von dem groben Gerüst – Baby August, sie und ich – stimmte so gut wie nichts miteinander überein. Es ist, als hätten wir im Kino zwei verschiedene Filme gesehen, obwohl wir doch ganz sicher nebeneinandersaßen. Worauf wir uns einigen konnten: dass wir froh sind, diese Zeit miteinander durchgestanden zu haben. Nach einem halben Jahr, in dem Ava sich schon mit dem Gedanken vertraut gemacht hatte, bald eine eigene Wohnung für sich und August zu suchen, soll ich gesagt haben: »Wieso, hier ist doch genug Platz.« Ich wusste das gar nicht mehr. Aber das war für Ava der Moment, in dem etwas Neues begann.

Als August kurz nach seinem zweiten Geburtstag getauft wurde, waren wir vier Patinnen und Paten: Avas Bruder, ihre langjährige Freundin Alma, unser gemeinsamer Freund Karl, der sich als zweifacher Vater selbst für die Aufgabe vorgeschlagen hatte, und ich. Im entscheidenden Moment bat der Pfarrer »die Familie« des Täuflings zum Taufbecken. Karl und ich blieben sitzen, weil wir nicht verstanden hatten, dass er damit auch uns gemeint hatte. Der Pfarrer hatte vielleicht mangels anderer Begriffe für uns vier Paten auf das Wort Familie zurückgegriffen und uns damit zu einer solchen gemacht. Vielleicht hatte sich der Kirchenmann aber auch daran erinnert, dass Jesus selbst das Kind eines Samenspenders, eines sozialen Vaters, eines Geistes (hui!) und einer Leihmutter ist.

Ava sagte irgendwann zu mir: »August ist auch dein Kind.« Das war der Moment, in dem für mich etwas Neues begann. Ich lerne immer noch jeden Tag, was das bedeutet: ein Kind.

Neben dem billigen rotgoldenen Ding meiner Ururgroßmutter trage ich an der anderen Hand seit Kurzem einen silbernen Ring – dort, wo eigentlich der Ehering hin soll. Meine Freundinnen und Freunde haben ihn mir zum Geburtstag geschenkt. Auf der einen Seite sitzt jetzt also das Schmuckstück meiner Herkunftsfamilie, auf der anderen das von meiner – hm, Zielfamilie?

»Wir können uns weder unsere Herkunftsfamilie aussuchen noch den Ort, an dem wir aufwachsen«, schreiben Aminatou Sow und Ann Friedman in »Big Friendship«. »Aber wir können uns unsere Freunde aussuchen, und diese Entscheidungen sagen etwas über die Welt aus, die wir uns für uns selbst wünschen.«[347]

Irgendwoher schöpfe ich Hoffnung, dass sich im Großen und auf breiter gesellschaftlicher Ebene etwas bewegt. Wenn ich mit Gleichaltrigen oder Jüngeren über ihre Vorstellungen von Familie spreche, ist da oft ein großes Bedürfnis, anders zu arbeiten, anders zu wohnen, anders zu leben und Kinder auf eine andere Art und Weise aufzuziehen. Trotz oder gerade wegen der rundum gallopierenden Krisen, mit denen diese Menschen aufwachsen.

Einstweilen nennen wir es also Familie. Aber vielleicht müssen wir neue Worte erfinden, für die Verbindungen, die wir uns bauen, und für die vielen neuen Formen, in denen wir uns entscheiden zusammenzuleben. Weil erst neue Begriffe auch neue Wirklichkeiten hervorbringen und Beziehungen zu einem guten Teil eben auch diskursiv geschaffen werden.

Ich habe mal irgendwo gelesen, dass sich die Worte für die verschiedenen Farben in jeder menschlichen Sprache erst nacheinander entwickelt haben. Zuerst gab es lediglich die Schattierungen Hell und Dunkel – Licht und Schatten – und also Schwarz und Weiß. Dann lernten die Menschen die Farbe des Blutes mit »rot« zu bezeichnen. Doch weder in alten chinesischen Quellen noch in isländischen Sagen oder in der althebräischen Version der Bibel kommt jemals das Wort »blau« vor. Auch Homer charakterisiert das Meer in der »Odyssee« und der »Illias« als »dunkel« oder »schwarz«, nie aber als blau; Athene wird als »helläugig« beschrieben. Dabei können wir davon ausgehen, dass das Meer damals schon genau wie der Himmel, einige Pflanzen und die Augen mancher Menschen von dieser Farbe waren – nur das Wort »blau« existierte eben noch nicht.

Das ist mir so schwer begreiflich, wie es vielleicht unseren Kindern, deren Kindern und wiederum deren Kindern schwer vorstellbar sein wird, dass eine erhebliche Zeit lang nur Mann und Frau sowie ihr Kind oder ihre Kinder als die einzig wahre und gute Lebensgemeinschaft galten – als das Schwarz und Weiß einer Phase, die von der industriellen Revolution bis zur Postmoderne dauerte. Patchwork- und Ein-Eltern-Familien sind in dieser Analogie vielleicht so etwas wie Rot, während viele andere, uns noch unbekannte Konstellationen auch jenseits biologischer Abstammung, in denen man sein Leben miteinander verbringen kann, möglicherweise Blau entsprechen. Blau als Möglichkeit existiert bereits. Wir müssen nur lernen, es zu sehen.

Die Familie stirbt nicht aus. Wir entdecken gerade erst, welche Gestalt sie annehmen kann.

Familie und Verwandtschaft bestehen nicht aus vorproduzierten, unveränderlichen und irgendwann festgefügten Bausteinen, sondern aus Bruchstücken und Einzelteilen, die wir zusammenbringen und wieder lösen, nur um sie erneut zusammenzufügen und wieder zu lösen, ohne dass wir immer schon vorher wissen, wie das einmal aussehen wird. Einige Teile bekommen wir überreicht, andere suchen wir uns selbst aus, halten sie fest, lassen sie wieder ziehen, finden andere und gehen hoffentlich immer behutsam mit ihnen allen um.

Ein besseres Leben ist möglich

Das Kinderhaben gilt oft als eine Art Geheimwissenschaft, deren innere Zusammenhänge sich nur Eltern selbst offenbaren. Daraus folgt dann, dass jeder und jede ausschließlich für die eigenen Kinder zuständig ist. Dieses Besitzdenken ist Teil des zementierten Familienideals, das nur in äußersten Notsituationen aufgebrochen wird. Dann werden Expertinnen herangezogen, Ratgeber konsultiert und psychologische Praxen aufgesucht. Wenn man die Verantwortung für das Heranwachsen nachfolgender Generationen aber als gesamtgesellschaftliche Aufgabe betrachtet, die folgerichtig alle angeht, erwächst daraus nicht nur ein pragmatisches Interesse, sondern ein Recht, ja sogar die Pflicht, sich für Kinder und ihre Lebenswelten zu interessieren.

Das Nachdenken über Beziehungen, Verwandtschaft, Zugehörigkeit und Familie, über ein gutes, ein besseres Leben bleibt ein unaufhörlicher Prozess. Die Form – oder Farbe – einer Familie ist unerheblich, wenn wir bereit sind, Verantwortung füreinander zu übernehmen, einander zu vertrauen und liebevoll miteinander umzugehen, Kinder zu bekommen, sie anzunehmen, um sie wieder loszulassen, damit sie ihre eigenen Farben finden mögen.

Die folgenden Dinge meine ich, bei der Arbeit an diesem Buch über Beziehungen, Verwandtschaft, Zugehörigkeit und Familie gelernt zu haben. Anderes bleibt auch nach jahrelanger Beschäftigung mit dem Thema mit einem großen Fragezeichen versehen. Nicht alles des hier Versammelten stammt von mir, oft haben sich andere diese Gedanken schon lange vor mir gemacht. Vielleicht aber können sie denen, die es betrifft, als Anregung dienen:

Familie und Verwandtschaft sind genau wie alle anderen sozialen Beziehungen nichts, das aus sich selbst heraus existiert. Sie werden immer gestaltet, sie sind immer Kultur.

In diesem Sinne könnte auch Liebe weniger als ein Zustand verstanden werden, der hohen Erwartungen entsprechen muss, sondern vielmehr als eine Tätigkeit, die ständig verrichtet werden will, die mal mehr Freude macht und mal weniger und die mal mehr, mal weniger gut gelingt.

Liebevoll hieße dann zuallererst und auch bei allen Vorgängen, in denen es darum geht, etwas auszuhandeln, dem jeweils anderen seinen eigenen Standpunkt, seine eigenen Gründe und Perspektiven zuzugestehen.

Man muss eine Sichtweise nicht unbedingt verstehen, um sie akzeptieren zu können. In der Fürsorge um Kinder gilt es aber, stets die guten Gründe abzuwägen, Und zwar so lange, bis ein Konsens steht – ein Kompromiss, mit dem alle gut leben können.

Dabei könnte eine Methode zu einem hilfreichen Ritual werden: Alle Beteiligten bekommen zehn Minuten Redezeit, in denen sie ihre Perspektiven, Wünsche und Vorschläge äußern dürfen, aber keine Vorwürfe, Verallgemeinerungen oder Anklagen. Solange eine Person spricht, hören alle anderen zu und sagen nichts. So geht es reihum.

Überhaupt: Rituale. Ein paar davon sind gut und wichtig.

Und immer wieder: Zuhören. Andere Menschen machen andere Erfahrungen. Andere Körper auch. Oft hilft es schon enorm, nach den Erlebnissen der anderen zu fragen und auch sich selbst zu öffnen. Denn damit einem selbst jemand zuhören kann, muss man sich mitteilen. Bloße Gedanken, Blicke, Zauberformeln helfen selten.

Nicht unsere Eltern, unsere Kinder sollten die sein, die uns unsere Elternschaft spiegeln. Wenn eine oder einer dann den Mut fasst, sich zu verändern, verändern sich auch unsere Beziehungen und damit die Familie.

Ich finde die Einsicht hilfreich, dass kein Mensch für einen anderen Menschen alles sein kann. Es gibt nicht die Eine oder den Einen im Leben, wir brauchen einander in unserer Vielfalt.

Der Gedanke, dass eine romantische Beziehung nicht automatisch bedeutet, man müsse zusammenziehen, heiraten, Kinder bekommen, kann befreiend sein. Man kann das alles tun, muss es aber nicht. Es gibt hier keine Regeln.

Kinderkriegen ist kein Projekt. Projekte fängt man an, zwischendrin werden sie anstrengend, und wenn sich keine messbaren Erfolge einstellen, beendet man sie eben wieder. Kinder jedoch bleiben Teil des Lebens ihrer Eltern. Für immer.

Familie ist ein Marathon, kein Sprint. Auch wenn es oft einen anderen Eindruck macht.

Vielen Menschen ginge es wahrscheinlich besser, wenn sie ihr Bild von dem, was eine Familie ausmacht, erweitern könnten.

Jeden Tag kommen 360 000 Kinder zur Welt. Die würde anders aussehen, wenn sich die Ansicht durchsetzte, dass man auch Kinder lieben und versorgen kann, die nicht die »eigenen«, also leibliche sind. Dass Liebe vor allem in der Bereitschaft entsteht, sich aufeinander einzulassen.

Es könnte etwas gewonnen sein, wenn Frauen von Anfang an darauf pfiffen, ihre beruflichen Ambitionen zu zügeln, weil sie irgendwann mal Kinder wollen, und sich stattdessen für Berufe und Positionen entscheiden, die ein Mehr an Verantwortung versprechen – und eine gute Verhandlungsposition, wenn es um Elternzeit und Fürsorge-Verantwortung geht.

Noch mehr wäre vielleicht gewonnen, würde sich die Überzeugung durchsetzen, dass weniger arbeiten für alle zu einem lebenswerteren Leben führen könnte und jeder Mensch auch Auszeiten braucht, die letztlich allen zugutekommen.

Apropos Auszeit: Warum gibt es einen Mutter-, aber keinen Vaterschutz? Warum nennt man die Zeit, die man jungen Eltern nach der Geburt oder Adoption zugesteht, nicht gleich Elternschutz?

Wie kann es sein, dass Paare und Familien, die auseinanderzufallen drohen, sich Hilfe suchen können und sie mit viel Glück bekommen, aber Menschen, die heiraten, ein Kind erwarten oder gerade eines bekommen haben, meist keine Beratung, Unterstützung oder Hilfeleistung in Anspruch nehmen (können)? Nur weil die Menschen seit Jahrhunderten heiraten, heißt das ja nicht, dass sie wissen, wie das Verheiratetsein geht. Nur weil der Mensch seit Anbeginn seiner Existenz Kinder bekommt, wissen heutige Eltern noch längst nicht, wie ein gutes Familienleben funktioniert. Oder wie sich eine Paarbeziehung anständig wieder auflösen lässt.

Wo ist also das breite Angebot an ansprechenden Ehe- und Familienvorbereitungs- und Paarbeziehungsnachbereitungsseminaren?

Wo sind die Kurse, in denen werdende Väter den selbstbewussten und kompetenten Umgang mit Babys und das Verhandeln mit werdenden Müttern um gemeinsame zukünftige Entscheidungsfindungen lernen können?

Ein kleines privates Familienvorbereitungsseminar könnte sein, sich einmal miteinander über grundsätzliche Vorstellungen von Familie, Verantwortung und Rollenbilder zu unterhalten und herauszufinden, in welchen Überzeugungen man voneinander abweicht.

Wenn möglich, könnte man sich mit vielen Fragen auch an die eigene Mutter oder den eigenen Vater wenden, die Großeltern oder andere ältere Verwandte. Wie haben die ihre Partner- und Elternschaft erlebt, wie erleben sie sie noch immer, und was würden sie rückblickend vielleicht anders machen?

Die Autorin Caroline Rosales schreibt: »Jede Mutter braucht mindestens eine coole Freundin zum Vorbild, Single-Moms erst recht. Frauen, die sich nicht darum scheren, was andere sagen.« Jede Frau mit Kinderwunsch, würde ich ergänzen, braucht eine Mutter, die, ohne zu beschönigen, Klartext mit ihr redet. Auch und besonders über die Einzelheiten von Geburt, Wochenbett und Kleinkindzeit. Und jeder Mann braucht einen Vater, dem er sich anvertrauen kann – und andersherum.

Das strikte Zwei-Eltern-Modell ist angesichts des Stands der Reproduktionsmedizin und der Existenz von Patchwork-, Regenbogen- und Wahlfamilien schon lange nicht mehr zeitgemäß – und nicht im Sinne des Kindeswohls. Anders als in anderen Ländern, wo ein Kind drei oder mehr Eltern haben kann, fehlt für Mehrelternfamilien in Deutschland derzeit jegliche rechtliche Absicherung und Rechtssicherheit. Es ist daher höchste Zeit, das Abstammungsrecht gründlich zu reformieren.

Wo wir gerade dabei sind: Das Steuer- und Erbrecht braucht eine ebenso gründliche Reform, damit es der herrschenden Vielfalt der heutigen Lebensformen gerecht wird. Warum wird die Ehe immer noch vor allen anderen Lebensgemeinschaften von Staat und Wirtschaft bevorzugt und entlastet? Wann, zur Hölle, schafft endlich mal jemand das Ehegattensplitting ab und führt eine Regelung ein, die Familien mit Kindern zugutekommt – egal, wie diese aussehen? Wie wäre es außerdem, statt einer arbeitsgerechten Familienpolitik eine familiengerechte Politik und Wirtschaft voranzubringen? Und eine Sozialpolitik, die sich der Lebenswirklichkeit der Bürgerinnen und Bürger anpasst, statt ihnen Moralpredigten zu halten?

Wie wäre es, wenn Eltern und Menschen, die Eltern unterstützen wollen, Parteien, Politikerinnen und Politiker wählen, die sich für eine solche sozial- und familiengerechte Politik und Wirtschaft einsetzen?

Gibt es solche Parteien und Politikerinnen? Warum gibt es nicht mehr davon? Warum bekommen Alleinerziehende nicht überall Vorrang bei der Vergabe von Krippen-, Kita- und Ganztagsschulplätzen? Warum bekommen sie keinen Alleinerziehenden-Ausgleich bei den Rentenpunkten?

Wo sind die Gesetze, die Väter mehr in die Sorgepflicht nehmen und sie ihnen auch zusichern? Wo sind die politischen Initiativen, die ein elterliches 50/50 aktiv fördern?

Die Professorin für Gender und Sexuality Studies Jane

Ward plädiert dafür, dass mehr Heteros das praktizieren, was sie »tiefe Heterosexualität« nennt. Was sie meint: Wenn Männer Frauen wirklich lieben und respektieren, dann benachteiligen sie sie nicht in der Beziehung, im Haushalt und in der Kindererziehung, sie schlagen, belästigen und vergewaltigen sie nicht. Sie teilen nicht die besten und bestbezahlten Jobs unter ihresgleichen auf.

Patricia Cammaratas Mental Load-Selbsttest (equalcareday.de/mentalload-test.pdf) wäre ein konstruktiver Anfang, Fairness in der Fürsorgearbeit einzufordern.

Wenn die Generationen vor uns die Ehe von der Kirche, vom Sex, von der wirtschaftlichen Selbstversorgung, vom Vorrecht des Mannes und die Liebe von der Ehe, vom Sex, von der Fortpflanzung, von den Versorgungsbeziehungen und von der lebenslangen Monogamie entkoppelt haben, könnte es nun an der Zeit sein, die Paar- von der Elternbeziehung, die Elternbeziehungen von den Geschlechtern und die Arbeit vom Geld zu entkoppeln. Die Liste ließe sich noch eine Weile fortführen.

Es ist allerhöchste Zeit, nicht länger von »intakten«, sondern von gelungenen Familien zu sprechen.

Nichts freut Kinder mehr als Eltern, die sich an ihnen erfreuen. Nichts betrübt Kinder mehr als Eltern, die ihnen andauernd betrübt, ungehalten, ungerecht oder unfreundlich begegnen. Ich schreibe absichtlich »Eltern« und nicht »ihre Eltern«. Ich meine: Erwachsene.

Erwachsene können andere Erwachsene erfreuen, indem sie ihnen ihre Hilfe anbieten und diese Hilfe dann auch zukommen lassen, wenn sie nachgefragt wird. Zum Beispiel bei der Sorge um Kinder. Ich schreibe Erwachsene und meine: Männer, Frauen und alle anderen.

Menschen verfügen über ein erlebendes und über ein erinnerndes Ich, Elternschaft offenbart wie kaum etwas anderes im Leben den Graben zwischen beiden. Während sich der Alltag oft freudlos anfühlt, bekommen die hektischen Morgen, das Geschrei, die Nervenzusammenbrüche, die öden Regennachmittage und die endlosen Nächte am Krankenbett in der Erinnerung einen warmen Schein.

Das erinnernde Selbst ist es, das uns ausmacht, weit mehr als das eigentliche Erleben.

Dank

Für ihre Ideen, ihre Zeit und ihr Vertrauen danke ich Janne Gärtner, Janina Herhoffer, Lukas Hermsmeier, Waltraud Hesse, Mascha Jacobs, Sören Kittel, Sabine Kray, Eva Munz, Ingo Niermann, Stefanie Roenneke, Jana Schnell, Daniel Völzke, Jonas Weber Herrera & Anne Bitterwolf und meinen Eltern. Und all den anderen, die mir ihre Geschichten erzählt haben und die wissen, dass sie gemeint sind.

Darüber hinaus: Franziska Günther von Graf & Graf und Ulrike Fritzsching von der Edition Körber.

Literatur

Alber, Erdmute: Soziale Elternschaft im Wandel. Kindheit, Verwandtschaft und Zugehörigkeit in Westafrika. Berlin 2013.

Alber, Erdmute: Wenn Kinder nicht bei ihren leiblichen Eltern aufwachsen – Soziale Elternschaft in Westafrika, in: *Medienmitteilung Universität Bayreuth*, 14.02.2014, https://www.presse.uni-bayreuth.de/de/archiv/2014/027-Soziale-Elternschaft.pdf, zuletzt abgerufen am 16.07.2020.

Allmendinger, Jutta im Interview mit Heike Jahberg und Marie Rövekamp: Die Jungen wollen nicht das Leben ihrer Väter führen, in: *Der Tagesspiegel*, 17.07.2017, https://www.tagesspiegel.de/wirtschaft/arbeitsmarktforscherin-jutta-allmendinger-die-jungen-wollen-nicht-das-leben-ihrer-vaeter-fuehren/20068074.html, zuletzt abgerufen am 16.07.2020.

Allmendinger, Jutta: Das Wohlergehen der Frauen wird nicht adressiert, in: *Der Tagesspiegel*, 14.04.2020, https://www.tagesspiegel.de/wissen/kritik-an-leopoldina-empfehlung-das-wohlergehen-der-frauen-wird-nicht-adressiert/25739444.html, zuletzt abgerufen am 16.07.2020.

Badinter, Élisabeth: Die Mutterliebe. Geschichte eines Gefühls vom 17. Jahrhundert bis heute. München 1991, übersetzt aus dem Französischen von Friedrich Griese.

Baum, Antonia: Stillleben. München 2018.

Beck, Rainer: Illegitimität und voreheliche Sexualität auf dem Lande. Unterfinning, 1671–1770, in: von Dülmen, Richard (Hrsg.): Kultur der einfachen Leute. Bayerisches Volksleben vom 16. bis zum 19. Jahrhundert. München 1983.

Beck, Ulrich: Risikogesellschaft. Auf dem Weg in eine andere Moderne. Frankfurt a. M. 1986.
Beck-Gernsheim, Elisabeth / Beck, Ulrich: Fernliebe. Lebensformen im globalen Zeitalter. Berlin 2011.
Berlin-Institut für Bevölkerung und Entwicklung (Hrsg.): Urbane Dörfer. Wie digitales Arbeiten Städter aufs Land bringen kann. Berlin 2019.
Bernard, Andreas: Kinder machen. Samenspender, Leihmütter, Künstliche Befruchtung. Neue Reproduktionstechnologien und die Ordnung der Familie. Frankfurt a. M. 2014.
Bertelsmann Stiftung: Frauen auf dem deutschen Arbeitsmarkt. Was es sie kostet, Mutter zu sein. Gütersloh 2020, https://www.bertelsmann-stiftung.de/fileadmin/files/user_upload/200616_Kurzexpertise_MotherhoodLifetimePenaltyFINAL.pdf, zuletzt abgerufen am 02.09.2020.
Bessing, Joachim: Rettet die Familie! Eine Provokation. München 2004.
Bleisch, Barbara / Büchler, Andrea: Kinder wollen. Über Autonomie und Verantwortung. München 2020.
Böhnke, Andrea / Schöps, Corinna: Die Säulen des Lebens, in: *Die Zeit Doctor*, Nr. 1, 03 / 2020, S. 8, https://www.zeit.de/2020/13/generationenaustausch-jung-alt-koerperliche-seelische-gesundheit/komplettansicht?print, zuletzt abgerufen am 16.07.2020.
von Braun, Christina: Blutsbande. Verwandtschaft als Kulturgeschichte. Berlin 2018.
Briggs, Laura: How All Politics Became Reproductive Politics: From Welfare Reform to Foreclosure to Trump (Reproductive Justice: A New Vision for the 21st Century Book 2). Berkeley 2017.
Brooks, David: The Nuclear Family Was a Mistake, in: *The Atlantic*, 03 / 2020, https://www.theatlantic.com/magazine/archive/2020/03/the-nuclear-family-was-a-mistake/605536/, zuletzt abgerufen am 16.07.2020.
Broom, Douglas: Why Nordic nations are the best places to have children, in: *World Economic Forum*, 15.03.2019.
Bruha, Susanne / Bohmeyer, Michael: 50/50: Mutter, Vater, beide gleich? Ein Modell auf dem langen Weg zur Gleichberechtigung, in: Böckmann, Lukas / Mecklenbrauck, Annika (Hrsg.): The Mamas and the Papas: Reproduktion, Pop & widerspenstige Verhältnisse. Mainz 2013.
Bücker, Teresa: Ist es radikal, auf leibliche Kinder zu verzichten?, in: *SZ-Magazin*, 05.02.2020, https://sz-magazin.sueddeutsche.de/freie-

radikale-die-ideenkolumne/leibliche-kinder-alternativen-88347, zuletzt abgerufen am 16.07.2020.

Bundesministerium für Familie, Senioren, Frauen und Jugend (Hrsg): Väterreport. Vater sein in Deutschland heute, Berlin 2018, https://www.bmfsfj.de/blob/127268/2098ed4343ad836b2f0534146ce59028/vaeterreport-2018-data.pdf, zuletzt abgerufen am 16.07.2020.

Bundesministerium für Familie, Senioren, Frauen und Jugend (Hrsg): Monitor Familienforschung. Stief- und Patchworkfamilien in Deutschland, Ausgabe 31, Berlin 2013, https://www.bmfsfj.de/blob/76242/1ab4cc12c386789b943fc7e12fdef6a1/monitor-familienforschung-ausgabe-31-data.pdf, zuletzt aufgerufen am 16.07.2020.

Bundesministerium für Justiz und Verbraucherschutz: Sorge- und Umgangsrecht, https://www.bmjv.de/DE/Themen/FamilieUndPartnerschaft/SorgeUmgangsrecht/SorgeUmgangsrecht_node.html, zuletzt abgerufen am 16.07.2020.

Bundeszentrale für politische Bildung: Wochenkrippen und Kinderwochenheime in der DDR, Berlin 2018, www.bpb.de/geschichte/zeitgeschichte/deutschlandarchiv/262920/wochenkrippen-und-kinderwochenheime-in-der-ddr, zuletzt abgerufen am 16.07.2020.

Butler, Judith: Ist Verwandtschaft schon immer heterosexuell?, in: *Die Macht der Geschlechternormen und die Grenzen des Menschlichen*. Berlin 2011, übersetzt aus dem Amerikanischen von Karin Wördemann und Martin Stempfhuber.

Cammarata, Patricia: Raus aus der Mental Load-Falle. Wie gerechte Arbeitsteilung in der Familie gelingt. Weinheim 2020.

Carlos, Manuel L.: Fictive Kinship and Modernization in Mexico: A Comparative Analysis, in: *Anthropological Quarterly*, Vol. 46, No. 2, 1973, S. 75–91. Coates, Ta-Nehisi: Of Baquettes and Black Families, in: *The Atlantic* 2013, https://www.theatlantic.com/national/archive/2013/09/of-baguettes-and-black-families/279678/,zuletzt abgerufen am 16.07.2020.

Collins, Lauren: The Killer-Nanny Novel That Conquered France, in: *The New Yorker*, 01/2018, https://www.newyorker.com/magazine/2018/01/01/the-killer-nanny-novel-that-conquered-france, zuletzt abgerufen am 16.07.2020.

Conrad, Bernadette: Die kleinste Familie der Welt. Vom spannenden Leben allein mit Kind. München 2016.

Cusk, Rachel: Lebenswerk. Über das Mutterwerden. Berlin 2019, übersetzt aus dem Englischen von Eva Bonné.

Derboven, Wibke: Elternschaft als Arbeit. Familiales Care-Handeln für Kinder. Eine arbeitssoziologische Untersuchung. Bielefeld 2019, S. 28.

Deutsches Institut für Altersvorsorge (Hrsg.): Erben in Deutschland 2015 – 24: Volumen, Verteilung und Verwendung. Berlin 2015, https://www.private-banking-magazin.de/uploads/fm/1441879639.2015_09_Deutsches_Institut_fuer_Altersvorsorge_-_Studie_um_Erben_in_Deutschland.pdf

Diamond, Jared: The Worst Mistake in the History of the Human Race, in: *Discover Magazine*, 1987, S. 64–66, https://www.discovermagazine.com/planet-earth/the-worst-mistake-in-the-history-of-the-human-race, zuletzt abgerufen am 16.07.2020.

Dolan, Paul: Happy Ever After. Escaping The Myth of The Perfect Life. London 2019.

Dudel, Christian / Klüsener, Sebastian: Estimating male fertility in eastern and western Germany since 1991: A new lowest low? Rostock 2016, https://www.mpg.de/10863448/geburtenrate-vaeter

Eder, Barbara / Wemheuer, Felix (Hrsg.): Die Linke und der Sex. Klassische Texte zum wichtigsten Thema. Wien 2011.

Eggen, Bernd / Rupp, Marina: Kinderreichtum – Eine Ausnahme in der neueren Geschichte?, In: *Statistisches Monatsheft Baden-Württemberg*, 3 / 2007, S. 6, https://www.statistik-bw.de/Service/Veroeff/Monatshefte/PDF/Beitrag07_03_02.pdf, zuletzt abgerufen am 16.07.2020.

Eibich, Peter / Siedler, Thomas: Retirement, intergenerational time transfers, and fertility, in: *European Economic Review*, Vol. 124, 05 / 2020, https://doi.org/10.1016/j.euroecorev.2020.103392, zuletzt abgerufen am 02.09.2020.

Esch, Christian / Lutska, Kateryna: Im Haus der gestrandeten Babys, in: *Spiegel Online*, 20.05.2020, https://www.spiegel.de/politik/ausland/leihmutterschaft-in-corona-zeiten-im-haus-der-gestrandeten-babys-a-977e082c-3e3b-47d7-985d-be710388412a, 16.07.2020.

Europäischer Gerichtshof für Menschenrechte: Fretté vs. Frankreich, 26.02.2002. https://hudoc.echr.coe.int/eng#{%22itemid%22:[%22001-60168%22]}, zuletzt abgerufen am 16.07.2020.

Fildes, Valerie A.: Breasts, Bottles, and Babies. A History of Infant Feeding. Edinburgh 1986.

Firestone, Shulamith: Frauenbefreiung und sexuelle Revolution, Frankfurt a. M. 1987, zit. nach: Eder, Barbara / Wemheuer, Felix (Hrsg.): Die Linke und der Sex. Klassische Texte zum wichtigsten Thema. Wien 2011.

Fölling-Albers, Maria/Fölling, Werner: Kibbutz und Kollektiverziehung. Entstehung – Entwicklung – Veränderung. Wiesbaden 2000.

Foster Wallace, David: This is Water. Some Thoughts, Delivered on a Significant Occasion, about Living a Compassionate Life. New York 2009. Rede »What is Water«, https://www.youtube.com/watch?v=8CrOL-ydFMI, zuletzt abgerufen am 25.06.2020.

Fox, Robin: The Virgin and The Godfather: Kinship versus the State in Greek Tragedy and After, in: Paul Benson (Hrsg.): Anthropology and Literature. Chicago 1993, zitiert nach Koschorke, a.a.O.

Fray, Matthew: She divorced me because I left dishes by the sink, 14.01.2016, in: *Must Be This Tall to Ride*, https://mustbethistalltoride.com/2016/01/14/she-divorced-me-because-i-left-dishes-by-the-sink/, zuletzt abgerufen am 16.07.2020.

Freud, Sigmund: Sexualität in der Ätiologie der Neurosen, in: *Studienausgabe* Bd. 1. Frankfurt a.M. 1989.

Friedrich, Julia: Wir Erben. Was Geld mit Menschen macht. Berlin 2015.

Funke Frauenzeitschriften (Hrsg.): Frauen der Sandwich-Generation. Zwischen Kinderbetreuung und Unterstützung der Eltern. Allensbach am Bodensee, 2015, S. 4, https://www.ifd-allensbach.de/fileadmin/IfD/sonstige_pdfs/BdF_Studie_Sandwich.pdf, zuletzt abgerufen am 16.07.2020.

van der Gaag, Nikki et al.: State of the World's Fathers: Unlocking the Power of Men's Care. Promundo-US. Washington 2019, https://promundoglobal.org/wp-content/uploads/2019/06/BLS19063_PRO_SOWF_REPORT_015.pdf, zuletzt abgerufen am 16.07.2020.

Garbes, Angela: Like A Mother. A Feminist Journey Through the Science and Culture of Pregnancy. New York 2018.

Garcia, Tristan: Das intensive Leben. Eine Moderne Obsession. Berlin 2017, übersetzt aus dem Französischen von Ulrich Kunzmann.

Garcia Lawler, Opheli: Four Best Friends Decided to Share a Tombstone, in: *The Cut*, 07.01.2019, https://www.thecut.com/2019/01/four-best-friends-were-buried-under-friends-tombstone.html, zuletzt abgerufen am 16.07.2020.

Gieffers, Hanna: Kinder müssen sich im Alter nicht um ihre Eltern kümmern, in: *Zeit Campus*, 19.02.2018, https://www.zeit.de/campus/2018-02/familie-eltern-pflege-schuld-philosphie-interview, zuletzt abgerufen am 16.07.2020.

Goody, Jack: Die Entwicklung von Ehe und Familie in Europa. Berlin 1986.

Graeber, David: Bullshit-Jobs. Vom wahren Sinn der Arbeit. Stuttgart 2018.

Gupta, Datta et al.: Child Care and Parental Leave in the Nordic Countries: A Model to Aspire to?, in: Forschungsinstitut zur Zukunft der Arbeit (Hrsg.): *IZA Discussion Paper No. 2014*, Aarhus 2006, https://www.researchgate.net/publication/5136283_Child_Care_and_Parental_Leave_in_the_Nordic_Countries_A_Model_to_Aspire_to, zuletzt abgerufen am 16.07.2020.

Halpern, Daniel Noah: Sperm Count Zero, in: *GQ US*, 09/2018, https://www.gq.com/story/sperm-count-zero, zuletzt abgerufen am 16.07.2020.

Halser, Marlene: Die letzten Sozialisten Israels, in: *Zeit Online*, 29.10.2010, https://www.zeit.de/politik/ausland/2010-10/israel-100-jahre-kibbuz, zuletzt abgerufen am 16.07.2020.

Hartmann, Elke: Zur Geschichte der Matriarchatsidee. Berlin 2004, https://edoc.hu-berlin.de/bitstream/handle/18452/2340/hartmann.pdf?sequence=1&isAllowed=y, zuletzt abgerufen am 16.07.2020.

Hasselbach, Christoph: Kreislauf der Kinderarmut durchbrechen, in: *DW*, 02.02.2018, https://www.dw.com/de/kreislauf-der-kinderarmut-durchbrechen/a-42388960, zuletzt abgerufen am 16.07.2020.

Hawkes, Kristen: Grandmothering and Human Evolution: Why separate nuclear families can make things hard on everyone. NAS expert meeting: Leveraging rarely investigated pops for research on aging (Talk), Washinton, D.C. 2018.

Hawkes, Kristen: The grandmother effect, in: *Nature*, Vol. 428, 03/2004, S. 128–129, http://radicalanthropologygroup.org/sites/default/files/pdf/class_text_002.pdf, zuletzt abgerufen am 16.07.2020.

Hill, Kim R. et al.: Co-Residence Patterns in Hunter-Gatherer Societies Show Unique Human Social Structure, in: *Science,* 331, 12862012. https://www.researchgate.net/publication/50363902_Co-Residence_Patterns_in_Hunter-Gatherer_Societies_Show_Unique_Human_Social_Structure, zuletzt aufgerufen am 16.07.2020.

Hirigoyen, Marie-France: Die toxische Macht der Narzissten und wie wir uns dagegen wehren. München 2020.

Hrdy, Sarah Blaffer: Mother Nature: Natural Selection and the Female of the Species. New York 1999.

Ibarra, Maria: Emotional Proletarians In A Global Economy: Mexican Immigrant Women And Elder Care Work, in: *Urban Anthropology and*

Studies of Cultural Systems and World Economic Development, Vol. 31, No. 3/4 2002, S. 317–350.
Illouz, Eva: Warum Liebe endet. Eine Soziologie negativer Beziehungen. Berlin 2018, übersetzt aus dem Englischen von Michael Adrian.
Illouz, Eva: Warum Liebe wehtut. Eine soziologische Erklärung. Berlin 2012, übersetzt aus dem Englischen von Michael Adrian.
Informationsdienst des Instituts der deutschen Wirtschaft: In 2,9 Millionen Haushalten arbeiten Putzkräfte schwarz, 24.07.2019, https://www.iwd.de/artikel/in-fast-drei-millionen-haushalten-arbeiten-putzkraefte-schwarz-437650/, zuletzt abgerufen am 16.07.2020.
Karig, Friedemann: Wie wir lieben. Vom Ende der Monogamie. Berlin 2017.
Kautzky-Willer, Alexandra/Tschachler, Elisabeth: Gesundheit: Eine Frage des Geschlechts: Die weibliche und die männliche Seite der Medizin. Wien 2012.
Kemper, Robert V.: The Compadrazgo in Urban Mexico, in: *Anthropological Quarterly*, Vol. 55, No. 1 (Jan. 1982), S. 17–30.
Kipnis, Laura: Liebe. Eine Abrechnung. Frankfurt a.M. 2004, übersetzt aus dem Englischen von Sonja Schumacher und Thomas Wollermann.
König, Jochen: Mama, Papa, Kind? Von Singles, Co-Eltern und anderen Familien. Freiburg i.Br. 2015.
Koppetsch, Cornelia: Männer am Herd, Frau im Job. Neue Geschlechterkonflikte, in: *SWR2 Wissen*, 21.02.2016, https://www.swr.de/swr2/programm/broadcastcontrib-swr-31682.html, zuletzt abgerufen am 16.07.2020.
Kubassa, Rilana: Warum getrennte Paare oft weiter zusammenleben müssen, in: *Der Tagesspiegel*, 28.05.2020, www.tagesspiegel.de/berlin/wohnungsnot-in-berlin-warum-getrennte-paare-oft-weiter-zusammenleben-muessen/25869528.html, zuletzt abgerufen am 16.07.2020.
Langhammer, Fricka: Familie als Beginn. Die westliche Kleinfamilie und die matriarchale Großfamilie der Mosuo in China – (k)ein Vergleich. Rüsselsheim 2016.
Largo, Remo H.: Das passende Leben. Was unsere Individualität ausmacht und wie wir sie leben können. Frankfurt a.M. 2017.
Levine, Hagai et al.: Temporal trends in sperm count: A systematic review and meta-regression analysis, in: *Human Reproduction Update*, 25.07.2017, https://academic.oup.com/DocumentLibrary/humupd/PR/dmx022_final.pdf, zuletzt abgerufen am 16.07.2020.

Lewis, Sophie: Full Surrogacy Now. Feminism Against Family. London 2019.

Lill, Felix: 17 Stunden ohne Pause, in: *Die Zeit*, Nr. 19, 04.05.2017, S. 28, https://www.zeit.de/2017/19/haushaltshilfen-hongkong-ausbeutung-arbeitsschutz-rechte, zuletzt abgerufen am 16.07.2020.

Lill, Felix: Wieso in Südkorea plötzlich ein »Gender War« ausgebrochen ist, in: *NZZ*, 07.03.2020, https://www.nzz.ch/wochenende/gesellschaft/wieso-in-suedkorea-ploetzlich-ein-gender-war-ausgebrochen-ist-ld.1544406, zuletzt abgerufen am 16.07.2020.

Lockman, Darcy: All the Rage. Mothers, Fathers, and the Myth of Equal Partnership. New York 2019.

Loetzner, Michèle: Allein stehend, in: *Süddeutsche Zeitung Magazin,* Nr. 28, 10.07.2020, S. 20–25.

Löfken, Jan Oliver: Das Ende der Vielfalt, in: *Die Welt*, 27.06.2000, https://www.welt.de/print-welt/article520176/Das-Ende-der-Vielfalt.html, zuletzt abgerufen am 16.07.2020.

Lohaus, Stefanie / Scholz, Tobias: Papa kann auch stillen. Wie Paare Kind, Job & Abwasch unter einen Hut bekommen. München 2015.

Maak, Niklas: Wohnkomplex. Warum wir andere Häuser brauchen. München 2014.

Macdonald, Cameron L. / Sirianni, Carmen: The service society and the changing experience of work, in: Macdonald, Cameron L. / Sirianni, Carmen (Hrsg.): In working in the service society, Philadelphia 1996.

Machin, Anna: Papa werden. Die Entstehung des modernen Vaters. München 2020, übersetzt aus dem Englischen von Ursel Schäfer und Enrico Heinemann.

Madianou, Mirca / Miller, Daniel: Mobile Phone Parenting. Reconfiguring Relationships between Filipina Migrant Mothers and their Left-behind Children, in: *New Media & Society,* 13, S. 457–470.

Maiwald, Kai-Olaf im Interview mit Anne Dittmann: Modernes Familienleben: Warum viele junge Eltern in alte Muster zurückrutschen, in: *Brigitte Mom*, 22.01.2020, https://www.brigitte.de/familie/mitfuehlen/modernes-familienleben--praesente-papas-und-alte-muster-11709438.html, zuletzt abgerufen am 16.07.2020.

Maiwald, Kai-Olaf: Vom Schwinden der Väterlichkeit und ihrer bleibenden Bedeutung. Familiensoziologische Überlegungen, in: Thomä, Dieter (Hrsg.): Vaterlosigkeit. Geschichte und Gegenwart einer fixen Idee. Berlin 2010.

Margolis Rachel/Myrskylä, Mikko: Parental Well-being Surrounding First Birth as a Determinant of Further Parity Progression, in: *Demography,* 52, S. 1147–1166 (2015), https://link.springer.com/article/10.1007%2Fs13524-015-0413-2#citeas, siehe auch: https://www.mpg.de/9338415/eltern-zufriedenheit-geburt, zuletzt abgerufen am 16.07.2020.

Maroldt, Kristina: Hört endlich auf mit dem Väter-Bashing, in: *Brigitte Mom*, 22.01.2020, www.brigitte.de/familie/mitfuehlen/neue-vaeter-generation--hoert-endlich-auf-mit-dem-bashing--11709070.html, zuletzt abgerufen am 16.07.2020.

Menkedick, Sarah: Kid culture, in: *Aeon*, 14.05.2020, https://aeon.co/essays/why-are-american-kids-treated-as-a-different-species-from-adults, zuletzt abgerufen am 16.07.2020.

Mika, Bascha: Die Feigheit der Frauen. Rollenfallen und Geiselmentalität. Eine Streitschrift wider den Selbstbetrug. München 2011.

Mineo, Liz: Good genes are nice, but joy is better, in: *The Harvard Gazette*, 11.04.2017, https://news.harvard.edu/gazette/story/2017/04/over-nearly-80-years-harvard-study-has-been-showing-how-to-live-a-healthy-and-happy-life/, zuletzt abgerufen am 16.07.2020.

Mitscherlich, Alexander: Auf dem Weg zur vaterlosen Gesellschaft. Ideen zur Sozialpsychologie. Piper 1973.

Mühl, Melanie: Die Patchworklüge. Eine Streitschrift. München 2011.

Mundlos, Christina: Dann mache ich es halt allein. Wenn Singlefrauen sich für ein Kind entscheiden und so ihr Glück selbst in die Hand nehmen. München 2017.

Namu, Yang Erche/Mathieu, Christine: Das Land der Töchter. Eine Kindheit bei den Moso, wo die Welt den Frauen gehört. München 2003, übersetzt aus dem Amerikanischen von Barbara Röhl.

National Center for Education Statistics: National Household Education Survey. Fathers' and Mothers' Involvement in Their Children's Schools by Family Type and Resident Status. Washington, D.C. 2001.

Neeman, Yael: We Were The Future: A Memoir of the Kibbutz. London 2016, übersetzt vom Hebräischen ins Englische von Sondra Silverston.

Nelson, Maggie: The Argonauts. Minneapolis 2015.

Neuhäuser, Christian im Interview mit Judith Hecht: Reichtum ist ungerecht, in: *Die Presse*, 20.10.2019, https://www.pressreader.com/austria/die-presse-am-sonntag/20191020/281878710147454, zuletzt abgerufen am 16.07.2020.

The New York State Senate: Senate Passes Historic Bill to Protect Domestic Workers, 2.06.2010, https://www.nysenate.gov/newsroom/press-releases/senate-passes-historic-bill-protect-domestic-workers, zuletzt abgerufen am 16.07.2020.

Niejahr, Elisabeth / Thiede, Rocco: Alles auf Anfang. Die Wahrheit über Patchwork. Berlin 2012.

O'Brien, M.E.: Kayla Puan Interview Transcript, in: *Homintern Magazin*, New York 2019, https://homintern.soy/posts/kaylapuan.html?fbclid=IwAR1uUZWZKABDQpHMSJ7p0ndt0EVfX5PHlZABFxG-V80lR1kZWn2tjGU6nXw, zuletzt abgerufen am 16.07.2020.

Ochs, Matthias / Orban, Rainer: Familie geht auch anders: Wie Alleinerziehende, Scheidungskinder und Patchworkfamilien glücklich werden. Heidelberg 2008.

Oxfam International: Oxfam Briefing Paper. Public Good or Private Wealth. Oxford 2019. www.oxfam.de/system/files/bp-public-good-or-private-wealth-210119-en_web.pdf, zuletzt abgerufen am 16.07.2020.

Penny, Laurie: Unsagbare Dinge. Sex, Lügen und Revolution. Hamburg 2015, übersetzt aus dem Englischen von Anne Emmert.

Pepin, J.R. et al: Marital Status and Mothers' Time Use. Childcare, Housework, Leisure, and Sleep, in: *Demography*, 17.01.2018. https://doi.org/10.1007/s13524-018-0647-x, zuletzt abgerufen am 16.07.2020.

Perel, Esther: Die Macht der Affäre. Warum wir betrügen und was wir daraus lernen können. Hamburg 2019, übersetzt aus dem Amerikanischen von Regina Schneider.

Pieper, Marianne / Bauer, Robin: Polyamorie: Mono-Normativität – Dissidente Mikropolitik – Begehren als transformative Kraft?, in: *Journal für Psychologie*, Jg. 22 (2014), Nr. 1: Polyamory, https://www.journal-fuer-psychologie.de/index.php/jfp/article/view/321/352, zuletzt abgerufen am 16.07.2020.

Piketty, Thomas: Das Kapital im 21. Jahrhundert. München 2018, übersetzt aus dem Französischen von Ilse Utz und Stefan Lorenzer.

Piltz, Christopher: Heute hier, morgen dort, in: *Der Spiegel*, Nr. 7, 09.02.2019, S. 11–16.

Piltz, Christopher: »Wir bleiben Eltern«, Interview mit Katharina Barley, in: *Der Spiegel*, Nr. 7, 09.02.2019.

Rabin, I.A.: Kibbutz Mothers view »Collective Education«, East Lansing 1964. https://onlinelibrary.wiley.com/doi/abs/10.1111/j.1939-0025.1964.tb02203.x, zuletzt abgerufen am 16.07.2020.

Raether, Elisabeth: Frauen, seid dankbar, in: *Zeit Online*, 17.05.2020. www.zeit.de/wirtschaft/2020-05/wirtschaftskrise-frauen-coronavirus-berufe-krankenpflege-altenpflege, zuletzt abgerufen am 16.07.2020,

Rich, Motoko: Japan Desperately Needs More Day Care Workers, New Mothers Need Not Apply, in: *The New York Times*, 09.06.2019, https://www.nytimes.com/2019/06/09/world/asia/japan-day-care.html, zuletzt abgerufen am 16.07.2020.

Rich, Motoko: Japan's Working Mothers: Record Responsibilities, Little Help From Dads, in: *The New York Times*, 02.02.2019, https://www.nytimes.com/2019/02/02/world/asia/japan-working-mothers.html, zuletzt abgerufen am 16.07.2020.

Rodsky, Eve: Fairness in Housework Doesn't Mean 50/50, in: *Wall Street Journal*, 20.09.2019, https://www.wsj.com/articles/fairness-in-housework-doesnt-mean-50-50-11568989512, zuletzt abgerufen am 16.07.2020.

Rodsky, Eve: Fair Play. Share the mental load, rebalance your relationship and transform your life. London 2019.

Roiphe, Katie: Messy Lives. Für ein unaufgeräumtes Leben. Berlin 2013, übersetzt aus dem Amerikanischen von Kirsten Riesselmann.

Roiphe, Katie: The Power Notebooks. New York 2020.

Roll, Evelyn: Das Oma-Prinzip, in: *Süddeutsche Zeitung*, 18.12.2015, https://www.sueddeutsche.de/leben/essay-das-oma-prinzip-1.2782290?reduced=true, zuletzt abgerufen am 16.07.2020.

Rosales, Caroline: Single Mom. Was es wirklich heißt, alleinerziehend zu sein. Reinbek bei Hamburg 2018.

Rosin, Hanna: Das Ende der Männer und der Aufstieg der Frauen Berlin 2013, übersetzt aus dem Englischen von Heike Schlatterer und Helmut Dierlamm.

Roth, Jenni: Eine Welt ohne Hartz IV, in: *Focus*, 25.07.2020, Nr. 31.

Rupp, Marina (Hrsg): Die Lebenssituation von Kindern in gleichgeschlechtlichen Lebenspartnerschaften, in: *Rechtstatsachenforschung*. Köln 2009, https://www.bmjv.de/SharedDocs/Archiv/Downloads/Forschungsbericht_Die_Lebenssituation_von_Kindern_in_gleichgeschlechtlichen_Lebenspartnerschaften.pdf?__blob=publicationFile&v=3, zuletzt abgerufen am 16.07.2020.

Ryan, Christopher / Jethá, Cacilde: Sex. Die wahre Geschichte. Stuttgart 2016, übersetzt aus dem Amerikanischen von Birgit Herden.

Sarpong, Peter: Ghana in Retrospect. Some Aspects of Ghanaian Culture. Oxford 1991.

Schmidt, Volker: Das Märchen vom armen Trennungskind. https://liebe-auf-augenhoehe.de/armes-trennungskind, zuletzt abgerufen am 16.07.2020.
Schmidt, Volker: Trennung ist ein Mythos. https://liebe-auf-augenhoehe.de/mythos-trennung, zuletzt abgerufen am 16.07.2020.
Schmidbauer, Wolfgang: Die deutsche Ehe. Liebe im Schatten der Geschichte. Zürich 2015.
Schmitz, Heinrich: Wer gebiert, ist nicht zwingend Mutter, in: *Der Tagesspiegel*, Oktober 2017, https://causa.tagesspiegel.de/kolumnen/heinrich-schmitz/wer-gebiert-ist-nicht-zwingend-mutternbsp.html, zuletzt abgerufen am 16.07.2020.
Schneider, David: American Kinship. A Cultural Account. Chicago 1968.
Schonbrun, Yael Chatav/Corey, Elisabeth: Work-Life Conflict Can't Be Solved – And Thats a Good Thing, in: *Wall Street Journal*, 27.06.2020, https://www.wsj.com/articles/work-life-conflict-cant-be-solvedand-thats-a-good-thing-11593230460, zuletzt abgerufen am 05.08.2020.
Schug, Alexander et al. (Hrsg): Das Regenbogenväterbuch: Ratgeber für schwule Papas (und alle, die es werden wollen). Berlin 2020.
Senatsverwaltung für Stadtentwicklung und Wohnen (Hrsg): Wohnraumbedarfsbericht Berlin Endbericht 2019. Berlin 2019, https://www.stadtentwicklung.berlin.de/wohnen/wohnungsmarkt/wohnraumbedarfsbericht/download/Wohnraumbedarfsbericht2019.pdf, zuletzt abgerufen am 16.07.2020.
Senior, Jennifer: All Joy and No Fun. The Paradox of Modern Parenthood. New York 2014.
Sennett, Richard/Foucault, Michel: Sexuality and Solitude. London Review of Books. Vol. 3, No. 9, 1981, www.lrb.co.uk/the-paper/v03/n09/michel-foucault/sexuality-and-solitude.
Share, Jessica: I met my boyfriend 12 years after giving birth to his child, in: *BBC Stories*, 03.01.2019, https://www.bbc.com/news/stories-46427960, zuletzt abgerufen am 16.07.2020.
Shpancer, Noah: Child of the collective, in: *The Guardian*, 19.02.2011, https://www.theguardian.com/lifeandstyle/2011/feb/19/kibbutz-child-noam-shpancer, zuletzt abgerufen am 16.07.2020.
Sichtermann, Barbara: Natur, Kultur, Geschlecht. Feminismus und die kleinen Unterschiede, in: *Deutschlandfunk Kultur*, 31.05.2020, https://www.deutschlandfunk.de/natur-kultur-geschlecht-feminismus-und-die-kleinen.1184.de.html?dram:article_id=477746, zuletzt abgerufen am 16.07.2020.

Silenzi, Andrea: When Mommy Boobs Go Viral, in: *The Longest Shortest Time*, Folge 203, 30.07.2019, https://longestshortesttime.com/episode-203-when-mommy-boobs-go-viral,zuletzt abgerufen am 16.07.2020.
Silman, Anna: The Perfect Nanny. Author on the Dark Side of Motherhood, in: *The Cut*, 04/2018, https://www.thecut.com/2018/04/perfect-nanny-author-leila-slimani-on-new-york-nanny-trial.html, zuletzt abgerufen am 16.07.2020.
Slimani, Leïla: Dann schlaf auch du. München 2017, übersetzt aus dem Französischen von Amelie Thoma.
Smith, Saphora: Iceland's answer to gender equality: Compensate for differences between boys, girls, in: *NBC News*, 04.10.2018, https://www.nbcnews.com/news/world/iceland-s-answer-gender-equality-compensate-differences-between-boys-girls-n912606, zuletzt abgerufen am 16.07.2020.
Solnit, Rebecca: Die Mutter aller Fragen. Hamburg 2017, übersetzt aus dem amerikanischen Englisch von Kirsten Riesselmann.
Sow, Aminatou/Friedman, Ann: Big Friendship. How We Keep Each Other Close. New York 2020.
Statistisches Bundesamt: Alleinstehende, darunter Alleinlebende ab den Jahren 1996, https://www.destatis.de/DE/Themen/Gesellschaft-Umwelt/Bevoelkerung/Haushalte-Familien/Tabellen/4-3-lr-alleinstehende.html, zuletzt abgerufen am 16.07.2020.
Statistisches Bundesamt: Auszug aus dem Datenreport 2018, Kapitel 2: Familie, Lebensformen und Kinder, https://www.destatis.de/DE/Service/Statistik-Campus/Datenreport/Downloads/datenreport-2018-kap-2.pdf?__blob=publicationFile, zuletzt abgerufen am 16.07.2020.
Statistisches Bundesamt: Datenreport 2018. Ein Sozialbericht für die Bundesrepublik Deutschland. Wiesbaden 2018, https://www.destatis.de/DE/Service/Statistik-Campus/Datenreport/Downloads/datenreport-2018.html, zuletzt abgerufen am 16.07.2020.
Statistisches Bundesamt: Endgültige Kinderlosenquote nach Einzeljahrgängen, https://www.destatis.de/DE/Themen/Gesellschaft-Umwelt/Bevoelkerung/Geburten/Tabellen/endgueltige-kinderlosenquote.html, zuletzt abgerufen am 16.07.2020.
Statistisches Bundesamt: Personen in Elternzeit. Wiesbaden 2020, www.destatis.de/DE/Themen/Arbeit/Arbeitsmarkt/Qualitaet-Arbeit/Dimension-3/elternzeit.html, zuletzt abgerufen am 16.07.2020.
Statistisches Bundesamt: Qualität der Arbeit. Personen in Elternzeit,

https://www.destatis.de/DE/Themen/Arbeit/Arbeitsmarkt/Qualitaet-Arbeit/Dimension-3/elternzeit.html, zuletzt abgerufen am 16.07.2020.
Stelling, Antje: Schäfchen im Trockenen. Berlin 2018.
Stolle, Oliver: Alle für alle, in: *Nido,* 07/2009.
Stromberg, Joseph: New Evidence That Grandmothers Were Crucial for Human Evolution, in: *Smithsonian Magazine*, 23.10.2012, https://www.smithsonianmag.com/science-nature/new-evidence-that-grandmothers-were-crucial-for-human-evolution-88972191/, zuletzt abgerufen am 16.07.2020.
Tazi-Preve, Mariam Irene: Das Versagen der Kleinfamilie. Kapitalismus, Liebe und der Staat. Berlin 2018.
Teuffel von Birkensee, Antonia Charlotte Freiin: Das Stillverhalten von Akademikerinnen in der Zeit von 1950 bis 1990. Düsseldorf 2014, https://docserv.uni-duesseldorf.de/servlets/DerivateServlet/Derivate-34798/Dissertation%20Stillverhalten%20-%20PDA.pdf, zuletzt abgerufen am 16.07.2020.
Thomä, Dieter (Hrsg.): Vaterlosigkeit. Geschichte und Gegenwart einer fixen Idee. Berlin 2010.
Thompson, Derek: The Future of the City is Childless, in: *The Atlantic*, 18.07.2019, https://www.theatlantic.com/ideas/archive/2019/07/where-have-all-the-children-gone/594133/, zuletzt abgerufen am 16.07.2020.
Tolentino, Jia: Trick Mirror. Reflections on Self-Delusion. London 2019.
Trabert, Gerhard im Interview mit Susanne Kippenberger und Julia Prosinger: Ich dachte: Was hast du da getan?, in: *Der Tagesspiegel*, 07.04.2020, https://www.tagesspiegel.de/gesellschaft/obdachlosen-mediziner-gerhard-trabert-ich-dachte-was-hast-du-da-getan/25716050.html, zuletzt abgerufen am 16.07.2020.
Traister, Rebecca: All the Single Ladies. Unmarried Women and the Rise of an Independent Nation. New York 2016 (eigene Übersetzung).
Universität Mannheim (Hrsg): Die Mannheimer Corona-Studie. Schwerpunktbericht zu Erwerbstätigkeit und Kinderbetreuung, Mannheim 2020, https://www.uni-mannheim.de/media/Einrichtungen/gip/Corona_Studie/2020-04-05_Schwerpunktbericht_Erwerbstaetigkeit_und_Kinderbetreuung.pdf, zuletzt abgerufen am 16.07.2020.
Vedder, Björn: Väter der Zukunft. Ein philosophischer Essay. Marburg 2020.
Vedder, Björn im Gespräch mit Christian Möller: Von der Mutter lernen wir zu leben, vom Vater zu sterben, in: *Deutschlandfunk Kultur*,

Sendung: Sein und Streit vom 05.04.2020, https://www.deutschlandfunkkultur.de/philosoph-ueber-geschlechterrollen-und-erziehung-von-der.2162.de.html?dram:article_id=473989, zuletzt abgerufen am 16.07.2020.

Vedder, Björn im Interview mit Greta Gold: Schenkt Vätern Zeit mit ihren Kindern – und den Müttern ohne, in: *Eltern*, Nr. 06/2020.

Verlag Ernst und Werner Gieseking: FamRZ. Bielefeld 2020, https://www.famrz.de/arbeitshilfen/duesseldorfer-tabelle.html, zuletzt abgerufen am 16.06.2020.

Vogt, Jürgen: Männer leben besser, wo Frauen das Sagen haben, in: *Spiegel Online*, 27.05.2009, https://www.spiegel.de/panorama/gesellschaft/matriarchat-maenner-leben-besser-wo-frauen-das-sagen-haben-a-627103.html, zuletzt abgerufen am 16.07.2020.

Vougioukas, Janis: Lieber im Knast als allein, in: *stern*, 17.10.2018, https://blendle.com/i/stern/lieber-im-knast-als-allein/bnl-stern-20181017-87227fb7a16?sharer=eyJ2ZXJzaW9uIjoiMSIsInVpZCI6ImFubmV3YWFrIiwiaXRlbV9pZCI6ImJubC1zdGVybi0yMDE4MTAxNy04NzI-yN2ZiN2ExNiJ9, zuletzt abgerufen am 16.07.2020.

Webster, Molly: Birthstory, in: *Radiolab*, 08.06.2018, https://www.wnycstudios.org/podcasts/radiolab/articles/birthstory2018, zuletzt abgerufen am 16.07.2020.

Weismantel, Mary: Making Kin: Kinship Theory and Zumbagua Adoptions, in: *American Ethnologist*, 22 (4) 1995, S. 685–704.

Wiemann, Irmela: Adoptiv- und Pflegekindern ein Zuhause geben. Informationen und Hilfen für Familien. Köln 2018.

Wilke, Felicitas: CW-Index: Was ist unsere Arbeit wert?, in: *Brigitte*, 23/2019, https://www.brigitte.de/academy/finanzen/cw-index--was-ist-unsere-arbeit-wert--11695370.html, zuletzt abgerufen am 16.07.2020.

Wilkens, Katrin: Mutter schafft! Es ist nicht das Kind, das nervt, es ist der Job, der fehlt. Frankfurt a. M. 2019.

Windmüller, Gunda: Weiblich, ledig, glücklich – sucht nicht. Eine Streitschrift. Reinbek bei Hamburg 2019.

Witte, Jens: Das Geschäft mit den Leihmüttern, in: *Spiegel Online*, 25.04.2016, https://www.spiegel.de/panorama/gesellschaft/nicolas-berggruen-leihmuetter-in-kalifornien-bringen-kinder-zur-welt-a-1089090.html, zuletzt abgerufen am 16.07.2020.

Wittlich, Helena et al.: Wer profitiert vom Berliner Mietmarkt?, in: *Der Tagesspiegel*, 28.06.2019, https://interaktiv.tagesspiegel.de/lab/mieten-und-renditen/, zuletzt abgerufen am 02.09.2020.

Zange, Julia: Die Anstalt der besseren Mädchen. Frankfurt a. M. 2008.
Zipfel, Dita: Habe ich. Ein Baby geboren. Ein Kind. Zur Welt gebracht. Allein., in: *Zeit-Magazin,* 33/2020, 06.08.2020.
Zipper, Juliette/Sevenhuijsen, Selma: Surrogacy. Feminist Notions of Motherhood Reconsidered, in: Stanworth, Michelle (Hrsg): Reproductive Technologies: Gender, Motherhood and Medicine. Minneapolis 1987, S. 118–138.
o. A.: Fetish priest, community, lynch 90-year-old woman who dem accuse of witchcraft for Ghana, in: *BBC News Pidgin*, 27.07.2020, https://www.bbc.com/pidgin/tori-53554465.amp, zuletzt abgerufen am 28.07.2020.
o. A.: IT-Konzern HPE lockt mit Elternzeit bei vollem Gehalt, in: *Spiegel Online*, 25.11.2019, https://www.spiegel.de/karriere/hewlett-packard-enterprise-sechs-monate-elternzeit-bei-vollem-gehalt-a-1298079.html, zuletzt abgerufen am 16.07.2020.
o. A.: Microsoft überrascht mit Vier-Tage-Woche, in: *n-tv,* 06.11.2019, https://www.n-tv.de/wirtschaft/Microsoft-ueberrascht-mit-Vier-Tage-Woche-article21378065.html, zuletzt abgerufen am 16.07.2020.
o. A.: SAP verkürzt Arbeitszeit für junge Väter, in: *Der Tagesspiegel*, 16.12.2019, https://www.tagesspiegel.de/wirtschaft/20-prozent-weniger-arbeit-mit-vollem-gehalt-sap-verkuerzt-arbeitszeit-fuer-junge-vaeter/25338540.html, zuletzt abgerufen am 16.07.2020.
o. A.: Lebanon: Migrant domestic workers must be protected during COVID-19 pandemic, in: *Amnesty International*, 14.04.2020, https://www.amnesty.org/en/latest/news/2020/04/lebanon-migrant-domestic-workers-must-be-protected-during-covid19-pandemic/, zuletzt abgerufen am 16.07.2020.
o. A.: Studies lend support to »grandmother hypothesis«, but there are limits, in: *Science Daily*, 07.02.2019, https://www.sciencedaily.com/releases/2019/02/190207142230.htm, zuletzt abgerufen am 16.07.2020.

Anmerkungen

1 Eine Anmerkung zur Wortwahl: Ich spreche der Verständlichkeit und Lesbarkeit halber von Männern und Frauen, Vätern und Müttern, Homo- und Heterosexualität, bin mir aber vollkommen bewusst darüber, dass es Menschen gibt, die sich nicht in dieser binären Struktur verorten. Immerhin benennt das Grundgesetz seit 2018 mit »divers« ein drittes Geschlecht, und es gibt beispielsweise auch Männer, die Mütter werden, etwa nach einer geschlechtsangleichenden Operation. Ich wechsle männliche und weibliche Bezeichnungen ab, schließe gedanklich alle ein und lade alle Leser*innen ein, es mir gleichzutun.

2 Die korrekte soziologische Bezeichnung dafür lautet »Kernfamilie«. Da beide Begriffe im Alltag aber synonym verwendet werden und »Kleinfamilie« gebräuchlicher ist, verwende ich diesen.

3 Statistisches Bundesamt, Mikrozensus 2019, https://www.destatis.de/DE/Presse/Pressemitteilungen/2020/07/PD20_269_122.html, zuletzt abgerufen am 16.07.2020.

4 Darüber, ob sie bereits als Teenager bei der Tanzstunde oder erst nach einer Beziehungspause und dem Wegzug aus ihrem gemeinsamen Heimatort ein Paar wurden, machen sie heute unterschiedliche Angaben.

5 Ein Wort zum Personal, das in diesem Buch auftritt: Weil es galt, die Anonymität von Eltern, Nicht-Eltern und besonders Kindern zu schützen, habe ich so gut wie alle Namen und signifikanten Details wie Berufe und Wohnorte geändert. Viele, aber längst nicht alle dieser Familiengeschichten tragen sich in Berlin zu. Das liegt einerseits daran, dass ich dort lebe und mir dort also viele meiner

Protagonistinnen und Gesprächspartner begegnet sind. Gleichzeitig ist Berlin, wie viele große Städte auf der Welt, ein Ort, an dem zu eng gewordene Sozial- und Lebensformen verworfen sowie neue erfunden, erprobt und normalisiert werden.

6 Hill, Kim R. et al.: Co-Residence Patterns in Hunter-Gatherer Societies Show Unique Human Social Structure, in: *Science,* 331, 1286 (2012), https://www.researchgate.net/publication/50363902_Co-Residence_Patterns_in_Hunter-Gatherer_Societies_Show_Unique_Human_Social_Structure, zuletzt abgerufen am 16.07.2020.

7 Ryan, Christopher / Jethá, Cacilda: Sex. Wie wahre Geschichte. Stuttgart 2016, S. 27 f.

8 Vgl. Bessing, Joachim: Rettet die Familie! Eine Provokation. München 2004, S. 28 und Ochs / Orban: a.a.O., S. 26.

9 Siehe: Hämmerle, Christa: Vaterlosigkeit – ein fragwürdiges Konzept der neueren Geschichtswissenschaft? Grundsätzliche Überlegungen mit Blick auf das 19. und 20. Jahrhundert, in: *Vaterlosigkeit. Geschichte einer fixen Idee*. Hrsg. von Dieter Thomä. Berlin 2010, S. 128.

10 Brooks, David: The Nuclear Family Was a Mistake, in: *The Atlantic*, 03 / 2020, https://www.theatlantic.com/magazine/archive/2020/03/the-nuclear-family-was-a-mistake/605536/ (eigene Übersetzung, zuletzt abgerufen am 16.07.2020).

11 Brooks: The Nuclear Family, a.a.O.

12 Frauen der Sandwich-Generation. Zwischen Kinderbetreuung und Unterstützung der Eltern. Funke Frauenzeitschriften GmbH (Hrsg.): Allensbach am Bodensee 2015, S. 4, https://www.ifd-allensbach.de/fileadmin/IfD/sonstige_pdfs/BdF_Studie_Sandwich.pdf, zuletzt abgerufen am 16.07.2020.

13 Largo, Remo H.: Das passende Leben. Was unsere Individualität ausmacht und wie wir sie leben können. Frankfurt a. M. 2018, S. 327.

14 Cusk, Rachel: Lebenswerk. Über das Mutterwerden. Berlin 2019, S. 138.

15 Sennett, Richard / Foucault, Michel: Sexuality and Solitude. *London Review of Books*, Vol. 3, No. 9, 21.05.1981. www.lrb.co.uk/the-paper/v03/n09/michel-foucault/sexuality-and-solitude, zuletzt abgerufen am 3.08.2020.

16 Lockman, Darcy: All the Rage. Mothers, Fathers, and the Myth of Equal Partnership. New York 2019.

17 Beck, Ulrich: Risikogesellschaft. Auf dem Weg in eine andere Moderne. Frankfurt a. M. 1986.

18 van der Gaag, Nikki et al.: State of the World's Fathers: Unlocking the Power of Men's Care. Promundo-US. Washington, D.C. 2019, https://promundoglobal.org/wp-content/uploads/2019/06/BLS19063_PRO_SOWF_REPORT_015.pdf, zuletzt abgerufen am 16.07.2020.

19 Crotti, Robert et al: Global Gender Gap Report 2020. World Economic Forum. Genf 2020, S. 6, http://www3.weforum.org/docs/WEF_GGGR_2020.pdf, zuletzt abgerufen am 16.07.2020.

20 Raether, Elisabeth: Frauen, seid dankbar. 17.05.2020 auf www.zeit.de/wirtschaft/2020-05/wirtschaftskrise-frauen-coronavirus-berufe-krankenpflege-altenpflege, zuletzt abgerufen am 16.07.2020.

21 Oxfam International (Hrsg.): Oxfam Briefing Paper. Public Good or Private Wealth. Oxford 2019. S. 15, www.oxfam.de/system/files/bp-public-good-or-private-wealth-210119-en_web.pdf, zuletzt abgerufen am 16.07.2020.

22 International Labour Organisation (Hrsg.): Care Work and Care Jobs for the Future of Decent Work. Genf 2018. S. xxxi, in: www.ilo.org/wcmsp5/groups/public/—dgreports/—dcomm/—publ/documents/publication/wcms_633135.pdf, zuletzt abgerufen am 16.07.2020.

23 Kaiser, Mareice: Warum Vereinbarkeit ein Mythos ist. 09.05.2019 auf https://ze.tt/warum-vereinbarkeit-ein-mythos-ist, zuletzt abgerufen am 16.07.2020.

24 Universität Mannheim: Die Mannheimer Corona-Studie. Schwerpunktbericht zu Erwerbstätigkeit und Kinderbetreuung, Mannheim 2020, https://www.uni-mannheim.de/media/Einrichtungen/gip/Corona_Studie/2020-04-05_Schwerpunktbericht_Erwerbstaetigkeit_und_Kinderbetreuung.pdf, zuletzt abgerufen am 16.07.2020.

25 Allmendinger, Jutta: Das Wohlergehen der Frauen wird nicht adressiert, in: *Der Tagesspiegel*, 14.04.2020, https://www.tagesspiegel.de/wissen/kritik-an-leopoldina-empfehlung-das-wohlergehen-der-frauen-wird-nicht-adressiert/25739444.html, zuletzt abgerufen am 16.07.2020.

26 Vgl. Penny, Laurie: Unsagbare Dinge. Sex, Lügen und Revolution. Hamburg 2015, S. 245. Apropos Kampf: Während der Corona-Pandemie, in der in vielen Ländern Ausgangs- und Kontaktsperren herrschten, Menschen also wochenlang dringend aufgerufen waren, in ihren Wohnungen zu bleiben, vervielfachten sich die Anrufe bei Notrufnummern für die Opfer häuslicher Gewalt. Wobei der Begriff »häusliche Gewalt« verschleiert, worum es sich in mehr als 80 Prozent der Fälle eigentlich handelt: um Männer, die den Frauen

und/oder Kindern (und manchmal auch den Männern), mit denen sie zusammenleben, körperlichen oder seelischen Schaden antun. Die Corona-Krise hat somit schmerzhaft verdeutlicht, was in vielen Haushalten quer durch alle Gesellschaftsschichten passiert, wenn die Familie ohne entlastende Kontakte zu Freunden und Verwandten, ohne die Fluchtpunkte Arbeitsplatz und Schule auf sich selbst zurückfällt: Sie wird zur noch größeren Gefahr als sowieso schon häufig. Im Jahr 2018 meldete das Bundeskriminalamt 140 755 Opfer von Partnerschaftsgewalt, allein in jenem Jahr starben in Deutschland 122 Frauen durch die Hand des Mannes, der vorgab, sie zu lieben. 2019 waren es 135 Frauen und 15 Kinder. Während sich bei uns für diese Art von Verbrechen immer noch beschönigende Begriffe wie »Familiendrama« oder »Beziehungstat« halten, wird in anderen Ländern richtigerweise von »Femizid« oder *intimate terror* gesprochen.

27 Perel, Esther: https://www.estherperel.com/my-story, zuletzt abgerufen am 16.07.2020, vgl. auch: Perel, Esther: Die Macht der Affäre. Warum wir betrügen und was wir daraus lernen können. Hamburg 2019.

28 § 1354: »Dem Manne steht die Entscheidung in allen das gemeinschaftliche eheliche Leben betreffenden Angelegenheiten zu; er bestimmt insbesondere Wohnort und Wohnung.« Zit. nach Bundeszentrale für Politische Bildung: Gleichberechtigung wird Gesetz, 27.06.2018 unter: https://www.bpb.de/politik/hintergrund-aktuell/271712/gleichberechtigung, zuletzt abgerufen am 16.07.2020.

29 Eva Illouz im Gepräch mit der Autorin anlässlich des Erscheinens von »Warum Liebe weh tut. Eine soziologische Erklärung«. Berlin 2011.

30 Kipnis, Laura: Liebe. Eine Abrechnung. Frankfurt a. M. 2004, S. 67.

31 Badinter, Élisabeth: Die Mutterliebe. Geschichte eines Gefühls vom 17. Jahrhundert bis heute. München 1991.

32 Machin, Anna: Papa werden. Die Entstehung des modernen Vaters. München 2020, S. 35.

33 Hrdy, Sarah Blaffer: Mother Nature: Natural Selection and the Female of the Species. New York 1999, S. XVIII (eigene Übersetzung).

34 Badinter: Die Mutterliebe, a.a.O., S. 33.

35 Badinter: Die Mutterliebe, a.a.O., S. 120.

36 Senior, Jennifer: All Joy and No Fun. The Paradox of Modern Parenthood, New York 2014, S. 127 (eigene Übersetzung).

37 Senior: All Joy and No Fun, a.a.O., S. 9.
38 Brooks: The Nuclear Family, a.a.O.
39 Koschorke, Albrecht: Die Heilige Familie und ihre Folgen. Frankfurt a.M. 2011, S. 20.
40 Einer meiner Verwandten siebten Grades wäre zum Beispiel der Enkel meines Urgroßonkels, also des Bruders meiner Uroma.
41 Goody, Jack: Die Entwicklung von Ehe und Familie in Europa. Berlin 1989, S. 152.
42 Koschorke: Die Heilige Familie, a.a.O., S. 137.
43 Koschorke: Die Heilige Familie, a.a.O., S. 150.
44 Koschorke: Die Heilige Familie, a.a.O., S. 161f.
45 Koschorke, Die Heilige Familie, a.a.O., S. 120.
46 David Foster Wallace' vollständige Rede »This is Water« aus dem Jahr 2008 ist auf Youtube zugänglich unter: https://www.youtube.com/watch?v=8CrOL-ydFMI, zuletzt abgerufen am 16.06.2020.
47 Schneider, David: American Kinship. A Cultural Account. Chicago 1968, S. 131.
48 Largo, Remo H.: Das passende Leben. Was unsere Individualität ausmacht und wie wir sie leben können. Frankfurt a.M. 2017, S. 33.
49 Garcia, Tristan: Das intensive Leben. Eine Moderne Obsession. Berlin 2017, S. 133.
50 Europäischer Gerichtshof für Menschenrechte: Fretté vs. Frankreich. 26.02.2002, https://hudoc.echr.coe.int/eng#{%22itemid%22:[%22001-60168%22]}, zuletzt abgerufen am 16.07.2020.
51 Wenngleich es im Einzelfall auf nationaler Ebene oft schwer sein dürfte, dieses Recht durchzusetzen.
52 Vgl. von Braun: Blutsbande, a.a.O., S. 124f.
53 Weismantel, Mary: Making Kin: Kinship Theory and Zumbagua Adoptions, in: *American Ethnologist,* 22 (4), S. 685–704, zitiert nach Christina von Braun (2018), S. 42ff.
54 Statistisches Bundesamt: Datenreport: a.a.O., S. 69ff., https://www.destatis.de/DE/Service/Statistik-Campus/Datenreport/Downloads/datenreport-2018.pdf?__blob=publicationFile, zuletzt abgerufen am 16.07.2020.
55 Wiemann, Irmela: Adoptiv- und Pflegekindern ein Zuhause geben. Informationen und Hilfen für Familien. Köln 2018, S. 37.
56 Wiemann: Adoptiv- und Pflegekinder, a.a.O., S. 81.
57 Nelson, Maggie: The Argonauts. Minneapolis 2015, S. 39 (eBook-Version, eigene Übersetzung).

58 Bundesministerium für Familie, Senioren, Frauen und Jugend (Hrsg): Monitor Familienforschung. Stief- und Patchworkfamilien in Deutschland, Nr. 31, Berlin 2013, S. 13. https://www.bmfsfj.de/blob/76242/1ab4cc12c386789b943fc7e12fdef6a1/monitor-familienforschung-ausgabe-31-data.pdf, zuletzt abgerufen am 16.07.2020.

59 Vgl. Ochs / Orban: Familie geht auch anders, a.a.O., S. 91ff.

60 Ochs / Orban: Familie geht auch anders, a.a.O, S. 104.

61 Piltz, Christopher: Heute hier, morgen dort, in: *Der Spiegel,* Nr. 7, 09.02.2019, S. 16.

62 Schmidt, Volker: Das Märchen vom armen Trennungskind, https://liebe-auf-augenhoehe.de/armes-trennungskind, zuletzt abgerufen am 16.07.2020.

63 Piltz, Christopher: »Wir bleiben Eltern«, Interview mit Katharina Barley, in: *Der Spiegel,* Nr. 7, 09.02.2019, S. 18–19.

64 Piltz, Christopher: Heute hier, morgen dort, a.a.O.

65 https://www.bmjv.de/DE/Themen/FamilieUndPartnerschaft/SorgeUmgangsrecht/SorgeUmgangsrecht_node.html

66 Mühl, Melanie: Die Patchworklüge. Eine Streitschrift. München 2011, S. 118.

67 Roiphe, Katie: Messy Lives. Für ein unaufgeräumtes Leben. Aus dem Amerikanischen von Kirsten Riesselmann. Berlin 2013, S. 107.

68 Roiphe, Katie: The Power Notebooks. New York 2020, S. 13f. (eigene Übersetzung).

69 Ochs / Orban: Familie geht auch anders, a.a.O.

70 Ochs / Orban: Familie geht auch anders, a.a.O., S. 113.

71 Nelson, Maggie: The Argonauts. Minneapolis 2015, S. 53 (eBook-Version), eigene Übersetzung.

72 Schmidt, Volker: Trennung ist ein Mythos, https://liebe-auf-augenhoehe.de/mythos-trennung, zuletzt abgerufen am 16.07.2020.

73 Ochs / Orban: Familie geht auch anders, a.a.O., S. 34.

74 Bessing, Joachim: Rettet die Familie! Eine Provokation. München 2004, S. 69.

75 Cusk, Rachel: Lebenswerk. Über das Mutterwerden. Berlin 2019, S. 71.

76 Cusk: Lebenswerk, a.a.O., S. 95.

77 Statistisches Bundesamt: Auszug aus dem Datenreport 2018, Kapitel 2: Familie, Lebensformen und Kinder, S. 63ff., https://www.destatis.de/DE/Service/Statistik-Campus/Datenreport/Downloads/da-

tenreport-2018-kap-2.pdf?__blob=publicationFile, zuletzt abgerufen am 16.07.2020.

78 https://www.mri.bund.de/de/themen/nationale-stillkommission/nationale-stillkommission/stillen/, zuletzt abgerufen am 16.07.2020.

79 Vgl. Teuffel von Birkensee, Antonia Charlotte Freiin: Das Stillverhalten von Akademikerinnen in der Zeit von 1950 bis 1990, (Dissertation), Düsseldorf 2014.

80 https://europeanmilkbanking.com/country/germany/

81 Zipfel, Dita: Habe ich. Ein Baby geboren. Ein Kind. Zur Welt gebracht. Allein, in: *Zeit-Magazin*, 33/2020, 06.08.2020, S. 20.

82 Garbes im Interview mit der Autorin, siehe https://www.welt.de/icon/iconista/article182362878/Warum-traut-unsere-Kultur-Schwangeren-nicht.html, zuletzt abgerufen am 16.07.2020.

83 Garbes im Interview mit der Autorin, vgl.: Garbes, Angela: Like A Mother. A Feminist Journey Through the Science and Culture of Pregnancy. New York 2018.

84 https://www.psychologytoday.com/us/blog/suffer-the-children/201605/what-is-good-enough-mother

85 Roiphe, Katie: Messy Lives. S. 65.

86 Der Psychoanalytiker und Paartherapeut Wolfgang Schmidtbauer hält das mütterliche Perfektionsstreben für etwas spezifisch Deutsches, das seine Wurzeln im Hang zur Rechthaberei (im Sinne von: »Am deutschen Wesen soll die Welt genesen«) gründet. »Ein ›gut genug‹, das zufrieden sein darf, wenn Extreme im Schlechten vermieden werden können, entspricht einer Tradition des Kompromisses, die der britischen Mentalität näher ist als der deutschen.« Da mag etwas dran sein, wenn es mir auch als Erklärung des bei Weitem nicht auf Deutschland beschränkten Phänomens zu eindimensional erscheint.

87 Machin, Anna: Papa werden. Die Entstehung des modernen Vaters. München 2020, S. 50f.

88 Machin, Anna: Papa werden, a.a.O., S. 60.

89 Björn Vedder im Gespräch mit Christian Möller: Von der Mutter lernen wir zu leben, vom Vater zu sterben, in: Deutschlandfunk Kultur, Sendung: Sein und Streit vom 05.04.2020, https://www.deutschlandfunkkultur.de/philosoph-ueber-geschlechterrollen-und-erziehung-von-der.2162.de.html?dram:article_id=473989, zuletzt abgerufen am 16.07.2020.

90 Mitscherlich, Alexander: Auf dem Weg zur vaterlosen Gesellschaft. Ideen zur Sozialpsychologie. München 1973.

91 Thomä, Dieter: Statt einer Einleitung: Stationen einer Geschichte der Vaterlosigkeit von 1700 bis heute, in: Vaterlosigkeit. Geschichte und Gegenwart einer fixen Idee, hrsg. von Dieter Thomä. Berlin 2010, S. 19.

92 Lethen, Helmut: Im Schatten des »erloschenen Vaterbilds«, in: Thomä, Dieter (Hrsg.): Vaterlosigkeit. Geschichte und Gegenwart einer fixen Idee. Berlin 2010, S. 163.

93 Thomä (Hrsg.): Vaterlosigkeit, a.a.O., S. 55.

94 Rosin, Hanna: Das Ende der Männer und der Aufstieg der Frauen. Berlin 2013, S. 109 ff.

95 Hirigoyen, Marie-France: Die toxische Macht der Narzissten und wie wir uns dagegen wehren. München 2020, S. 189.

96 Maroldt, Kristina: Hört endlich auf mit dem Väter-Bashing, in: *Brigitte Mom*, 22.01.2020, www.brigitte.de/familie/mitfuehlen/neue-vaeter-generation--hoert-endlich-auf-mit-dem-bashing--11709070.html, zuletzt abgerufen am 16.07.2020.

97 In der aus den 1970ern stammenden schwedischen Kinderbuchserie von Gunilla Bergström um den kleinen Willi Wiberg und seinen lieben, manchmal etwas zerstreuten alleinerziehenden Vater dagegen wird die abwesende Mutter an keiner Stelle auch nur mit einem Wort erwähnt.

98 »Mapa« ist eine Produktion des Streamingdienstes Joyn, wo die Serie ab April 2020 lief, https://www.joyn.de/serien/mapa.

99 Vedder, Björn: Väter der Zukunft. Ein philosophischer Essay. Marburg 2020.

100 Das herkömmliche, heteronormative Verständnis der Rolle der Eltern führt ein Erziehungsratgeber noch im Jahr 2016 anhand des Spiels des Vaters mit dem Kind vor: »Er steht für das Erforschen der Welt und die Abenteuer – je wilder es dabei zugeht, umso besser. Er wirft das Kind in die Luft, das dabei vergnügt jauchzt – und der Mutter verschlägt es den Atem. Aber keine Angst, der Vater hat die Situation voll im Griff!«. Eine Charakterisierung der Elternrollen, die eindeutig aus der staubigen alten Genderklischeekiste stammt. Nolte, Stephan Heinrich / Nolden, Annette: Das große Buch für Babys erstes Jahr. Das Standardwerk für die ersten 12 Monate. Hamburg 2016.

101 https://equalcareday.de/mentalload-test.pdf, siehe auch: Cammarata,

Patricia: Raus aus der Mental Load-Falle. Wie gerechte Arbeitsteilung in der Familie gelingt. Weinheim 2020.

102 Fray, Matthew: She divorced me because I left dishes by the sink, 14.01.2016, in: Must Be This Tall to Ride, https://mustbethistalltoride.com/2016/01/14/she-divorced-me-because-i-left-dishes-by-the-sink/, zuletzt abgerufen am 16.07.2020.

103 Vedder, Björn im Interview mit Greta Gold: Schenkt Vätern Zeit mit ihren Kindern – und den Müttern ohne, in: *Eltern*, 06/2020.

104 Statistisches Bundesamt: Auszug aus dem Datenreport 2018, Kapitel 2: Familie, Lebensformen und Kinder, S. 63f., https://www.destatis.de/DE/Themen/Arbeit/Arbeitsmarkt/Qualitaet-Arbeit/Dimension-3/elternzeit.html, zuletzt abgerufen am 16.07.2020.

105 https://www.rwi-essen.de/presse/rwi-in-den-medien/181018_BM_Elternzeit

106 Maiwald, Kai-Olaf im Interview mit Anne Dittmann: Modernes Familienleben: Warum viele junge Eltern in alte Muster zurückrutschen, in: *Brigitte Mom*, 22.01.2020, https://www.brigitte.de/familie/mitfuehlen/modernes-familienleben--praesente-papas-und-alte-muster-11709438.html, zuletzt abgerufen am 16.07.2020.

107 Derboven, Wibke: Elternschaft als Arbeit. Familiales Care-Handeln für Kinder. Eine arbeitssoziologische Untersuchung. Bielefeld 2019, S. 28.

108 Maiwald, Kai-Olaf im Interview mit Anne Dittmann: Modernes Familienleben: Warum viele junge Eltern in alte Muster zurückrutschen, in: *Brigitte Mom*, 22.01.2020, https://www.brigitte.de/familie/mitfuehlen/modernes-familienleben--praesente-papas-und-alte-muster-11709438.html, zuletzt abgerufen am 16.07.2020.

109 Lohaus, Stefanie/Scholz, Tobias: Papa kann auch stillen. Wie Paare Kind, Job & Abwasch unter einen Hut bekommen. München 2015, S. 177.

110 Mika, Bascha: Die Feigheit der Frauen. Rollenfallen und Geiselmentalität. Eine Streitschrift wider den Selbstbetrug. München 2011.

111 https://www.tagesspiegel.de/wirtschaft/20-prozent-weniger-arbeit-mit-vollem-gehalt-sap-verkuerzt-arbeitszeit-fuer-junge-vaeter/25338540.html, zuletzt abgerufen am 16.07.2020.

112 IT-Konzern HPE lockt mit Elternzeit bei vollem Gehalt, in: *Spiegel Online*, 25.11.2019, https://www.spiegel.de/karriere/hewlett-packard-enterprise-sechs-monate-elternzeit-bei-vollem-gehalt-a-1298079.html, zuletzt abgerufen am 16.07.2020.

113 https://www.destatis.de/DE/Service/Statistik-Campus/Datenreport/Downloads/datenreport-2018-kap-2.pdf?__blob=publicationFile, S. 64f.

114 Sichtermann, Barbara: Natur, Kultur, Geschlecht. Feminismus und die kleinen Unterschiede, in: *Deutschlandfunk Kultur*, 31.05.2020, https://www.deutschlandfunk.de/natur-kultur-geschlecht-feminismus-und-die-kleinen.1184.de.html?dram:article_id=477746, zuletzt abgerufen am 16.07.2020.

115 Vgl. Wilke, Felicitas: CW-Index: Was ist unsere Arbeit wert?, in: *Brigitte*, 23/2019, https://www.brigitte.de/academy/finanzen/cw-index--was-ist-unsere-arbeit-wert--11695370.html, zuletzt abgerufen am 16.07.2020.

116 Maiwald, Kai-Olaf im Interview mit Anne Dittmann: Modernes Familienleben: Warum viele junge Eltern in alte Muster zurückrutschen, in: *Brigitte Mom*, 22.01.2020, https://www.brigitte.de/familie/mitfuehlen/modernes-familienleben--praesente-papas-und-alte-muster-11709438.html, zuletzt abgerufen am 16.07.2020.

117 Vgl. Koppetsch, Cornelia: Männer am Herd, Frau im Job. Neue Geschlechterkonflikte, in: *SWR2 Wissen*, 21.02.2016, https://www.swr.de/swr2/programm/broadcastcontrib-swr-31682.html, zuletzt abgerufen am 16.07.2020.

118 Rodsky, Eve: Fairness in Housework Doesn't Mean 50/50, in: *Wall Street Journal*, 20.09.2019, https://www.wsj.com/articles/fairness-in-housework-doesnt-mean-50-50-11568989512, zuletzt abgerufen am 16.07.2020. Vgl. auch: Rodsky, Eve: Fair Play. Share the mental load, rebalance your relationship and transform your life. London 2019.

119 Elsner, Gisela: Die Zähmung. Chronik einer Ehe. Hamburg 1986.

120 Koppetsch: Männer am Herd, a.a.O.

121 Koppetsch: Männer am Herd, a.a.O.

122 Bundesministerium für Familie, Senioren, Frauen und Jugend (Hrsg.): Väterreport. Vater sein in Deutschland heute, Berlin 2018, S. 36, https://www.bmfsfj.de/blob/127268/2098ed4343ad836b2f0534146ce59028/vaeterreport-2018-data.pdf, zuletzt abgerufen am 16.07.2020.

123 Mühl: Die Patchwork-Lüge, a.a.O., S. 131.

124 Maiwald, Kai-Olaf: Vom Schwinden der Väterlichkeit und ihrer bleibenden Bedeutung. Familiensoziologische Überlegungen, in: Thomä, Dieter (Hrsg.): Vaterlosigkeit. Geschichte und Gegenwart einer fixen Idee. Berlin 2010, S. 251–268.

125 Die Behörde zählte im ersten Jahr nach Einführung der Homo-Ehe 155 Ratsuchende, die rechtlich gegen Stigmatisierung wegen ihrer sexuellen Identität vorgehen wollten – und das sind nur diejenigen, die über das Wissen von einer solchen Stelle sowie die nötigen zeitlichen und nervlichen Ressourcen verfügen, sich an sie zu wenden.

126 Rupp, Marina (Hrsg.): Die Lebenssituation von Kindern in gleichgeschlechtlichen Lebenspartnerschaften, in: *Rechtstatsachenforschung*. Köln 2009. https://www.bmjv.de/SharedDocs/Archiv/Downloads/Forschungsbericht_Die_Lebenssituation_von_Kindern_in_gleichgeschlechtlichen_Lebenspartnerschaften.pdf?__blob=publicationFile&v=3, zuletzt abgerufen am 16.07.2020.

127 Schug, Alexander et al. (Hrsg.): Das Regenbogenväterbuch: Ratgeber für schwule Papas (und alle, die es werden wollen). Berlin 2020, S. 292.

128 Schug et al. (Hrsg.): Regenbogenväterbuch, a.a.O., S. 177.

129 Rosin, Hanna: Das Ende der Männer und der Aufstieg der Frauen. Berlin 2013, S. 77f.

130 Schug et al. (Hrsg.): Regenbogenväterbuch, a.a.O., S. 284.

131 Illouz, Eva: Warum Liebe endet. Eine Soziologie negativer Beziehungen. Berlin 2018, S. 30.

132 von Braun, Blutsbande, a.a.O., S. 411.

133 van der Gaag, Nicki et al.: State of the World's Fathers: Unlocking the Power of Men's Care. Promundo-US. Washington 2019, S. 9, https://promundoglobal.org/wp-content/uploads/2019/06/BLS19063_PRO_SOWF_REPORT_015.pdf, zuletzt abgerufen am 16.07.2020.

134 https://www.famrz.de/arbeitshilfen/duesseldorfer-tabelle.html, zuletzt abgerufen am 03.08.2020.

135 Bernard, Andreas: Kinder machen. Samenspender, Leihmütter, Künstliche Befruchtung. Neue Reproduktionstechnologien und die Ordnung der Familie. Frankfurt a.M. 2014, S. 84.

136 Schäfer, Eberhard: »Ein bisschen Vater sein« – wie soll das gehen?, in: Das Regenbogenväterbuch: Ratgeber für schwule Papas (und alle, die es werden wollen). Berlin 2020, S. 241ff.

137 Schäfer: »Ein bisschen Vater sein«, a.a.O., S. 242f.

138 https://www.destatis.de/DE/Presse/Pressekonferenzen/2018/Alleinerziehende/pressebroschuere-alleinerziehende.pdf?__blob=publicationFile. Wobei das Amt Alleinerziehende definiert als »Mütter und Väter, die ohne Ehe- oder Lebenspartner/-in mit minder- oder volljährigen Kindern in einem Haushalt zusammenleben«.

Ob und in welchem Maße sich der andere Elternteil an Erziehung, Betreuung und Unterhalt beteiligt, die Alleinerziehenden im Alltag also vielmehr teilalleinerziehend sind, berücksichtigt die Statistik nicht. https://www.destatis.de/DE/Themen/Gesellschaft-Umwelt/Bevoelkerung/Haushalte-Familien/Publikationen/Downloads-Haushalte/haushalte-familien-2010300197004.pdf?__blob=publicationFile, S. 21.

139 https://www.destatis.de/DE/Presse/Pressemitteilungen/2018/10/PD18_376_122.html

140 https://www.destatis.de/DE/Themen/Gesellschaft-Umwelt/Einkommen-Konsum-Lebensbedingungen/Lebensbedingungen-Armutsgefaehrdung/Tabellen/armutsgef-quote-typ-silc.html

141 Beck, Rainer: Illegitimität und voreheliche Sexualität auf dem Lande. Unterfinning, 1671–1770, in: Richard von Dülmen (Hrsg.): Kultur der einfachen Leute. Bayerisches Volksleben vom 16. bis zum 19. Jahrhundert. München 1983, S. 113.

142 Juul, Jesper: Pubertät. Wenn Erziehen nicht mehr geht. München 2010, S. 23.

143 Roiphe, Katie: The Power Notebooks. New York 2020, S. 69 (eigene Übersetzung).

144 https://www.eshre.eu/Annual-Meeting/Geneva-2017/ESHRE-2017-Press-releases/Brewaeys

145 Pepin, J.R. et al: Marital Status and Mothers' Time Use. Childcare, Housework, Leisure, and Sleep, in: *Demography*, 17.01.2018, https://doi.org/10.1007/s13524-018-0647-x, zuletzt abgerufen am 16.07.2020.

146 Pepin et al: Marital Status, a.a.O.

147 Roiphe, Katie: The Power Notebooks. New York 2020, S. 48.

148 »Der Staat«, so zitiert Albrecht Koschorke den britischen Anthropologen Robin Fox, »zieht es vor, wenn Männer die Versorgung der Mutter-Kind-Einheit übernehmen, und ärgert sich, wenn das nicht geschieht.« Hier liege begründet, warum der Staat in westlichen Industriegesellschaften mit ideologischen und sozialstaatlichen Mitteln versucht, die Kleinfamilie intakt zu halten. Kleinere Sozialformen wie die Ein-Eltern-Familie sind ihm genauso wenig wünschenswert wie größere Familieneinheiten oder »Clans«, hinter denen, könnte man ergänzen, sich vermeintlich Strukturen verbergen, die als nicht vereinbar mit einer wie auch immer gearteten nationalen Kultur gelten, vgl. Koschorke: Die Heilige Familie und ihre Folgen, a.a.O., S. 120.

149 Siehe: Ochs/Orban: Familie geht auch anders, a.a.O., S. 111 ff.

150 Loetzner, Michèle: Allein stehend, in: *Süddeutsche Zeitung Magazin,* Nr. 28, 10.07.2020, S. 22.

151 Loetzner: Allein stehend, a.a.O., S. 25.

152 Am Beispiel des heterosexuellen Co-Parenting, also dem Zusammenschluss zweier Menschen mit dem Ziel, ohne Intimbeziehung Eltern zu werden, zeigt sich, wie das Modell der homosexuellen Elternschaft mit ihrer Trennung von Sex und Fortpflanzung inzwischen auch als Vorbild für heterosexuelle Menschen dient.

153 Margolis, Rachel/Myrskylä, Mikko: Parental Well-being Surrounding First Birth as a Determinant of Further Parity Progression, in: *Demography,* 52 (2015), S. 1147–1166, https://link.springer.com/article/10.1007%2Fs13524-015-0413-2#citeas, siehe auch: https://www.mpg.de/9338415/eltern-zufriedenheit-geburt, zuletzt abgerufen am 16.07.2020.

154 Mundlos, Christina: Dann mache ich es halt allein. Wenn Singlefrauen sich für ein Kind entscheiden und so ihr Glück selbst in die Hand nehmen. München 2017, S 84.

155 Rosales, Caroline: Single Mom. Was es wirklich heißt, alleinerziehend zu sein. Reinbek bei Hamburg 2018, S. 117.

156 Silenzi, Andrea: When Mommy Boobs Go Viral, in: *The Longest Shortest Time*, Folge 203 vom 30.07.2019, https://longestshortesttime.com/episode-203-when-mommy-boobs-go-viral, zuletzt abgerufen am 16.07.2020.

157 Silenzi: When Mommy Boobs Go Viral, a.a.O.

158 Menkedick, Sarah: »Kid culture«, in: *Aeon*, 14.05.2020, https://aeon.co/essays/why-are-american-kids-treated-as-a-different-species-from-adults, zuletzt abgerufen am 16.07.2020, vgl. auch: Menkedick, Sarah: Ordinary Insanity. Fear and the Silent Crisis of Motherhood in America. New York 2020.

159 Roiphe, Katie: Messy Lives. Für ein unaufgeräumtes Leben. Aus dem Amerikanischen von Kirsten Riesselmann. Berlin 2013, S. 71f.

160 Darunter und unter dem ähnlich gelagerten Begriff »Plattform-Kapitalismus« versteht man durch die Digitalisierung neu entstandene, prekäre Arbeitsverhältnisse im Servicebereich, also etwa Fahrdienste, Mahlzeitenlieferung und Handwerkertätigkeiten, die hauptsächlich über Online-Plattformen und Apps organisiert werden und jeglicher sozialer Absicherung entbehren.

161 https://www.destatis.de/DE/Presse/Pressemitteilungen/2020/03/PD20_N012_122.html, zuletzt abgerufen am 16.07.2020.

162 Conrad, Bernadette: Die kleinste Familie der Welt. Vom spannenden Leben allein mit Kind. München 2016.

163 Kubassa, Rilana: Warum getrennte Paare oft weiter zusammenleben müssen, in: *Der Tagesspiegel*, 28.05.2020, https://www.tagesspiegel.de/berlin/wohnungsnot-in-berlin-warum-getrennte-paare-oft-weiter-zusammenleben-muessen/25869528.html, zuletzt abgerufen am 16.07.2020.

164 Stelling: Schäfchen im Trockenen, a.a.O., S. 107 (eBook-Version).

165 Deutsches Institut für Altersvorsorge (Hrsg.): Erben in Deutschland 2015 – 24. Volumen, Verteilung und Verwendung. Berlin 2015, S. 5, https://www.private-banking-magazin.de/uploads/fm/1441879639.2015_09_Deutsches_Institut_fuer_Altersvorsorge_-_Studie_um_Erben_in_Deutschland.pdf, zuletzt abgerufen am 16.07.2020.

166 Um fürs Alter vorzusorgen, sind Arbeitnehmer heute dazu angehalten, Geld am Kapitalmarkt anzulegen, etwa in Produkte wie ETFs zu investieren, zu denen häufig auch Immobilieninvestmentfonds gehören. Mit ihrem angelegten Geld wiederum tragen sie dazu bei, Mieterinnen und Mieter in deutschen Großstädten aus ihren Wohnungen zu drängen – im Zweifel sich selbst, siehe auch: https://interaktiv.tagesspiegel.de/lab/mieten-und-renditen/.

167 Deutsches Institut für Altersvorsorge (Hrsg.): Erben in Deutschland, a.a.O., S. 28.

168 https://www.spiegel.de/wirtschaft/unternehmen/deutsche-bank-chef-christian-sewing-bekam-2018-sieben-millionen-euro-a-1259123.html

169 Deutsches Institut für Altersvorsorge (Hrsg.): Erben in Deutschland, a.a.O., S. 49.

170 Piketty, Thomas: Das Kapital im 21. Jahrhundert. München 2018.

171 Friedrichs, Julia: Wir Erben. Was Geld mit Menschen macht. Berlin 2015, S. 40.

172 Stelling: Schäfchen im Trockenen, a.a.O., S. 108 (eBook-Version).

173 https://www.finanztip.de/erbfolge/, zuletzt abgerufen am 16.07.2020.

174 Deutsches Institut für Altersvorsorge (Hrsg.): Erben in Deutschland, a.a.O., S. 4.

175 Zit. nach Friedrichs: Wir Erben, a.a.O., S. 65.

176 Deutsches Institut für Altersvorsorge (Hrsg.): Erben in Deutschland, a.a.O., S. 62.

177 Neuhäuser, Christian im Interview mit Judith Hecht: Reichtum ist ungerecht, in: *Die Presse*, 20.10.2019, https://www.pressreader.com/austria/die-presse-am-sonntag/20191020/281878710147454, zuletzt abgerufen am 16.07.2020.

178 Statistisches Bundesamt: Datenreport 2018. Ein Sozialbericht für die Bundesrepublik Deutschland. Wiesbaden 2018, S. 109, https://www.destatis.de/DE/Service/Statistik-Campus/Datenreport/Downloads/datenreport-2018.html, zuletzt abgerufen am 16.07.2020.

179 Der Arzt, Sozialarbeiter und »Hochschullehrer des Jahres 2020« Gerhard Trabert plädiert dafür, nicht etwa alleinerziehende Mütter als »sozial schwach« zu bezeichnen, wie es üblicherweise getan wird, sondern wohlhabende Menschen, »die sich ihrer gesellschaftlichen Solidarverantwortung entziehen« und in Steuerparadiese auswandern. »Wer über Armut redet, muss auch über Reichtum sprechen«, so Trabert. Trabert, Gerhard im Interview mit Susanne Kippenberger und Julia Prosinger: »Ich dachte: Was hast du da getan?«, in: *Der Tagesspiegel*, 07.04.2020, https://www.tagesspiegel.de/gesellschaft/obdachlosen-mediziner-gerhard-trabert-ich-dachte-was-hast-du-da-getan/25716050.html, zuletzt abgerufen am 16.07.2020.

180 Thompson, Derek: The Future of the City is Childless. The Atlantic, 18.07.2019, https://www.theatlantic.com/ideas/archive/2019/07/where-have-all-the-children-gone/594133/, zuletzt abgerufen am 16.07.2020.

181 Statistisches Bundesamt: Datenreport 2018, a.a.O., S. 26ff, https://www.destatis.de/DE/Service/Statistik-Campus/Datenreport/Downloads/datenreport-2018.pdf?__blob=publicationFile

182 Ochs/Orban: Familie geht auch anders, a.a.O., S. 10.

183 https://de.statista.com/statistik/daten/studie/36495/umfrage/wohnflaeche-je-einwohner-in-deutschland-von-1989-bis-2004/

184 https://www.bib.bund.de/DE/Fakten/Fakt/L74-Einpersonenhaushalte-Geschlecht-ab-1950.html?nn=9994282

185 Stelling: Schäfchen im Trockenen, a.a.O., S. 151.

186 Maak: Der Wohnkomplex, a.a.O., S. 175.

187 https://www.alleinerziehen-juno.at/wohnprojekte/, zuletzt abgerufen am 16.07.2020.

188 https://www.coabode.org, zuletzt abgerufen am 16.07.2020.

189 http://www.bararchitekten.de/downloads/oderberger_A4.pdf

190 https://www.kodorf-wiesenburg.de/, zuletzt abgerufen am 16.07.2020.

191 Maak: Der Wohnkomplex, a.a.O., S. 173 ff.

192 https://www.endlich-wachstum.de/wp-content/uploads/2017/01/C_Who-cares_Hintergrundtext-4-in-1-Perspektive.pdf, zuletzt abgerufen am 16.07.2020.

193 Siehe: Graeber, David: Bullshit-Jobs. Vom wahren Sinn der Arbeit. Stuttgart 2018.

194 https://www.wired.com/story/why-you-should-slack-off-to-get-some-work-done/?mbid=social_twitter, zuletzt abgerufen am 16.07.2020.

195 https://www.edelman.de/research/edelman-trust-barometer-2020, zuletzt abgerufen am 16.07.2020.

196 Hariri, Yuval Noah: 21 Lektionen für das 21. Jahrhundert. München 2018, S. 67.

197 https://euobserver.com/coronavirus/148517, zuletzt abgerufen am 16.07.2020.

198 Roth, Jenni: Eine Welt ohne Hartz IV, in: *Focus*, 25.07.2020, Nr. 31, S. 52–55.

199 http://verein.fgw-ev.de/, zuletzt abgerufen am 16.07.2020. Die Baugenossenschaften selbst waren im 19. Jahrhundert eine Reaktion auf das damals herrschende Wohnungsproblem.

200 Bücker: Ist es radikal, auf leibliche Kinder zu verzichten?, a.a.O.

201 O'Brien, M.E.: Kayla Puan Interview Transcript, in: *Homintern Magazin*, New York 2019 (eigene Übersetzung), https://homintern.soy/posts/kaylapuan.html?fbclid=IwAR1uUZWZKABDQpHMSJ7p0ndt0EVfX5PHlZABFxG-V80lR1kZWn2tjGU6nXw, zuletzt abgerufen am 16.07.2020.

202 Roll, Evelyn: Das Oma-Prinzip, in: *Süddeutsche Zeitung*, 18.12.2015, https://www.sueddeutsche.de/leben/essay-das-oma-prinzip-1.2782290?reduced=true, zuletzt abgerufen am 16.07.2020.

203 Pepin et al: Marital Status, a.a.O.

204 Stromberg, Joseph: New Evidence That Grandmothers Were Crucial for Human Evolution, in: Smithsonian Magazine, 23.10.2012, https://www.smithsonianmag.com/science-nature/new-evidence-that-grandmothers-were-crucial-for-human-evolution-88972191/, zuletzt abgerufen am 16.07.2020.

205 Largo: Das passende Leben, a.a.O., S. 189.

206 Hawkes, Kristen: The grandmother effect, in: *Nature*, Vol. 428, 03/2004, S. 128, http://radicalanthropologygroup.org/sites/default/files/pdf/class_text_002.pdf, zuletzt abgerufen am 16.07.2020 (eigene Übersetzung).

207 O. A.: Studies lend support to »grandmother hypothesis,« but there are limits, in: *Science Daily*, 07.02.2019, https://www.sciencedaily.com/releases/2019/02/190207142230.htm, zuletzt abgerufen am 16.07.2020.

208 Machin, Anna: Papa werden. Die Entstehung des modernen Vaters. München 2020, S. 25.

209 Machin: Papa werden, a.a.O., S. 26.

210 Eibich, Peter/Siedler, Thomas: Retirement, intergenerational time transfers, and fertility, in: *European Economic Review*, Volume 124, May 2020, https://doi.org/10.1016/j.euroecorev.2020.103392, zuletzt abgerufen am 2.09.2020.

211 https://nightingalehammerson.org/innovation

212 Böhnke, Andrea/Schöps, Corinna: Die Säulen des Lebens, in: *Die Zeit*, Nr. 1, 03/2020, S. 8, https://www.zeit.de/2020/13/generationenaustausch-jung-alt-koerperliche-seelische-gesundheit/komplettansicht?print, zuletzt abgerufen am 16.07.2020.

213 Mineo, Liz: Good genes are nice, but joy is better, in: *The Harvard Gazette*, 11.04.2017, https://news.harvard.edu/gazette/story/2017/04/over-nearly-80-years-harvard-study-has-been-showing-how-to-live-a-healthy-and-happy-life/, zuletzt abgerufen am 16.07.2020.

214 Böhnke, Andrea/Schöps, Corinna: Die Säulen des Lebens, a.a.O., S. 13.

215 https://promundoglobal.org/wp-content/uploads/2019/06/BLS19063_PRO_SOWF_REPORT_015.pdf, S. 8.

216 Hawkes, Kristen: Grandmothering and Human Evolution: Why separate nuclear families can make things hard on everyone. NAS expert meeting: Leveraging rarely investigated pops for research on aging (Talk), Washington, D.C. 2018.

217 Vgl. Rerrich, Maria S.: »Die ganze Welt zu Hause. Cosmobile Putzfrauen in privaten Haushalten«, Hamburg 2006.

218 Vgl. Ibarra, Maria: Emotional Proletarians In A Global Economy: Mexican Immigrant Women And Elder Care Work, in: *Urban Anthropology and Studies of Cultural Systems and World Economic Development*, Vol. 31, No. 3/4 (Fall-Winter, 2002), S. 317–350. Zum Begriff »Emotionales Proletariat« siehe Macdonald, Cameron L./Sirianni, Carmen (1996), »The service society and the changing experience of work«, in: Macdonald, Cameron L./Sirianni, Carmen (Hrsg.): Working in the Service Society, Temple University Press, S. 1–28.

219 Lill, Felix: 17 Stunden ohne Pause, in: *Die Zeit*, Nr. 19, 04.05.2017,

S. 28, https://www.zeit.de/2017/19/haushaltshilfen-hongkong-ausbeutung-arbeitsschutz-rechte, zuletzt abgerufen am 16.07.2020.

220 https://www.amnesty.org/en/latest/news/2020/04/lebanon-migrant-domestic-workers-must-be-protected-during-covid19-pandemic/

221 Der Informationsdienst des Instituts der deutschen Wirtschaft: In 2,9 Millionen Haushalten arbeiten Putzkräfte schwarz, 24.07.2019, https://www.iwd.de/artikel/in-fast-drei-millionen-haushalten-arbeiten-putzkraefte-schwarz-437650/, zuletzt abgerufen am 16.07.2020.

222 Madianou, Mirca/Miller, Daniel: Mobile Phone Parenting. Reconfiguring Relationships between Filipina Migrant Mothers and their Left-behind Children. New Media & Society 13, S. 457–470.

223 Beck, Ulrich/Beck-Gernsheim, Elisabeth: Fernliebe. Lebensformen im globalen Zeitalter. Berlin 2011, S. 155.

224 Silmani, Anna: The Perfect Nanny Author on the Dark Side of Motherhood, in: *The Cut*, 04/2018, https://www.thecut.com/2018/04/perfect-nanny-author-leila-slimani-on-new-york-nanny-trial.html, zuletzt abgerufen am 16.07.2020.

225 Ich halte mich hier und im Folgenden an die Darstellungen bei Badinter (1991, S. 91 ff.) und Bernard (2014, S. 303 ff.).

226 Fildes, Valerie A.: Breasts, Bottles, and Babies. A History of Infant Feeding. Edinburgh 1986, S. 193 (eigene Übersetzung).

227 Badinter: Die Mutterliebe, a.a.O., S. 35 f.

228 Längst gibt es auch Alternativen zur Muttermilch, allem voran Säuglingsersatznahrung in Pulverform. Inzwischen arbeiten US-amerikanische Start-ups wie Biomilq und Helaina aber auch daran, die entscheidenden Bestandsteile menschlicher Muttermilch im Labor zu züchten.

229 Firestone, Shulamith: Frauenbefreiung und sexuelle Revolution, Frankfurt a. M. 1987, S. 192. Die folgende Schilderung der Kibbuzim entnehme ich: Liegle, Ludwig: Familie und Kollektiv im Kibbutz. Eine Studie über die erzieherischen Funktionen der Familie in einem kollektiven Erziehungssystem. Berlin 1967 sowie Fölling-Albers, Maria/Fölling, Werner: Kibbutz und Kollektiverziehung. Entstehung – Entwicklung – Veränderung. Wiesbaden 2000.

230 In der DDR existierten Wochenkrippen und Kinderwochenheime für Kinder von im Schichtsystem Arbeitenden, Studierenden und alleinerziehenden Müttern, in denen die Kinder montags ab 6 abgegeben und freitags bis 18 Uhr wieder abgeholt werden konnten. In der Konsequenz bildeten viele dieser Kinder keine verlässliche Bindung

zu mindestens einem Erwachsenen heraus. Vgl.: Bundeszentrale für politische Bildung: Wochenkrippen und Kinderwochenheime in der DDR. Berlin 2018, www.bpb.de/geschichte/zeitgeschichte/deutschlandarchiv/262920/wochenkrippen-und-kinderwochenheime-in-der-ddr, zuletzt abgerufen am 16.07.2020.

231 Fölling-Albers/Fölling: Kibbutz und Kollektiverziehung, a.a.O, S. 115f.

232 Machin: Papa werden, a.a.O. S. 42f.

233 Fölling-Albers/Fölling: Kibbutz und Kollektiverziehung, a.a.O.

234 Neeman, Yael: We Were The Future: A Memoir of the Kibbutz. London 2016, Kapitel 1, eBook-Version (eigene Übersetzung).

235 Liegle: Familie und Kollektiv im Kibbutz, S. 83f.

236 Shpancer, Noah: Child of the Collective, in: *The Guardian*, 19.02.2011, https://www.theguardian.com/lifeandstyle/2011/feb/19/kibbutz-child-noam-shpancer, zuletzt abgerufen am 16.07.2020 (eigene Übersetzung).

237 Halser, Marlene: Die letzten Sozialisten Israels, in: *Zeit Online*, 29.10.2010, https://www.zeit.de/politik/ausland/2010-10/israel-100-jahre-kibbuz, zuletzt abgerufen am 16.07.2020.

238 Etwa in dem 2008 erschienenen Roman »Die Anstalt der besseren Mädchen« von Julia Zange.

239 Rabin, I.A.: Kibbutz Mothers view »Collective Education«, East Lansing 1964, https://onlinelibrary.wiley.com/doi/abs/10.1111/j.1939-0025.1964.tb02203.x, zuletzt abgerufen am 16.07.2020.

240 Schonbrun, Yael Chatav/Corey, Elisabeth: Work-Life Conflict Can't Be Solved – And Thats a Good Thing, in: *Wall Street Journal*, 27.06.2020, https://www.wsj.com/articles/work-life-conflict-cant-be-solvedand-thats-a-good-thing-11593230460, zuletzt abgerufen am 5.08.2020.

241 Collins, Lauren: The Killer-Nanny Novel That Conquered France, in: *The New Yorker*, Ausgabe 01/2018, https://www.newyorker.com/magazine/2018/01/01/the-killer-nanny-novel-that-conquered-france, zuletzt abgerufen am 16.07.2020.

242 Historischer Vorreiter war Schweden, wo im Jahr 1901 das Recht auf vier Wochen unbezahlten Mutterschaftsurlaub eingeführt wurde. Ab 1955 dann wurde er auf bezahlte drei Monate erweitert. Vgl.: Gupta, Datta et al.: Child Care and Parental Leave in the Nordic Countries: A Model to Aspire to?, in: Forschungsinstitut zur Zukunft

der Arbeit (Hrsg.): *IZA Discussion Paper,* No. 2014, Aarhus 2006, S. 6, https://www.researchgate.net/publication/5136283_Child_Care_and_Parental_Leave_in_the_Nordic_Countries_A_Model_to_Aspire_to

243 Hasselbach, Christoph: Kreislauf der Kinderarmut durchbrechen, in: *DW*, 02.02.2018, https://www.dw.com/de/kreislauf-der-kinderarmut-durchbrechen/a-42388960, zuletzt abgerufen am 16.07.2020.

244 Richter, Ricarda: Flexibilität und Feierabendbier, in: Zeit Online, 20.05.2019, https://www.zeit.de/wirtschaft/2019-05/ueberstunden-schweden-eugh-arbeitszeiterfassung-freizeit, zuletzt abgerufen am 25.09.2020.

245 o. A.: Microsoft überrascht mit Vier-Tage-Woche, in: *n-tv*, 06.11.2019, https://www.n-tv.de/wirtschaft/Microsoft-ueberrascht-mit-Vier-Tage-Woche-article21378065.html, zuletzt abgerufen am 16.07.2020.

246 Siehe Gupta et al.: Child Care and Parental Leave in the Nordic Countries und Broom, Douglas: Why Nordic nations are the best places to have children, in: *World Economic Forum*, 15.03.2019, https://www.weforum.org/agenda/2019/03/nordic-nations-best-places-for-parents-children/, zuletzt abgerufen am 16.07.2020.

247 http://www3.weforum.org/docs/WEF_GGGR_2017.pdf, zuletzt abgerufen am 16.07.2020.

248 Smith, Saphora: Iceland's answer to gender equality: Compensate for differences between boys, girls, in: *NBC News*, 04.10.2018, https://www.nbcnews.com/news/world/iceland-s-answer-gender-equality-compensate-differences-between-boys-girls-n912606, zuletzt abgerufen am 16.07.2020.

249 Stolle, Oliver: Alle für alle, in: *Nido,* 07/2009, S. 66–72.

250 In weiten Teilen Afrikas (wie auch im Nahen und Mittleren Osten, in China, Indonesien, Melanesien, Polynesien sowie vereinzelt in Nord- und Südamerika) ist Polygynie, also die Ehe eines Mannes mit mehreren Frauen, verbreitet.

251 Sarpong, Peter: Ghana in Retrospect. Some Aspects of Ghanaian Culture. Oxford 1991, S. 77 ff. (eigene Übersetzung).

252 Stolle: Alle für alle, a.a.O. Die folgende Beschreibung der Baatombu stützt sich auf die Forschungen von Erdmute Alber.

253 Alber, Erdmute: Soziale Elternschaft im Wandel. Kindheit, Verwandtschaft und Zugehörigkeit in Westafrika. Berlin 2013, S. 11.

254 Alber: Soziale Elternschaft, a.a.O., S. 152.

255 Alber: Soziale Elternschaft, a.a.O., S. 138.

256 Alber, Erdmute: Wenn Kinder nicht bei ihren leiblichen Eltern

aufwachsen – Soziale Elternschaft in Westafrika, in: *Medienmitteilung Universität Bayreuth*, 14.02.2014, unter https://www.presse.uni-bayreuth.de/de/archiv/2014/027-Soziale-Elternschaft.pdf, zuletzt abgerufen am 16.07.2020.

257 von Braun: Blutsbande, a.a.O., S. 27.

258 Die Beschreibung der Mosuo stützt sich auf: Namu, Yang Erche/Mathieu, Christine: Das Land der Töchter. Eine Kindheit bei den Moso, wo die Welt den Frauen gehört. Aus dem Amerikanischen von Barbara Röhl. München 2003; und Langhammer, Fricka: Familie als Beginn. Die westliche Kleinfamilie und die matriarchale Großfamilie der Mosuo in China – (k)ein Vergleich. Rüsselsheim 2016.

259 Namu/Mathieu: Das Land der Töchter, a.a.O., S. 39.

260 Vogt, Jürgen: »Männer leben besser, wo Frauen das Sagen haben«, in: *Spiegel online*, 27.05.2009, https://www.spiegel.de/panorama/gesellschaft/matriarchat-maenner-leben-besser-wo-frauen-das-sagen-haben-a-627103.html, zuletzt abgerufen am 16.07.2020.

261 Vgl. https://de.wikipedia.org/wiki/Matriarchat

262 Hartmann, Elke: Zur Geschichte der Matriarchatsidee. Antrittsvorlesung Philosophische Fakultät I der Humboldt-Universität zu Berlin, 02.02.2004, https://edoc.hu-berlin.de/handle/18452/2340, zuletzt abgerufen am 16.07.2020.

263 Namu/Mathieu: Das Land der Töchter, a.a.O., S. 274.

264 Wobei ein Großteil der derzeit 17,5 Millionen heterosexuellen Ehen in Deutschland kinderlos sind, nämlich 9,7 Millionen, siehe: https://de.statista.com/statistik/daten/studie/2153/umfrage/anzahl-der-ehepaare-mit-und-ohne-kinder-in-deutschland-seit-1996/, zuletzt abgerufen am 16.07.2020.

265 Zitiert nach Traister, Rebecca: All The Single Ladies. Unmarried Women and The Rise of An Independent Nation. New York 2016, S. 10 (eigene Übersetzung).

266 https://www.bundestag.de/resource/blob/407124/6893b73fe226537fa85e9ccce444dc95/wd-7-307-07-pdf-data.pdf, zuletzt abgerufen am 16.07.2020.

267 Kipnis weist in ihrer Polemik auch darauf hin, wie verwunderlich es wirkt, dass »selbst die Schwulen – einst Vorreiter der freien Liebe und Verächter des weißen, heterosexuellen Lebensstils« – ebenfalls den staatlichen Segen zu heiraten für sich eingeklagt haben. Worauf ich erwidern würde, dass man etwas nicht gut finden muss, um dafür zu sein, dass allen das gleiche Recht darauf zusteht – und sei

es heteronormative Spießigkeit. Gleichzeitig finde ich es durchaus bedenkenswert, dass mit der »Ehe für alle« lediglich eine neue Norm dessen geschaffen wurde, was als legitime und was als illegitime, was als denkbare und was als undenkbare Beziehung gilt. Vgl. Kipnis, Laura: Liebe – eine Abrechnung, Frankfurt a. M. 2004, S. 84 ff. Zur Vertiefung dieser Frage sei Judith Butlers Essay »Ist Verwandtschaft schon immer heterosexuell?« empfohlen, in: »Die Macht der Geschlechternormen und die Grenzen des Menschlichen«. Berlin 2011, S. 167–213.

268 https://de.wikipedia.org/wiki/Gesetz_zur_Änderung_des_Unterhaltsrechts

269 Ochs/Orban: Familie geht auch anders, a.a.O., S. 102.

270 Tolentino, Jia: Trick Mirror. Reflections on Self-Delusion. London 2019, S. 289 (eigene Übersetzung).

271 Traister: All The Single Ladies, a.a.O., S. 38.

272 Traister: All The Single Ladies, a.a.O., S. 40.

273 von Braun: Blutsbande, a.a.O., S. 265.

274 Vgl. https://de.wikipedia.org/wiki/Liste_bekannter_Personen,_die_wegen_Hexerei_hingerichtet_wurden

275 Fetish priest, community, lynch 90-year-old woman who dem accuse of witchcraft for Ghana, in: *BBC News Pidgin*, 27.07.2020, https://www.bbc.com/pidgin/tori-53554465.amp, zuletzt abgerufen am 28.07.2020.

276 Eggen, Bernd/Rupp, Marina: Kinderreichtum – Eine Ausnahme in der neueren Geschichte?, in: *Statistisches Monatsheft Baden-Württemberg*, 3/2007, S. 6. https://www.statistik-bw.de/Service/Veroeff/Monatshefte/PDF/Beitrag07_03_02.pdf, zuletzt abgerufen am 16.07.2020.

277 https://www.destatis.de/DE/Themen/Gesellschaft-Umwelt/Bevoelkerung/Geburten/Tabellen/kinderlosigkeit.html

278 Coates, Ta-Nehisi: Of Baquettes and Black Families, in: *The Atlantic*, 13.09.2013, https://www.theatlantic.com/national/archive/2013/09/of-baguettes-and-black-families/279678/, zuletzt abgerufen am 16.07.2020 (eigene Übersetzung).

279 Hirigoyen, Marie-France: Die toxische Macht der Narzissten und wie wir uns dagegen wehren. München 2020, S. 188.

280 Bleisch, Barbara/Büchler, Andrea: Kinder wollen. Über Autonomie und Verantwortung. München 2020, S. 72.

281 Parker-Pope, Tara: In a Married World, Singles Struggle for Atten-

tion, in: *The New York Times*, 19.09.2011, https://archive.nytimes.com/query.nytimes.com/gst/fullpage-9501E0DE143FF933A1575A-C0A9679D8B63.html, vgl. auch https://contemporaryfamilies.org/marriage-reduces-social-ties/, zuletzt abgerufen am 16.07.2020 (eigene Übersetzung).

282 Ein Freund erzählte mir, dass er mit 45 Jahren auf Klassentreffen besonders gern von gerade geschiedenen Vätern mit neuer Freundin gefragt würde, warum er denn noch keine Kinder habe. »Die wollen dann eigentlich von mir hören, dass ich schwul bin.« Was er nicht ist. Er hat einfach noch keine Frau gefunden, mit der er die Kinderfrage ernsthaft angehen konnte.

283 von Braun: Blutsbande, a.a.O., S. 220.

284 Bücker, Teresa: Ist es radikal, auf leibliche Kinder zu verzichten?, in: *SZ-Magazin*, 05.02.2020, https://sz-magazin.sueddeutsche.de/freie-radikale-die-ideenkolumne/leibliche-kinder-alternativen-88347, zuletzt abgerufen am 16.07.2020.

285 Schmidbauer, Wolfgang: Die deutsche Ehe. Liebe im Schatten der Geschichte. Zürich 2015, S. 163f.

286 Bleisch, Barbara im Interview mit Hanna Gieffers: »Kinder müssen sich im Alter nicht um ihre Eltern kümmern«, in: *Zeit Campus*, 19.02.2018, https://www.zeit.de/campus/2018-02/familie-eltern-pflege-schuld-philosphie-interview, zuletzt abgerufen am 16.07.2020.

287 https://www.anita-familie.de, zuletzt abgerufen am 04.08.2020.

288 Garcia Lawler, Opheli: Four Best Friends Decided to Share a Tombstone, in: *The Cut*, 07.01.2019, ttps://www.thecut.com/2019/01/four-best-friends-were-buried-under-friends-tombstone.html, zuletzt abgerufen am 16.07.2020.

289 Einsamkeit ist, so zeigt sich in letzter Zeit, vielmehr ein gesamtgesellschaftliches Problem als eines, das nur Rentner betrifft. So sehr, dass mittlerweile sogar von einer »Einsamkeits-Epidemie« die Rede ist. Wahr ist auch, dass ein Treiber dieser Epidemie die seit 50 Jahren wachsende ökonomische Unabhängigkeit der Frauen ist. In Deutschland hat sich die Zahl der allein lebenden Alleinstehenden zwischen 2009 und 2019 um mehr als 1,5 Millionen erhöht. Dabei besteht das Paradoxon einer, um im Bild zu bleiben, um sich greifenden Einsamkeits-Krankheit ja genau darin, dass viele Menschen gleichzeitig dasselbe durchmachen, sich aber aus Unwissenheit oder Scham nicht impfen lassen, sprich: vernetzen. Vgl. https://www.destatis.de/DE/Themen/Gesellschaft-Umwelt/Bevoelkerung/

Haushalte-Familien/Tabellen/4-3-lr-alleinstehende.html und https://www.forbes.com/sites/neilhowe/2019/05/03/millennials-and-the-loneliness-epidemic/. Der Film »Shoplifters« von Hirokazu Koreeda aus dem Jahr 2018 zeigt, wie eine Handvoll Kleinkrimineller aus drei Generationen sich zusammenschließen und Blutsbande simulieren, um der Einsamkeit (und der Armut) zu entkommen.

290 https://www.destatis.de/DE/Themen/Gesellschaft-Umwelt/Bevoelkerung/Geburten/Tabellen/endgueltige-kinderlosenquote.html

291 Statistisches Bundesamt: Auszug aus dem Datenreport 2018, Familie, Lebensformen und Kinder, S. 81, https://www.destatis.de/DE/Service/Statistik-Campus/Datenreport/Downloads/datenreport-2018-kap-2.pdf?__blob=publicationFile, zuletzt abgerufen am 16.07.2020.

292 Statistisches Bundesamt: Auszug aus dem Datenreport 2018, Kapitel 2: Familie, Lebensformen und Kinder, S. 94, https://www.destatis.de/DE/Service/Statistik-Campus/Datenreport/Downloads/datenreport-2018-kap-2.pdf?__blob=publicationFile, zuletzt abgerufen am 16.07.2020.

293 Statistisches Bundesamt: Auszug aus dem Datenreport 2018, Kapitel 2, a.a.O., S. 93 ff.

294 Kautzky-Willer, Alexandra / Tschachler, Elisabeth: Gesundheit: Eine Frage des Geschlechts: Die weibliche und die männliche Seite der Medizin. Wien 2012, S. 8.

295 Auch als Effekt dessen wird schätzungsweise die Hälfte aller jetzt arbeitenden Frauen im Alter eine Rente auf Hartz-IV-Niveau zur Verfügung haben. Wollen Frauen das nicht hinnehmen, kann es passieren, dass sie, wie es einer Bekannten von mir kürzlich erging, in Gehaltsverhandlungen zu hören bekommen: »Warum willst du denn so viel Geld? Du hast doch einen Mann, der gut verdient.« Besagter Ehemann benutzte ihren deutlich geringeren Verdienst dann als Argument dafür, warum meine Bekannte sich mehr als er um das gemeinsame Kind kümmern sollte. Ein gutes Beispiel dafür, wie Männerbünde dabei helfen, Frauen kleinzuhalten.

296 https://www.bertelsmann-stiftung.de/de/unsere-projekte/beschaeftigung-im-wandel/projektnachrichten/kurzexpertise-frauen-auf-dem-deutschen-arbeitsmarkt, zuletzt abgerufen am 04.09.2020.

297 https://www.oecd.org/berlin/presse/alterssicherung-fuer-selbststaendige-in-deutschland-lueckenhaft-27112019.htm, zuletzt abgerufen am 16.07.2020.

298 Dolan, Paul: Happy Ever After. Escaping The Myth of The Perfect Life. London 2019.

299 Solnit, Rebecca: Die Mutter aller Fragen. Hamburg 2017, S. 24.

300 Windmüller, Gunda: Weiblich, ledig, glücklich – sucht nicht. Eine Streitschrift. Reinbek bei Hamburg 2019, S. 218.

301 Pieper, Marianne / Bauer, Robin: Polyamorie: Mono-Normativität – Dissidente Mikropolitik – Begehren als transformative Kraft?, in: *Journal für Psychologie*, Jg. 22 (2014), Nr. 1: Polyamory, https://www.journal-fuer-psychologie.de/index.php/jfp/article/view/321/352, zuletzt abgerufen am 16.07.2020.

302 Ryan, Christopher / Jethá, Cacilde: Sex. Die wahre Geschichte. Stuttgart 2016, S. 58.

303 Berlin-Institut für Bevölkerung und Entwicklung (Hrsg.): Urbane Dörfer. Wie digitales Arbeiten Städter aufs Land bringen kann. Berlin 2019, https://www.berlin-institut.org/fileadmin/user_upload/Urbane_Doerfer/BI_UrbaneDoerfer_Online.pdf, zuletzt abgerufen am 16.07.2020

304 Berlin-Institut für Bevölkerung und Entwicklung: Urbane Dörfer, a.a.O., S. 7.

305 Perry, Philippa: Das Buch, von dem du dir wünschst, deine Eltern hätten es gelesen (und deine Kinder werden froh sein, wenn du es gelesen hast). Berlin 2019, S. 44.

306 Diamond, Jared: »The Worst Mistake in the History of the Human Race«, in: *Discover Magazine*, Mai 1987, S. 64–66, https://www.discovermagazine.com/planet-earth/the-worst-mistake-in-the-history-of-the-human-race, zuletzt abgerufen am 16.07.2020.

307 Karig, Friedemann: Wie wir lieben. Vom Ende der Monogamie. Berlin 2017, S. 73.

308 Fürbringer, Paul: Die Störungen der Geschlechtsfunctionen des Mannes. Wien 1895, zit. nach Bernard, Andreas: Kinder machen. Samenspender, Leihmütter, Künstliche Befruchtung. Neue Reproduktionstechnologien und die Ordnung der Familie. Frankfurt a. M. 2014, S. 195.

309 Freud, Sigmund: Sexualität in der Ätiologie der Neurosen, in: *Studienausgabe*, Bd. 1, Frankfurt a. M. 1989, S. 38.

310 In der Darstellung der Geschichte der assistierten Empfängnis folge ich zu großen Teilen Andreas Bernard: Kinder machen, a.a.O.

311 Machin: Papa werden, a.a.O., S. 68.

312 Bernard: Kinder machen, a.a.O., S. 101.

313 Wobei es sich dabei zwar vielleicht um das erste Leihmuttergesuch, nicht aber um den ersten Leihmutterfall der Geschichte handelte. Im Alten Testament finden sich mehrere Fälle, in denen Frauen die Mutterschaft für andere übernehmen, die keine Kinder bekommen können. So zum Beispiel die Magd (sprich: Sklavin) Hagar, die den jahrelang kinderlos gebliebenen Eheleuten Abraham und Sara zu einem Sohn verhilft – und anschließend in die Verbannung geschickt wird. Die Geschichte diente Margaret Atwood als Vorbild für ihren 1985 erschienenen dystopischen Roman »The Handmaid's Tale«. Es gilt heute als theologisch gesichert, dass die Bücher Mose das reale Leben in Palästina zu dieser Zeit widerspiegeln, die übernommene Mutterschaft zwischen Dienstherrin und Magd, Schwestern und Nachbarinnen also über Jahrhunderte immer wieder vorkam.

314 Das wiederum hat gesellschaftliche Folgen, wie die Geschlechterforscherin Ulrike Klöppel feststellt: »Durch die Art, wie Reproduktionstechnologien hierzulande überwiegend einseitig als ›Chance‹ verhandelt werden, wächst auch der subtile Druck, sich auf die familialistische Norm einzuschwingen.« Mit anderen Worten: Die neue Möglichkeit, ein Kind zu bekommen, kann schnell zu einer Pflicht werden, das dann auch zu tun – etwa um auch als Schwule und Lesben einen »Beitrag zur Gesellschaft« in Gestalt von Kindern zu leisten.

315 Butler, Judith: Die Macht der Geschlechternormen und die Grenzen des Menschlichen. Berlin 2011, S. 205 f.

316 von Braun: Blutsbande, a.a.O., S. 435.

317 Statistisches Bundesamt: Datenreport 2018, a.a.O., S. 80.

318 Feldman, Deborah: Überbitten. Zürich 2017, S. 220.

319 So lautet die selbstvergebene Tätigkeitsbezeichnung der sogenannten SurroMums, einer meist in den USA lebenden Gruppierung von Ehefrauen von Militärangehörigen, die es als ihre patriotische und zutiefst selbstlose Pflicht an der Kleinfamilie ansehen, die Kinder anderer nordamerikanischer Paare auszutragen.

320 Unter lesbischen Paaren in Deutschland hat sich jedoch in letzter Zeit diese Form der Leihmutterschaft als besonders wünschenswert etabliert: Eine der Frauen trägt eine oder mehrere mit anonymem Spendersamen befruchtete Eizellen der anderen Frau aus. Somit haben beide (sozialen) Mütter auch eine körperliche Verbindung zum Kind: die austragende, genetisch nicht mit dem Kind verwandte Mutter durch die neun Monate der Schwangerschaft, die nicht

austragende Mutter durch ihre Hälfte des Genmaterials. Letztere ist jedoch nach deutschem Recht bis zum Zeitpunkt der dann meist erfolgenden zeitaufwendigen und teuren Stiefkindadoption rechtlich keine Mutter des Kindes, was wiederum zu Problemen führen kann, etwa wenn der Tragemutter unter der Geburt etwas zustößt und die andere keine medizinischen Entscheidungen, die das Kind betreffen, an deren Stelle treffen kann.

321 Dabei verdecken diese von großer medialer Aufmerksamkeit begleiteten Einzelfälle die Tatsache, dass die Chancen, so spät im Leben noch Mutter zu werden, trotz des Fortschritts in der Reproduktionstechnik gering und mit erheblichem finanziellem und medizinischem Aufwand verbunden sind. Laut IVF-Register folgt nur auf jede fünfte Behandlung eine Geburt, nach dem 39. Lebensjahr der Frau sinkt die Erfolgsrate weiter ab, bis sie bei Mitte 40 nur noch bei 1,7 Prozent liegt. »Frauen in ihrer Autonomie zu befördern heißt nicht, ihnen weiszumachen, dass sich ihre Kinderwünsche beliebig und problemlos nach hinten schieben lassen«, so Bleisch und Büchler. Doch nur die wenigsten Kinderwunsch-Ärztinnen und -Ärzte werden einer Frau, die für ein Kind alles dafür tun würde, von der nächsten teuren Behandlung abraten.

322 o. A.: Schwangerschaft statt Menopause, in: *Spiegel TV*, 18.04.2019, https://www.spiegel.de/video/spiegel-tv-die-ue50-muetter-schwangerschaft-statt-menopause-video-99026535.html, zuletzt abgerufen am 16.07.2020.

323 Durch den Umstand, dass Anna Johnson Afroamerikanerin war, die Auftragsmutter Filipina und der Auftragsvater weiß, sah sich der Richter darin bestätigt, dass Johnson nur so etwas wie eine temporäre Heimat für das sich entwickelnde weiße Baby gewesen war statt seine legitime Mutter. Eine Ansicht, die Beobachter des Prozesses scharf kritisierten. »Vor dem amerikanischen Bürgerkrieg waren in den Südstaaten im Grunde alle schwarzen Mütter Leihmütter«, wies die Rechtsphilosophin Anita Allen auf die ungute Tradition einer solchen Sichtweise im Kontext der US-Geschichte hin. »Versklavte Frauen gebaren Kinder, von denen sie wussten, dass sie ihren Besitzern gehören würden.«

324 Bernard: Kinder machen, a.a.O., S. 23.

325 Bleisch/Bühler: Kinder wollen, a.a.O., S. 30.

326 Briggs, Laura: How All Politics Became Reproductive Politics. From Wellfare Reform to Foreclosure to Trump. Berkeley 2017, S. 110.

327 Witte, Jens: Das Geschäft mit den Leihmüttern, in: *Spiegel Online*, 25.04.2016, https://www.spiegel.de/panorama/gesellschaft/nicolas-berggruen-leihmuetter-in-kalifornien-bringen-kinder-zur-welt-a-1089090.html, zuletzt abgerufen am 16.07.2020.

328 Webster, Molly: Birthstory, in: *Radiolab*, 08.06.2018, https://www.wnycstudios.org/podcasts/radiolab/articles/birthstory2018, zuletzt abgerufen am 16.07.2020.

329 Zipper, Juliette / Sevenhuijsen, Selma: Surrogacy. Feminist Notions of Motherhood Reconsidered, in: Stanworth, Michelle (Hrsg.): Reproductive Technologies: Gender, Motherhood and Medicine. Minneapolis 1987, S. 119 (eigene Übersetzung).

330 Lewis, Sophie: Full Surrogacy Now. Feminism Against Family. London 2019, S. 75 (eigene Übersetzung).

331 Garbes, Angela: Like A Mother. A Feminist Journey Through the Science and Culture of Pregnancy. New York 2018, S. 215 ff.

332 In der BRD gab es in den 1980er-Jahren eine kurze Phase der Legalität; eine Lücke im Embryonenschutzgesetz erlaubt allerdings derzeit Embryonenspenden. Dabei werden überzählige Embryonen aus IFV- und ICSI-Zyklen, die von den Eltern nicht genutzt werden, tatsächlich gespendet (also ohne Gegenleistung abgegeben) und anonym verwendet.

333 Esch, Christian / Lutska, Kateryna: Im Haus der gestrandeten Babys, in: *Spiegel Online*, 20.05.2020, https://www.spiegel.de/politik/ausland/leihmutterschaft-in-corona-zeiten-im-haus-der-gestrandeten-babys-a-977e082c-3e3b-47d7-985d-be710388412a, zuletzt abgerufen am 16.07.2020.

334 Vgl: Kittel, Sören: Bauchpapa Markus. Ein Vater und 31 Kinder, in: Schug, Alexander et al. (Hrsg.): Das Regenbogenväterbuch: Ratgeber für schwule Papas (und alle, die es werden wollen). Berlin 2020, S. 128.

335 Vgl. Schug et al. (Hrsg.): Regenbogenväterbuch, a.a.O., S. 114.

336 Levine, Hagai et al.: Temporal Trends in Sperm Count: A Systematic Review and Meta-Regression Analysis, in: *Human Reproduction Update*, 25.07.2017, https://academic.oup.com/DocumentLibrary/humupd/PR/dmx022_final.pdf, zuletzt abgerufen am 16.07.2020.

337 Halpern, Daniel Noah: Sperm Count Zero, in: *GQ US*, 09/2018, https://www.gq.com/story/sperm-count-zero, zuletzt abgerufen am 16.07.2020. S. 149.

338 Halpern: Sperm Count Zero, a.a.O., S. 168.

339 Löfken, Jan Oliver: Das Ende der Vielfalt, in: *Die Welt*, 27.06.2000, https://www.welt.de/print-welt/article520176/Das-Ende-der-Vielfalt.html, zuletzt abgerufen am 16.07.2020.

340 Lewis: Full Surrogacy, a.a.O., S. 20.

341 Share, Jessica: I met my boyfriend 12 years after giving birth to his child, in: *BBC Stories*, 03.01.2019, https://www.bbc.com/news/stories-46427960, zuletzt abgerufen am 16.07.2020.

342 Bernard: Kinder machen, a.a.O., S. 471.

343 Schmitz, Heinrich: Wer gebiert, ist nicht zwingend Mutter, in: *Der Tagesspiegel*, Oktober 2017, https://causa.tagesspiegel.de/kolumnen/heinrich-schmitz/wer-gebiert-ist-nicht-zwingend-mutternbsp.html, zuletzt abgerufen am 16.07.2020.

344 von Braun: Blutsbande, a.a.O., S. 487.

345 Illouz, Eva anlässlich des Erscheinens ihres Buches »Warum Liebe weh tut« (2012) im Interview mit der Autorin.

346 Illouz, Eva im Interview mit der Autorin, 2012.

347 Sow, Aminatou / Friedman, Ann: Big Friendship. How We Keep Each Other Close. New York 2020.

CPI
Mehr Bäume.
Weniger CO_2.
www.cpibooks.de/klimaneutral

MIX
Papier aus verantwortungsvollen Quellen
FSC® C083411
FSC
www.fsc.org